現代社会を読む経営学 9

グローバル競争と流通・マーケティング

流通の変容と新戦略の展開

Saito Masayuki　Sakuma Hidetoshi
齋藤雅通・佐久間英俊 編著

ミネルヴァ書房

「現代社会を読む経営学」刊行にあたって

　未曾有の経済的危機のなかで「現代社会を読む経営学」（全15巻）は刊行されます。今般の危機が20世紀後半以降の世界の経済を圧倒した新自由主義的な経済・金融政策の破綻の結果であることは何人も否定できないでしょう。

　しかし，新自由主義的な経済・金融政策の破綻は，今般の経済危機以前にも科学的に予測されたことであり，今世紀以降の歴史的事実としてもエンロンやワールドコム，ライブドアや村上ファンドなどの事件（経済・企業犯罪）に象徴されるように，すでに社会・経済・企業・経営の分野では明白であったといえます。とりわけ，近年における労働・雇用分野における規制緩和は深刻な矛盾を顕在化させ，さまざまな格差を拡大し，ワーキング・プアに象徴される相対的・絶対的な貧困を社会現象化させています。今回の「恐慌」ともたとえられる経済危機は，直接的にはアメリカ発の金融危機が契機ではありますが，本質的には20世紀後半以降の資本主義のあり方の必然的な帰結であるといえます。

　しかし他方では，この間の矛盾の深刻化に対応して，企業と社会の関係の再検討，企業の社会的責任（CSR）論や企業倫理のブーム化，社会的起業家への関心，NPOや社会的企業の台頭，若者のユニオンへの再結集などという現象も生み出されています。とりわけ，今般の危機の中における非正規労働者を中心とした労働・社会運動の高揚には労働者・市民の連帯の力と意義を再認識させるものがあります。

　このような現代の企業，経営，労働を取り巻く状況は，経営学に新たな課題を数多く提起すると同時に，その解明の必要性・緊急性が強く認識されています。現実の変化を社会の進歩，民主主義の発展という視点から把握し，変革の課題と方途について英知を結集することが経営学研究に携わる者の焦眉の課題であるでしょう。

　しかも，今日，私たちが取り組まなければならない大きな課題は，現代社会の労働と生活の場において生起している企業・経営・労働・雇用・環境などをめぐる深刻な諸問題の本質をどのように理解し，どのように対処すべきかを，そこで働き生活し学ぶ多くの労働者，市民，学生が理解できる内容と表現で問いかけることであるといえます。従来の研究成果を批判的に再検討すると同時に，最新の研究成果を吸収し，斬新な問題提起を行いながら，しかも現代社会の広範な人々に説得力をもつ経営学の構築が強く求められています。「現代社会を読む経営学」の企画の趣旨，刊行の意義はここにあります。

「現代社会を読む経営学」編者一同

は し が き

　本書はミネルヴァ書房発刊の叢書「現代社会を読む経営学」の第9巻であり，グローバル競争下の流通・マーケティングを対象としている。近年では先進国だけでなく発展途上国をも世界市場システムに組み込んで，グローバル競争が激しく展開するようになった。その結果，流通やマーケティングはかつてないほど大きく変化してきた。本書では，グローバル競争が製造業や流通業などの産業構造をどのように変え，いかなる革新的政策を生み出し，人々の消費生活や社会にどのような影響を与えたかについて考察する。

(1)　グローバル競争の進展による市場の変容

　2008年に起きた「リーマン・ショック」の以前から先進国では消費需要の伸び悩みや減退傾向が見られたが，それ以降は世界同時不況に陥った。国内市場での競争激化と企業の国際化，各国市場の相互浸透によるさらなる競争激化，政府の規制緩和政策と自国企業に対する支援政策などは，どの先進国にも共通する特徴である。

　こうした状況下で，生産者や流通業者のマーケティングや政策が大きく変化しつつある。規模の経済の追求をはじめ各種のコスト削減に基づく低価格政策，高品質やブランドなどによる差別化，特定業務やセグメントなどへの特化による専門化の利益の享受，国際化，小売業者の多業態化，生産者の前方への垂直統合と流通業者の後方への垂直統合，人件費削減を含むさらなるコスト削減，企業のM&A（合併・買収）や合従連衡の活発化，SCM（サプライチェーン・マネジメント）の見直しによる流通時間の短縮と流通費用の節約，CSR（企業の社会的責任）の考慮と環境配慮などが本格化している。

　現代のグローバル市場では競争の激化と「寡占化傾向」の強まりが見られる*。こうした現実世界をとらえるための理論に関して言えば，巨大資本による市場

iii

支配の側面のみを強調する理論も，競争の強まりに注目して市場支配を看過する理論も，ともに一面的で不十分である。

> ＊編者の一人である佐久間は後者を独占の概念（資本間関係である競争の対概念であり，資本間の支配・強制の関係を表す）でとらえ，現代市場の2つの法則である独占と競争の相互関係の分析を重視している（佐久間英俊［2017］「マーケティング理論の再検討」木立真直・佐久間英俊・吉村純一編著『流通経済の動態と理論展開』同文舘出版）。

　従来のように，一度形成された市場支配は変化せず安定的に継続するかのような静態的な理解ではなく，寡占企業間の競争の結果，寡占企業と言えども市場に不適合な企業は淘汰され，生き残った企業による支配にさらに磨きがかかるような動態的な競争の現実を考察しなければならない。それは，他の様々な業種と同様に流通においても近年顕著に見られる現象である＊。

> ＊本書第3章「巨大小売業の台頭と小売業態論の発展」（齋藤論文）を参照。

（2）　本書の特徴

　本書の全体的な特徴を簡単に示すならば，1）流通における近年の変化を精確にとらえるよう努めていること，2）環境変化に対する企業の政策転換を企業の利益獲得を軸に据えて論じていること，3）しかし他方では，巷間に見られるような，単に企業の利益が増えれば良いという考えではなく社会的視点を採り入れ，消費者多数の利益をも考慮していること，4）歴史的視座から問題をとらえていること，5）政府の政策的対応を射程に入れていること，6）そして他巻にも共通することだが，キーワードやコラム，参考文献などを記載し，初学者にも便宜を図っていることなどである。

　章ごとに個別的に見れば，序章（佐久間論文）はマーケティングや流通に近年の大きな変化をもたらした環境条件を考察する。主に日本市場を取り上げて，市場と企業にグローバル競争がもたらした影響と，1990年代以降流通システムに未曾有の変化が生じた原因を分析している。変化の要因として，他の先進国市場にも共通する市場の停滞，途上国市場の位置づけの高まり，低価格競争がもたらす国内流通の再編，企業の対応と規模格差の拡大などを指摘するとともに，そうした変化をもたらした原因を，先進諸国による外国為替市場の円高

合意，規制緩和政策，小売資本の成長，情報化の進展などに求めている。

第1章（若林・加賀美論文）は企業の国際マーケティングを考察する。まず主要な学説を引用して，その定義，3つの発展段階と課題などを確認した後，「世界標準化」と「現地適応化」，グローバル・ブランド戦略，SCMなどグローバル企業の焦眉の政策を扱っている。後半では近年重要度を増している新興国市場での国際マーケティングを，ターゲット，価格設定，ブランドなどの側面から分析するとともに，歴史的変遷にも触れながら，小売業・サービス業の国際化について独自の特徴と課題を析出している。

第2章（中西論文）は企業のブランド戦略と消費者の受容を考察する。初期のブランド研究からブランド・アイデンティティ論までブランド研究の発展を追った後，「偶有的ブランド論」と「リフレクティブ・フローによるブランド秩序」を素材に，ブランドの「いかにして」「何によって」「なぜ」を考察することによって，「ブランド消費を相対化できない消費者」像を提示し，企業利益と消費者利益の不一致の可能性を指摘している。

第3章（齋藤論文）は，小売業のグローバル競争を考察する。グローバルに展開する巨大小売企業の行動を，マーケティング論の視点から小売業態に注目して論じる。まず世界史的視座から小売業の発展を後づけ，現在の到達点を確認する。次に小売業における業態の意義を確認し，歴史的視点を交えて，スーパーマーケット・コンビニエンスストア・百貨店など主要な業態の品揃えや販売方法を比較考察している。その中からストアブランドの優位の実現と「小売業態の柔軟性」に着目し，業態をめぐる国際的な競争が業態別の寡占化と業態間競争の激化を生んでいると結論づけている。

第4章（堂野崎論文）は製販連携（生産者と小売業者の協力関係）の動態的変化を考察する。近年の小売企業の成長とチャネル・パワーの増大がメーカーのチャネル政策に変容をもたらしたことを示すとともに，「製販連携」を「利害の一致に基づく協調」ととらえ，製販双方の利害関係から物流合理化や共同商品開発などを分析し，結論として，それを対立から協調への移行ととらえる見解や「対等」な関係ととらえる見解を批判している。

第5章（江上論文）は企業のマーケティングと卸売商業との今日的関係を考

察する。商業が本来的に有する「社会的特性」とメーカー・マーケティングが有する「私的性格」とを確認した後，両者の関係を分析している。米国小売業のウォルマート社の「リテールリンク」や日本メーカー・花王の販社による卸売機能の統合などを示しながら，情報通信技術が発展し，チャネルにおける製販の力関係も変容するもとで，卸売機能の役割は増しており，特にその需給調整機能を，誰が，どのように掌握するかが，高い利潤を獲得するために決定的に重要だと指摘している。

第6章（田中論文）は「21世紀型総合商社」の到達点と課題を考察する。総合商社の2000年以降の好決算と2014年以降の業績の二極化を対象に，適否を分けた主体的要因を分析し，売上高偏重から利益志向への変化や，リスク管理の向上など総合商社の経営上の発展に注目する。また，かつての好調期に多くの総合商社が資源開発投資を増やしたことから，一部には総合商社を投資事業体と理解したり，資源開発投資を総合商社の不可欠の事業領域とする理解も見られるが，それらは総合商社の概念に必ずしも不可欠ではないことを主張している。

第7章（金論文）は近年のSCMの進展を受けて，それが進んだ原因と課題を考察する。メーカー主導と小売業主導のSCMを区別して代表的な業界・業態のSCMを考察し，それらが多様化・個別化する消費者ニーズに基づく生産体制の多品種少量化への転換に対応して生成してきたことを確認するとともに，多くの日本企業がSCMに注目しそれを導入したにもかかわらず，成功した事例は必ずしも多くない理由を検討している。そして，リーダーの相違によるSCMの複数タイプの存在と，日本における小売主導型SCMの後れを指摘している。

第8章（宮﨑論文）は，小売国際化の消費生活への影響を考察する。まず当該領域の主要な理論を概観した上で，日本市場における商品調達行動と出店行動という2つの国際化を取り上げて，それらの消費生活への影響を分析している。調達の国際化は商品種類の増加や価格低下などの利点を持つ一方，商品の品質への不安と買い控えなどの否定面があること，また店舗展開でも単純な価格訴求型の販売手法は消費者に受け入れられない場合があることを指摘し，小

売国際化は一路順風満帆に進んでいるわけではないことを強調している。

第9章（武市論文）は地球環境問題とマーケティングを対象とする。現代企業のマーケティングは21世紀最大の課題の1つである地球環境問題を射程に組み込まなければいけない。本章では，まず環境問題とは何かを確認した後，環境法制の整備やCSR，スローライフと消費者意識の変化など社会の変化を考察し，それに対応する環境マーケティングをエコノミーとエコロジーの統一ととらえ，マーケティング手法の4Pの側面から考察している。最後に環境ビジネスの成長率の高さ，政府の政策的支援などから，ビジネス・チャンスの広がりを指摘している。

第10章（番場論文）は深刻化する地域の商業問題とCSRを対象とする。日本市場を主たる対象として，近年多様化する商業問題と，それらへの政策的対応，小売商業構造の変化と大型店の撤退問題，およびCSRとまちづくり政策を論じる。従来の大型店対中小小売業という対立に加えて，中心部対郊外や都市対都市などの対立が加わり，問題が多様化・複雑化した状況下での商業政策を問題にしている。大型店の撤退自体と空店舗・跡地利用の2つからなる大型店撤退問題について，問題の発生原因を探り，全国各地の代表的事例を紹介しながら，最後に当該地域のまちづくりに，CSRとして大型店が出店当初から参画することの意義を強調している。

(3) 本書の刊行を振り返って

思い起こせば，本書の企画が始まったのはおよそ10年前であった。本叢書の全体編者からの打診を受けて，多数の執筆者が東京で研究会を開催し，問題意識を出し合って流通・マーケティングのグローバル化に関して議論を行い，分担した章の執筆にとりかかった。しかしその後，主要には編者2名が勤務校や所属学会などで重要な役職に就いたことなどにより発刊が大幅に遅れてしまった。また近年のグローバル化の急激な進展が，何度も原稿の修正を必要としたことが，さらに出版を遅らせることになった。早期に原稿を寄せていただいた先生方には，出版の遅延に伴う改稿でお手数をおかけしたことをお詫び申し上げ，またそのご協力によって，折しもグローバル化の進展が激化し国内の

流通構造の課題も山積している現在，本書を上梓できたことに感謝申し上げる。
　最後に，本書の刊行に当たっては，ミネルヴァ書房の杉田啓三社長，梶谷修様と中村理聖様のご担当のお二方には，何度も叱咤ならびに激励をいただいたことに深く感謝申し上げる。

2017 年 9 月 26 日

編著者　齋 藤 雅 通
　　　　佐 久 間 英 俊

グローバル競争と流通・マーケティング

──流通の変容と新戦略の展開──

目　次

「現代社会を読む経営学」刊行にあたって

はしがき

序　章　市場環境の変化と流通・マーケティング

………………………………………………佐久間英俊…*1*

　　1　近年における日本市場と流通の激変 ………………………*1*

　　2　日本の流通に変化を生んだ原因 ……………………………*9*

　　3　グローバル競争の進展と流通理論の課題 ………………*15*

　　Column　ファーストリテイリング社のマス・マーケティング……*16*

第1章　国際マーケティングの発展　………若林靖永・加賀美太記…*19*

　　1　国際マーケティングの定義と領域 ………………………*19*

　　2　グローバル・マーケティング・マネジメント　…………*23*

　　3　新興国市場戦略　……………………………………………*30*

　　4　小売業・サービス業のグローバル化　……………………*34*

　　Column　適応化と標準化……*39*

第2章　ブランド戦略の隆盛………………………中西大輔…*43*

　　1　ブランドの効果と機能　……………………………………*43*

　　2　ブランド・アイデンティティ論の意義と問題点　………*45*

　　3　偶有的ブランド論の意味と意義　…………………………*52*

　　4　リフレクティブ・フローによるブランド秩序の生成　…………*58*

　　5　ブランド戦略の隆盛の内実　………………………………*63*

　　Column　日米ブランド戦略の相違点……*64*

第3章　巨大小売業の台頭と小売業態論の発展　…………齋藤雅通…*67*

　　1　小売業の歴史的展開と現段階　……………………………*67*

　　2　小売業業態の意義とタイプ　………………………………*69*

　　3　業態をめぐる国際的競争とその帰趨　……………………*80*

4　小売業態間競争の帰結　……………………………………………*86*

　　Column　小売業態の国際移転と生活文化……*87*

第4章　製販連携の進展 ………………………………………堂野崎衛…*89*

　　1　流通チャネルにおけるパワー関係の変容　………………………*89*

　　2　新たなチャネル関係の形成　……………………………………*97*

　　Column　輸入食品と安全性……*108*

第5章　マーケティング・チャネルと卸売商業の変容

　　　　　……………………………………………江上　哲…*111*

　　1　卸売商業とは　……………………………………………………*111*

　　2　流通経路の構成と卸売商業　……………………………………*117*

　　3　マーケティング戦略と卸売の需給調整機能の変容　…………*123*

　　4　マーケティング戦略における卸売機能の課題　………………*130*

　　Column　延期と投機……*132*

第6章　総合商社のグローバル戦略 …………………………田中　彰…*135*
　　　　──資源ブーム終焉の衝撃──

　　1　「夏の終わり」　…………………………………………………*135*

　　2　総合商社とは何か　………………………………………………*136*

　　3　今日の総合商社における資源ビジネスの位置づけ　…………*142*

　　4　資源ブーム終焉後の事業ポートフォリオ・マネジメント：
　　　　三菱商事と伊藤忠商事を中心に　………………………………*147*

　　5　暫定的な結論　……………………………………………………*153*

　　Column　グレンコアと総合商社……*154*

第7章　流通の変容とSCMの進展 ……………………………金　度渕…*157*

　　1　SCMとは……………………………………………………………*157*

　　2　SCMの登場と進展………………………………………………*158*

3 SCMはだれによってコントロールされているのか……………*166*

4 SCMにおけるパートナーシップの意義と重要性………………*174*

Column 小売店の品揃え……*176*

第8章　1990年代以降の日本市場における小売国際化

………………………………………………宮﨑崇将…*179*

1 小売国際化とは何か …………………………………………*179*

2 商品調達行動の国際化：開発輸入の増大 …………………*185*

3 出店行動のグローバル化：外資系小売企業の参入の増大 ………*192*

4 日本における小売国際化の影響と限界 ……………………*203*

Column 何でも返品受け付けます：ウォルマートの

無条件返品制度……*204*

第9章　地球環境問題とマーケティング …………武市三智子…*207*

1 公害問題から地球環境問題へ ………………………………*207*

2 地球環境問題の深刻化に伴う社会的変化 …………………*208*

3 環境マーケティングの4P …………………………………*213*

4 環境ビジネスの成長とこれからのマーケティング ………*218*

Column 美しい空を取り戻すために……*221*

第10章　地域をめぐる商業問題の変容と企業の社会的責任

──大型店撤退問題を中心として── …………………番場博之…*223*

1 商業問題の変容と政策の対応 ………………………………*223*

2 小売競争構造の変化と大型店撤退問題 ……………………*228*

3 大型店撤退問題と企業の社会的責任 ………………………*232*

Column オープン懸賞……*238*

あとがき……*241*

索　引……*245*

序　章

市場環境の変化と流通・マーケティング

　日本では 1990 年代初頭の「バブル崩壊」を経て，流通の構造が大きく変わりました。グローバル競争が激化し，国内でも従来見られなかった低価格競争が進展しました。それ以前はメーカーがチャネル・リーダーとなる業界がほとんどで，その商品を卸売業者や小売業者に販売した後も，流通の各段階における販売価格をメーカーが事実上統制してきたため，激しい低価格競争が生じることは稀でした。しかし 90 年代以降，多くの業界で様相が一変しました。この章では主として従来から存在してきた流通・マーケティングの日本的特質と，その変容を検討します。直近 30 年ほどの間に日本の流通とマーケティングにどのような変化が，いかなる理由で生じたのかについて考察します。

1　近年における日本市場と流通の激変

１　低価格競争と建値制度の崩壊

　1990 年代初頭に生じた「バブル崩壊」以降，日本市場では「失われた 20 年」と呼ばれるように，長期の不況が続いた。またこの時期には世界市場でもアメリカの「住宅バブル」崩壊が世界的金融危機につながり，先進国市場は同時的な不況に陥ったため，発展途上国市場の位置づけが急速に高まるなどグローバル競争が激化した。そうした影響は日本市場にも色濃く現れ，日本企業の政策と行動を変え，日本型流通システムにも大きな変化をもたらした。以下で主な変化を見ていこう。

　過去 30 年ほどの間に日本市場と流通に生じた最大の変化としては，メーカーによる**建値制度**の崩壊が挙げられる。1980 年代以前には多くの業界でメーカー優位のチャネル構造が成立し，系列下にある商業者に対して自らが指示する安定した価格水準で自社の商品を優先的に販売させることが，日本の流通の

主な特徴であった。卸売業者や小売業者など商業者が仕入れた商品を次なる買い手に対していかなる価格をつけて販売するかということは，本来，当該商業者の自由に属することだから，商品流通の川上に位置するメーカーなどが川下の商業者の販売価格を拘束することは，再販売価格維持行為として独占禁止法違反に問われるのが先進国の常識である。しかし日本では，欧米諸国に比べてこうした垂直的な価格統制に対する独禁法の運用が緩かったので，80年代以前の時期には相対的高価格での商品販売が安定的に実現してきた。近年では「メーカー希望小売価格」とか「参考価格」と呼ばれることが多い最終消費者に対する販売価格が，かつては「定価」の名で呼ばれていた事実は，そのことを象徴している。外国から支給基準が不透明であるとの批判も出された**リベート政策**がこの建値制度を補完していた。中間流通を構成する卸売業者や小売業者にとっても，商品の販売価格が相対的に高い水準で安定していることは，より多くの商業利潤につながるため，自分たちの利害に合致していた。多くの業界でメーカーは大量生産した自社の商品を日本の隅々にまで行き渡らせる大量販売チャネルを必要としたため，80年代以前には多くの中小小売商をもそのマーケティング・チャネルに組み込んでいた。

　これら多数の中小小売商に商品を流通させるために，商品分野ごとに多数の卸売商が存在し，一次卸，二次卸，三次卸（収集，仲継，分散など）という具合に多段階の卸売流通を形成してきた（卸売段階の分化）。田村正紀は，このような1980年代以前の日本の流通システムの特質を，零細，過多，多段階と特徴づけた（田村正紀〔1986〕『日本型流通システム』千倉書房）。

　これに対して，概して1990年代以降はこうした状況が一変した。多くの商品分野で従来見られなかったような激しい低価格競争が生じ，競争圧力が強まっている（**表序-1**参照）。ビールや衣料用洗剤など多くの消費財市場で，代

建値制度：商品流通の各段階における商品の販売価格に関して，メーカーが統制力を行使する制度のこと。

リベート政策：商品の取引をする際，買い手（商業者）が後続の取引で当該商品を優先的に，また値崩れさせずに販売してくれることを期待して，売り手（メーカーなど）が買い手に対して代金の一部を割戻金として提供する政策のこと。

序　章　市場環境の変化と流通・マーケティング

表序 - 1　日本市場における低価格化の動き

年	企業名	内　容
1990	ブックオフ	直営 1 号店を神奈川県相模原市に出店
1991	米トイザらス	日本 1 号店を茨城県稲敷郡に出店
1991	大創産業	直営「100 円ショップ」を香川県高松市に出店
1993	米デル	パソコンの直販を開始
1994	サントリー	発泡酒「ホップス」を 180 円で発売
1995	日本マクドナルド	「ハンバーガー」210 円を 130 円に値下げ
1997	カカクコム	ウェブサイト「￥CORE RRICE￥」を創設
1998	ファーストリテイリング	ユニクロの店舗で 1900 円のフリース 200 万枚を完売
2000	日本マクドナルド	ハンバーガー平日半額（65 円）キャンペーン開始
2000	御殿場プレミアム・アウトレット	静岡県御殿場で開業
2001	すき家，吉野家など	牛丼並盛 400 円を 280 円に値下げ
2002	米ウォルマート	西友を傘下に入れ日本進出
2003	JR 東海	新幹線の e 特急券を回数券より割安に変更
2004	サッポロ	第 3 のビール「ドラフトワン」を 125 円で発売
2005	米アップル	日本で音楽配信「アイチューンズ・ストア」を開始
2005	セブン-イレブン	飲料を値下げ販売
2005	ヤマダ電機	国内専門店として初めて売上高 1 兆円を突破
2008	H&M	日本 1 号店を東京・銀座にオープン
2009	コンビニ各社	100 円のおにぎりを発売
2009	トヨタ，ホンダ	ハイブリッド車の価格をプリウス 205 万円，インサイト 180 万円に
2011	すき家	牛丼並盛 280 円を 30 円値下げキャンペーン

（出所）　日本経済新聞をはじめ新聞各紙・雑誌記事などより筆者作成。

表的な商品でさえ最終小売価格がメーカー希望小売価格に対して何割という大きさで下落することが珍しくなくなり，メーカーが自社商品を安定的かつ優先的に販売するために自社のチャネルを構成する商業者に支給してきたリベートが，さらなる値引きのための原資に転化するまでにいたった。こうしてメーカーが構築してきた建値制度が撤廃され，商業者が自由に販売価格を設定する**オープン価格制度**に移行する業界が増えた。建値制度と連動して機能していたリベート政策も見直され，大幅縮小や撤廃が行われた。1990 年代初頭の「バブ

オープン価格制度：商業者が仕入れた商品に対して自ら自由に価格を設定する制度。家電量販店などでは商品の値札に価格の数字を入れずに「オープン」とだけ書いておき，客が販売店員に尋ねて初めて価格が分かるという商品も多く見られるようになった。

3

表序 - 2　主な耐久消費財の普及率の推移（二人以上の世帯）

品　目	2004 年	2009 年	2014 年
冷蔵庫	99.0%	98.7%	98.9%
洗濯機	99.2%	99.5%	98.8%
電気掃除機	99.3%	98.8%	98.1%
電子レンジ	97.4%	97.5%	97.8%
ルームエアコン	86.9%	88.1%	90.0%
自動炊飯器	85.5%	82.8%	89.0%
自動車	86.2%	85.5%	84.8%
カメラ	80.4%	81.1%	83.4%
ベッド・ソファーベッド	62.9%	65.2%	71.9%
温水洗浄便座	59.1%	68.8%	70.6%
食器洗い機	19.1%	26.9%	31.0%

（注）　ベッド・ソファーベッドは取り付けを除く。
（出所）　総務省（2015.7）「平成 26 年全国消費実態調査」などより筆者作成。

ル崩壊」を機に，日本の流通においてはメーカーの流通支配力（distribution power）が相対的に低下し，商品の販売価格に対する統制が弱まる，あるいは消滅する業界が増え，低価格競争が展開されるようになった。それは業種の広がりという点でも，価格下落幅の大きさの点でも未曾有のものであった。

　様々な業種で商品の販売価格が大幅に低下し，日本市場では全般的にデフレ傾向が見られるようになった。また今日の日本市場では，主要商品の大半がすでにかなりの程度家庭に普及している（**表序 - 2**）ため，その多くが買い替え需要をめぐる競争となっている。その結果，多くの業界で 1990 年代に市場規模がピークを迎えた後，縮小に転じている。例えば日本自動車販売協会連合会と全国軽自動車協会連合会によると，2016 年の国内新車販売台数（軽自動車を含む）は 497 万 198 台（前年対比 1.5% 減）で，ピークであった 1990 年の約 778 万台と比べて 4 割近く減少している。国内自動車市場の縮小に関して経済産業省は，「自動車産業戦略 2014（仮称）（案）」の中で，自動車の国内市場は輸出と合わせて国内生産を支える基盤であり，国内生産の弱体化は研究開発体制にも影響し，自動車産業の「国民産業」たる基本を揺るがしかねないから，対策が急務と警鐘を鳴らしている。

　一方，外食産業も 1997 年に売上高のピークである約 29 兆 702 億円を記録したが，その後は総じて減少傾向で推移し，2011 年には 23 兆 475 億円へと減少

した。2012年以降は4年連続で漸増しているが，それでも2015年に25兆1816億円に過ぎず，ピークには程遠い（日本フードサービス協会〔2016.7〕「平成27年外食産業市場規模推計について」）。こうした傾向は製造業からサービス業まで業種を問わず，多くの市場に共通して見られる。

［2］　流通における国際化の進展

　近年の日本における流通の変化として，第2に国際化の進展がある。これには内から外への国際化と，外から内へ国際化の両方がある。

　内から外への国際化は，まず国内で生産した商品を外国に販売する商品輸出から始まり，資本の輸出へと発展するのが常である。近年，多数の国内商品市場の売上げが伸び悩む中，日本企業も外国市場の消費購買力の獲得，消費者要求の的確な把握，途上国の低賃金労働力の活用などを求めて，資本の直接投資を増やし，メーカーの海外生産工場の建設・販売拠点の獲得や小売企業の海外出店，物流企業の海外事業の展開などが勢いを増している。日本貿易振興機構（JETRO）によると，2015年の日本の対外直接投資（残高）は1兆2591億ドルとなり，過去最高を更新した。特に近年は輸出型企業の海外生産だけでなく，内需型と言われてきた業種の国内企業が海外輸出に重点を移す，あるいは海外現地生産にまで乗り出すケースが増えている。これに伴って企業のマーケティングや流通活動においても国際的視点の重要度が高まっている。製品開発では商品を販売する対象国の消費者の欲望を探索し製品開発に生かすとともに，調達では為替相場の変動や様々なリスクも勘案して世界の最適地から原材料や商品を入手し，顧客に商品を短いリードタイムで安定して供給する体制の構築が目指されている。

　現在多くのメーカーは，伸び悩む，あるいは縮小する国内市場の制限を突破するため，海外市場を標的に設定している。過去四半世紀の間，特に2008年に生じた「リーマンショック」以降，先進諸国が同時的不況を経験するもとで，多くの日本企業は途上国市場をターゲットとして明確に位置づけてきた。中国をはじめ発展途上国の中間層が急速に増大しているからである。例えば，2001年から10年まで10年間の中国の実質GDP成長率は10.5%の高率を記録して

いるし，人数でも中国の高所得者層はすでに日本を追い越している。またベトナム人の平均年収は2004年の2万2680円から2014年の12万2280円へと10年間に5倍以上に増えている（ベトナム統計局 CEIC）。

　特に途上国の中間層を対象にする場合，日本で販売している製品をそのまま持ち込むこともあるが，日本で成功した一昔前の製品を供給することも多い。そうした場合，必要な追加費用は少なくて済む利点がある。国内向けに提供してきた商品をそのまま外国市場向けに提供できるのであればなおさらであるが，メーカーが生産する場合に国内向け商品の生産と部分的に重なる要素があれば，そこでスケールメリット（規模の経済）や経験効果を活用できる。これによってコストを削減できた分だけ利益を増やすか，あるいはより低価格に設定することによって製品の競争力をいっそう高めることができる。さらに日本企業が現地に製造工場や営業事務所などの拠点を設けることは，現地の消費者ニーズを把握しやすくなるという利点もある。

　一方，もう1つの国際化である外から内への国際化が進んだことも近年の日本市場の特徴である。多国籍化した日本企業の逆輸入商品も含めて，外国で生産された多くの商品が日本に輸入されている。それらの輸入品は，国内産の同種商品と比べてより低価格であるものが少なくない。それらは，円高のメリットを利用することによって，あるいは日本と比べてはるかに賃金の安い発展途上国で現地生産することによって，原材料の調達費用や生産費用を削減し，それを基礎にして低価格設定を実現している。流通業者の **PB**（Private Brand）商品でも，こうした途上国との賃金差を利用して国内で低価格設定を実現しているものが多く見られる。海外から押し寄せるこうした商品が日本の低価格競争に拍車をかけている。

　このほか，海外の有名な高級ブランドや，アパレル，家具，玩具などの小売企業が日本に進出してきて店舗を増やす事例が相次いでいる。

PB：流通業者が設定するブランドを指す。これは大別して卸売ブランドと小売ブランドに分かれる。後者はさらにストアブランドなどに細分類される。

序　章　市場環境の変化と流通・マーケティング

［3］　日本の流通に生じたその他の変化

　近年の日本における流通の変化の第3は，製造業だけでなく流通業において
も中小企業・零細業者の淘汰が進行し，資本間の規模格差が拡大していること
である。未曾有の低価格競争のもとでコスト削減分を上回る販売価格の引き下
げを余儀なくされた結果，国内市場では多くの企業が利潤率を低下させている。
市場支配力を有し取引を有利に進められる大企業は，最終小売価格の引き下げ
から生じる損失を，**サプライチェーン**（supply chain）の上流に位置する下請
けメーカーや中間流通を担う中小商業者に転嫁することによって自己の利潤を
確保しやすいのに対し，この低価格圧力に耐え切れない中小企業や零細業者に
は倒産・廃業するものが増えている。近年，中小零細小売業者の淘汰が進んで
いるが，そのことは，中小零細小売業者を販売先としている卸売業者の業績悪
化につながり，卸売業でも中小業者の淘汰と業界再編が進んでいる。またコス
ト削減圧力は商品配送などを担う物流業者にも及んでいる。

　1980年代以前には，日本の商業，すなわち卸売業と小売業はかなりの雇用
を抱え，雇用の受け皿となって景気変動の調整弁の役割を果たしてきたが，近
年では商業においても雇用の減少が見られるようになった（**表序-3**参照）。海
外現地生産の進展に伴い製造業が雇用を大幅に減らしたため，いまでは雇用者
数で商業が最大産業となっているが，製造業の雇用減少分を吸収し切れておら
ず，かつてのような景気の調整弁とはなりえていない。

　また流通業は以前から低賃金構造を有していた。例えば，厚生労働省「毎月
勤労統計調査（確報）」によると，2016年に日本の勤労者の月間現金給与総額
（事業所規模5人以上）は，「製造業」が37万9264円であるのに対し，「卸売
業・小売業」は27万3138円と10万円以上の開きがある。それは，外食産業
などと同様に，小売業がパートの主婦やアルバイト学生など「周辺労働力」を
多く抱えており，それらが賃金引き下げ圧力として機能してきたからである。
世界規模で展開する激しい低価格競争の影響を直接受ける日本の流通業や外食

サプライチェーン：商品流通の最上流に位置する原材料のサプライヤーから，最下流に位置する小売
　業者まで，商品流通の全体を一体のものとしてとらえた概念。

7

表序 - 3　日本における製造業と商業の就業者数の推移

年	2002	2004	2006	2008	2010	2012	2014	2016
製造業	1,202	1,150	1,163	1,151	1,060	1,032	1,040	1,041
商　業	1,108	1,085	1,076	1,070	1,062	1,042	1,059	1,059

（注）　商業は卸売業と小売業の合計。単位は万人。
（出所）　総務省「労働力調査」各年版より筆者作成。

産業の中には，競争圧力に耐えかねて「ブラック企業」となるものまで生まれている。

　変化の第4は，流通関連企業においてドメイン（domain：事業領域）の拡大がなされていることである。まず小売業で**多業態化**が広がっている。また生産と流通の間で，双方向からの垂直統合が増えている。すなわち川下に向けては，メーカーが自社製品の販売を担う商業者を内部に取り込む一方，川下から川上に向かっては，商品開発能力を軸に自己の商品の生産を行う下請け製造企業を系列化する商業企業（SPA）や，惣菜をはじめとする一連の商品の生産を自ら行う商業企業が日本でも増え始めている。このほか，コンビニエンスストアや食品スーパーなどの小売業が，手がけるサービスの領域を各種チケット販売，宅配便の取り扱いなどに広げるとともに，金融統合を行いATMや公共料金の引き落としなど銀行業務を行うものも出てきている。

　第5に，新製品開発や売れ筋商品の育成に関する企業間の連携強化がある。特にメーカーと小売業者間の提携（strategic alliance）が強まっている。流通業者のPB商品の発展が顕著であり，従来型の低価格品だけでなく近年ではメーカーのブランドであるNB（National Brand）商品と品質面でも対抗できる高品質のPBが登場するなど，日本でもPB商品の多層化傾向が見られる。

　第6に，物流合理化をめぐる企業間の連携強化である。低価格競争に対応して，物流コストの見直しが着手されているが，社内物流に限らず自社商品のサ

多業態化：業態（format）とは，商品の販売の仕方による小売業のタイプを表す言葉である。例えば，総合スーパーがコンビニエンスストアに業態を広げるなど，小売企業が従来手がけてきた業態から別の業態に乗り出すことを多業態化という。

プライチェーン全体のレベルで物流システムの最適化が追求されており，グループ間競争の様相を強めている。また物流の政策的重要度が増しているため，外部の専門企業に委託するだけでなく，保管・配送・流通加工などを行う複合機能型物流センター（distribution center）を建設するなど，業種ごとに実態に即した多様な対応がなされている（石原武政・石井淳蔵編〔1996〕『製販統合──変わる日本の商システム』日本経済新聞社などを参照）。

　第7に，市場政策における**延期化**（postponement）の進展を挙げることができる。これまでは製品企画の決定や在庫形成など様々な意思決定を早期に行い，大量生産・大量販売することによってコスト面でのスケールメリットを得ようとする投機型（speculation）が市場政策の主流であった（Bucklin, L.P. 〔1966〕 *A Theory of Distribution Channel Structure*, Institute of Business and Economic Research, University of California.／田村正紀訳〔1977〕『流通経路構造論』千倉書房）。だが投機型市場政策は，需給の不一致から在庫の大量廃棄を出すなどの弱点があった。激化する低価格競争のもとで，売れ筋商品の絞り込みが重要度を増しており，意思決定の「延期化」を進めることによって需給の一致を図るなど，新たな形態で流通時間の短縮と流通費用の削減が目指されている。

2　日本の流通に変化を生んだ原因

［1］　「プラザ合意」以降の円高

　こうした国内流通の大きな構造転換はなぜ生じたのだろうか。まず1990年代以降の日本の流通を取り巻く環境変化から見ていく。

　1990年代以降，日本型流通システムに変化をもたらした要因の1つ目は「**プラザ合意**」である。1980年代頃まで日本の代表的産業である鉄鋼，自動車，

延期化：「延期」とは，製品の物理的形態や在庫の配置位置などに関する意思決定を実際の需要に近い時点まで遅らせ，需給を摺り合わせることによって売れ残りや過剰在庫などの無駄を省く利を得ようとする政策である（Alderson, W. 〔1957〕 *Marketing Behavior and Executive Action*, Richard D. Irwin, Inc.／石原武政・風呂勉・光澤滋郎・田村正紀訳〔1984〕『マーケティング行動と経営者行為』千倉書房）。

家電，半導体などの産業分野では，原料資源を輸入し，国内で加工・組立をした製品を海外に輸出する形の産業構造をとっていた。当時これら産業の日本企業が製造した製品は強い国際競争力を保持し，それを軸に巨額の貿易黒字を蓄積したため，日米間などで度々「貿易摩擦」が起きるほどであった。例えば，1980年代には日本の半導体製品は，世界市場シェアの40％を占めていた。

ところが，1985年9月にG5（先進5か国蔵相・中央銀行総裁会議）で「プラザ合意」が結ばれると，先進諸国による為替の円高協調介入によって円は短期間に急騰し，日本企業の輸出競争力は著しく減退した。「プラザ合意」の時点で1ドル250円だった円が，1年後には150円まで急騰した。また2008年9月のリーマンショック後も，2年間で円はドルに対して23％，ユーロに対しては31％値上がりした。

当時の為替差損について電機メーカーのソニーの場合，為替が1円円高に動いた時の減益は対ドルで40億円，対ユーロでは75億円になったという（『日本経済新聞』2009年2月20日付朝刊）。なお中小企業庁の調査によると，日本企業約2000社のうち為替レートの円高で減益したと答えた企業は47.2％だった（中小企業庁〔2011〕『2011年度版ものづくり白書』）。こうして国内で過剰生産が顕在化した輸出指向型巨大製造企業は，1990年代半ば以降製造工程を海外に移すなど急速に多国籍企業化した。生産拠点の海外移転に伴って，原材料・部品なども海外で調達するケースが増えている。

その結果，国内では「産業空洞化」による雇用減少などで「失われた20年」と呼ばれる長期不況が生じた。失業や賃金低下は消費者の所得減少を招き，商品の買い控えと低価格志向につながった。1980年代末に生まれた「バブル景気」はわずか数年で弾け飛んだことからも分かる通り，言わば長期停滞期の中に咲いたあだ花であった。

他方，円高は外国から日本への商品輸入には有利に働いたので，日系メーカーの進出先国からの逆輸入も含めて，外国から大量の低価格商品が日本市場に

プラザ合意：1985年9月にG5がアメリカ・ニューヨークのプラザホテルで開催され，先進各国が為替相場に協調介入し，円高ドル安を押し進めることが決まった。ホテルの名称をとって「プラザ合意」と呼ばれている。

序　章　市場環境の変化と流通・マーケティング

押し寄せ，また一部の外国資本も日本に入ってきてグローバル競争が激化した。その結果，一次産品，製造加工品など種類を問わず国内の様々な市場で未曾有の低価格競争が発生することになった。

　なお，日本国内に大量に流入した海外産の低価格商品は，年収が減少する給与所得者の生活を下支えする面もあった。仲上哲（2009）はこうした側面を念頭に置いて「『デフレ支援』型流通」と規定した。

［2］　政府の規制緩和政策

　日本の流通システムの変容をもたらした第2の要因は，日本政府の規制緩和政策である。政府は新自由主義思想に基づいて様々な規制を緩和・撤廃してきた。まず労働分野に関して，労働者派遣法の改定など労働法制を緩和し，非正規雇用の拡大に道を開いたために賃金下落が続き，正規雇用労働者の「リストラ」や労働者を使い捨てる「ブラック企業」が横行することになった。

　まず雇用から見ると，総務省の「労働力調査」によれば，日本の非正規雇用労働者は1984年に604万人（全雇用対比15.3%）であったものが，1994年に971万人（同20.3%），2004年に1564万人（同31.4%），2014年に1962万人（同37.4%）へと急拡大してきた（厚生労働省〔2015.11〕「平成26年就業形態の多様化に関する総合実態調査の概況」によれば，2014年における「正社員以外」の労働者の割合は39.8%である）。また「ワーキングプア」と言われる年収200万円以下の給与所得者の数は，2014年に1139万2000人で過去最多となり，全体の給与所得者のうち24.0%を占めている（国税庁〔2015.9〕「平成26年分民間給与実態統計調査」）。

　雇用者の賃金について言えば，日本の給与所得者の年間平均給与は，1997年の約467万3000円から2012年には408万円まで12.8%低下した（最新の2015年数値は420万4000円，1997年比10.0%減）。その中では低所得層の底割れ

リストラ：原語はリストラクチャリング（restructuring）で，本来は事業活動の再構築を意味する。だが日本では，長期不況の中で人件費を削減する人減らしが率先して，また広範かつ大規模に行われたため，リストラという略語は労働者の首切りを意味する独自の言葉として使われるようになった。

が著しい。現在，民間企業の非正規雇用労働者の平均年収は 170 万 5000 円で，正規雇用の 484 万 9000 円の 35.2% にすぎない（国税庁〔2016. 9〕「平成 28 年分民間給与実態統計調査」）。給与の査定が不明瞭で同一価値労働同一賃金の原則が確立していない日本では，正規雇用労働者が「リストラ」や退職で辞めた時，正規雇用を補充せず，前任者が行っていた仕事を非正規雇用労働者に肩代わりさせ賃金総額を減らす政策がたびたびとられてきた。これは購買力の低下（内需不足）を通じて「デフレ不況」を長期化させることにもつながった。

　また商業政策に関しては，「日米構造協議」など外国からの圧力も利用して**大規模小売店舗法**（大店法）を規制緩和し最終的には撤廃した。その結果，郊外を中心に大型店が乱立し，年中無休で深夜営業を行う大型チェーン店などが増加した。大店法に代わって登場した**まちづくり三法**は，中小商業者との商業調整を直接の課題としているわけではなく，まちづくりなど都市問題を対象としたものであるから，中小企業・零細業者が淘汰されても，それを押しとどめることはできなくなっている。

　卸売流通に関しても，1999 年や 2004 年の卸売市場法改定により，農産物や水産物などの委託販売・セリ取引原則が緩和され，また広域流通体系の強化により地方卸売市場の弱体化が生じた。さらに度重なる輸入自由化が海外からの安価な輸入品の増大を招き，国内の一次産品価格の下落に拍車をかけた。

　規制緩和政策では，しばしば市民生活の安定や中小企業・零細業者の存続に必要な規制までもが緩和・撤廃されることになった。規制緩和政策は，競争圧力を強めることを通じて，相対的に競争力の強い大企業に有利に，逆に競争力の弱い中小企業・零細業者には不利に働くことが多かった。実際，大企業には過去最高益を更新する企業がかなりの割合で存在する一方，中小零細業者は倒産・低迷している割合が大きい。この時期には日本社会全体でも，資本間格差

大規模小売店舗法：正式名称を，大規模小売店舗における小売業の事業活動の調整に関する法律と言う。総合スーパーなどを規制するため，1973 年の百貨店法の廃止に伴って成立した法律（74 年施行）で，1500 ㎡以上（東京 23 区および政令指定都市では 3000 ㎡以上）の店舗面積を持つ大型店が新増設する際，事前の届け出を必要とし，各地区の商工団体などの意見に基づき，通産大臣が店舗面積，開店日，閉店時刻，休業日数を勧告・命令するなどして規制した。
まちづくり三法：大店立地法，中心市街地活性化法，都市計画法の 3 つを指す。

序　章　市場環境の変化と流通・マーケティング

表序 - 4　日本における商業の販売額

		2002 年	2007 年	2012 年	2014 年
卸売	1 事業所当たり販売額	109,044	123,644	128,002	137,794
	従業員 1 人当たり年間販売額	10,670	12,094	12,617	13,459
小売	1 事業所当たり販売額	10,393	11,839	14,114	16,382
	従業員 1 人当たり年間販売額	2,089	2,176	2,427	2,659

(注)　単位は万円。
(出所)　経済産業省 (2015.6)「平成 26 年商業統計速報」,「経済データ」などより筆者作成。

や所得格差をはじめ様々な社会格差が拡大することになった。

3　流通部門における小売資本の成長

　日本の流通システムに変容をもたらした第 3 の要因は，小売資本の成長である。例えば**表序 - 4** を見ると，日本の小売業も卸売業も，1 事業所当たりの販売額と従業員 1 人当たりの年間販売額の両方が増加する傾向にあることが分かる。現代市場では，取引の集積と，それを基礎とする資本の集積・集中を通じて，流通部門においても市場支配力を有する独占的商業資本が生まれている。この独占的商業資本が今日の日本では，取引を軸にした事業拡大（多店舗化，他業態進出，垂直統合，金融統合など），PB 商品の品揃え強化，低価格仕入，取引情報や消費者情報を利用した物流合理化，中小製造業者や中小零細商業者，物流企業などへの負担転嫁などを通じて，巨額の利潤を獲得している。

　1990 年代初頭以降の「失われた 20 年」と言われる長期不況期に，大手小売企業が飛躍的に成長し，メーカーに対するチャネルパワーを強めた（木立真直〔2006〕「小売主導型流通システムの進化と展開方向」木立真直・辰馬信男編『流通の理論・歴史・現状分析』中央大学出版部，などを参照）。大手小売チェーンによる中小メーカーの系列化・専属工場化はもちろん，現在では大手メーカーに対してさえチャネルパワーを行使する企業も生まれている。例えばコンビニ・チェーンのセブン-イレブンは近年，これまで出店が手薄であった都道府県に出店攻勢をかけているが，それに先立って大手食品メーカーに自社商品を製造する専属工場の建設を依頼し，多くの場合，メーカー側はその要請に応じている。

こうした結果，大手小売企業が仕入れた商品の価格について，自身で設定する「オープン価格制度」をとる商品の種類が広がり，建値制度が崩壊する業界が増えているのである。

④　情報技術の発展

第4に情報技術の発展が挙げられる。企業の間では以前よりイントラネットが普及していたが，1990年代後半以降，先進諸国を中心にインターネットが一般消費者にまで普及した。これに伴って国内でも様々なプロバイダーが登場し，インターネットへの接続環境も整備されてきた。一方，インターネットに接続する端末機器の方でも，一般家庭へのパソコンの普及に加えて，機器の小型・軽量化が進展し，現在ではスマートフォンなどを含めた携帯型情報端末もかなりの程度消費者に普及してきた。さらに**販売時点情報管理（POS）システム**が小売業や飲食業を営む大半のチェーン店に導入されるとともに，商品に付されるタグなどの識別手段においても，数字を記載した伝統的な値札からバーコード，QRコード，電子タグなどへと急速に技術革新が進んでいる。

これらの情報関連技術の発達が流通情報化を進め，日本の流通システムにも大きな変容を迫ることになった。インターネットは，まず情報流に関して企業と消費者個人を直接結びつけ，企業側からのメッセージや宣伝文を直接消費者に届けるとともに，商品や企業に対する消費者側の要求や購買データを即座に企業側にもたらし，顧客ニーズの把握や需給の摺り合わせを容易化・効率化している。これが様々な意思決定の「延期化」を下支えしている。同時に企業のホストコンピュータに蓄積できる情報量も飛躍的に増大し，消費者個人や家庭の何年にもわたる購買・消費情報が容易に蓄積・管理できるようになった。今日，大量の消費者情報はビッグデータと呼ばれ，そのデータ自体を高額で企業

販売時点情報管理（POS）システム：POSはPoint of Salesの頭文字をとっている。あらかじめ商品の包装紙などに当該商品の情報（商品名，サイズ，価格など）を盛り込んだバーコードなどを付しておき，それをレジに設置した専用機器（光学センサーなど）で読み取ることによって，販売された商品に関する情報が瞬時に情報ネットワークを通じてチェーン本部や商品仕入元であるメーカーのコンピュータに伝達されるシステムを意味する。

などに販売する企業も生まれている。

またインターネットを物流チャネルとしても利用できる一部の商品（コンピュータ・ソフトや音楽ソフトなど）では，メーカーから消費者への直接販売が実現している。その他の多くの商品を含めたインターネット通信販売が売上げを飛躍的に伸ばし，今日では主要なチャネルの一角に成長している。例えば，2016年の日本国内の電子商取引（Electronic Commerce）の市場規模は消費者向け（B to C）が15兆1358億円（前年比9.9％増）で，企業向け（インターネット経由の狭義のB to B取引）は204兆780億円（前年比1.2％増）であった（経済産業省〔2017. 4〕「平成28年度我が国経済社会の情報化・サービス化に係る基盤整備〔電子商取引に関する市場調査〕」）。

これまでのところ，インターネット通販で取引される大半の商品が，店舗での販売価格より安価に設定されており，消費者がそれを利用する際の魅力となっているため，ネット通販も近年進行した商品価格の低下に大いに寄与していると言えよう。

またネット通販は中間流通の中抜きを1つの特徴とするため，従来多段階性を特徴の1つとしてきた日本の流通システムを大きく変えつつある。

3　グローバル競争の進展と流通理論の課題

以上見てきたように，1990年代初頭の「バブル崩壊」を経て，日本市場の構造は大きく変化した。すなわち海外からの低価格商品の流入なども影響して，国内では未曾有の低価格競争と「内需不足」のもとでいわゆる市場問題が激化した。これに対する日本企業の基本的対応は，国内ではさらなるコスト削減による利益確保，海外では途上国を中心とした新市場への展開であった（アメリカの「住宅バブル」が崩壊するまでは，アメリカ市場も日本企業の重要な販売先であった）。国内では賃金総額の削減，原材料や商品の調達コスト，物流費用の削減と，流通時間の短縮が追求された。日本政府がとった新自由主義政策は，とりわけ大企業の自由度を高め，資本規模格差を含めて様々な社会経済的格差を増大させた。その結果，日本の流通構造も大きく変化した。概して1980年

▶▶ *Column* ◀◀

ファーストリテイリング社のマス・マーケティング

　日本のアパレル小売業であるファーストリテイリング社は，小売店舗のユニクロやジーユーなど複数ブランドを展開して，急成長してきました。2016 年 8 月期の連結売上高は 1 兆 7865 億円，同営業利益が 1273 億円であり，2016 年 8 月期末の店舗数（フランチャイズ店を含む）は 3160 店，店舗面積が 218 万 8688 ㎡です（同社 IR 情報）。

　ファーストリテイリング社の政策は，相対的に質の良い商品を手頃な価格で提供することを特徴としています。同社は自社の商品を「アパレルの汎用部品」と位置づけ，他社のアパレル商品と組み合わせて着てもらえるよう，品揃えはベーシックな物を基本にしています。同社は商品の企画開発力を握り，中国などの下請け企業に生産委託を行う SPA（Specialty store retailer of Private label Apparel：製造統制アパレル小売）と呼ばれるビジネスモデルを採用しています。生地を大量に仕入れるとともに商品を 1 万着単位で大量に生産発注することで，スケールメリット（規模の経済）を得て相対的低価格を実現する一方，委託先の工場に自社から「品質・生産進捗管理担当者」や「匠チーム」を派遣して生産の指導を行うことによって，製品の品質向上・維持にも努めてきました。またフリースやヒートテックなど，以前にはそれほど知られていなかった商品種類に的を絞り，キャンペーン広告や期間限定の特別価格の設定など販売促進を強めることで，爆発的にヒットさせ，急成長につなげてきました。

　こうしたファーストリテイリング社の政策のベースにあるのは，大量生産・大量販売することによって製品一単位当たりのコストを削減し，高い利益を得るマス・マーケティングです（Tedlow, R. S.〔1990〕*New and Improved : The Story of Mass Marketing in America*, Basic Book, Inc.／近藤文男監訳〔1993〕『マス・マーケティング史』ミネルヴァ書房を参照）。

　しかしいま日本市場の成熟に直面した同社は，経営トップの柳井正氏が「民族大移動」と称して，世界各地での勤務や現地外国人の採用拡大を宣言したことに見られるように，海外での出店と売上げ拡大に舵を切り，販売の面でも急速にグローバル化を進めています。マス・マーケティングの技法を採用する同社は，相対的低価格を実現するために常に量的拡大を追求しないといけませんが，国内で需要がなかなか回復しない現状では，海外に販路を広げるしか道はないからです。

序　章　市場環境の変化と流通・マーケティング

代以前に支配的であったメーカーによる建値制度が崩壊し，成長してきた大手
小売企業が支配力を増す市場が増えている。

　企業のグローバル展開や低価格競争，製販提携など新しい現実の変化を反映
して，マーケティング論や流通論などの学問分野でも，国内だけに限らずグロ
ーバルな市場行動を，また大規模製造企業のマーケティングだけでなく，大規
模小売業の多様な市場行動をも合理的に説明する理論の発展が求められている。

[推薦図書]

木綿良行・三村優美子編（2003）『日本的流通の再生』中央経済社
　　デフレとグローバル化の中で再生を目指す日本の流通について，代表的な小売
　　業態，新しい流通現象，地域の再生と消費者問題など多様なテーマをバランス
　　よく取り上げている。

仲上哲編（2009）『「失われた10年」と日本の流通』文理閣
　　「バブル経済」崩壊後の日本において，流通が果たす社会的役割と政策や機能
　　の変容に関して，消費生活，メーカー，小売業，卸売業，外資との競争など多
　　様な面から考察している。

**日本流通学会監修，木立真直・齊藤雅通編（2013）『製配販をめぐる対抗と協調──
サプライチェーン統合の現段階』白桃書房**
　　現代流通の焦点の1つであるサプライチェーン統合について，メーカー，卸売，
　　小売の三者間競争と提携の実態を，取引様式，組織，機能などの側面から理論
　　を交えて考察している。

[設　問]

1．身近な商品をいくつか取り上げて，最近5年くらいの間にそれらの価格がどの
　　ように変動したか，調べてみましょう。また小売業の売り方の違いによって，同
　　じ商品の価格にどのような違いが見られるかを調べてみましょう。
2．現代の日本の流通システムはどのような特徴を持っているか，海外の先進国や
　　発展途上国のそれと比べてみて，共通する点と日本に独自の点を考えてみましょ
　　う。

（佐久間英俊）

第 **1** 章

国際マーケティングの発展

　現代のマーケティングは国境を越えてグローバルに展開されています。国境を越えて海外市場に向けてマーケティングを実行する時，どのような課題や工夫があらわれるのでしょうか。また，一国市場を対象とするのではなく，複数国市場，グローバル市場を対象とするマーケティングの展開において，どのような仕組みが工夫されているのでしょうか。激動する現代のグローバル経済社会の中でどのような課題に直面しているのでしょうか。

1　国際マーケティングの定義と領域

1　国際マーケティングと国内マーケティング

　「国際マーケティング」とは国境を越えて実施されるマーケティングである。マーケティングの一般的な手法は，標的市場の設定（ターゲティング）と戦略的な**ポジショニング**を行ったうえで，製品（Product）・価格（Price）・チャネル（Place）・販売促進（Promotion）の4P（ただし，4Pはおもに製造業者のマーケティング戦略の構築にふさわしい枠組みであって，小売業やサービス業，インターネット関係事業には必ずしも適切な枠組みではないことに留意）と呼ばれるマーケティング・ミックスの組み合わせを決定するというものである。この点で，国際マーケティングと国内マーケティングとの間に違いはない。そのため，国際マーケティングとは，国内マーケティングの延長線上にあるマーケティング活動であり，国内市場に対して行われたマーケティングが国外市場に対しても適用されるだけであるという主張が存在する。

　しかし，ある一国に所属する企業が国境を越えて活動をする時には，対象と

ポジショニング：自社，もしくは自社製品やサービスを市場において特徴的に位置づけること。

19

する市場環境の特殊性や，国境を越えることから下記のような独自の問題が生じる。

（1）国内市場と国外市場は，①言語・風俗・習慣，②市場構造・市場組織，③法体系・商習慣，④政治・経済・文化といった環境が異なるため，国内市場において成功したマーケティングが国際マーケティングでも成功するとは限らない。ゆえに，国際マーケティング独自の取り組みが必要となる（近藤文男〔2004〕『日本企業の国際マーケティング——民生用電子機器産業にみる対米輸出戦略』有斐閣，11頁）。

（2）国際マーケティングでは複数国の市場が対象とされるため，企業は各国市場向けに調整された複数のマーケティング・ミックスを同時に運用し，市場間の相互作用に配慮しなければならない。このようなマーケティング・ミックスの量的な違いが質的な違いを生み出す（鈴木典比古〔1989〕『国際マーケティング——理論・構造・戦略への挑戦』同文舘出版，4-6頁）。

（3）トヨタがあくまで日本企業として日本と深いつながりを持ち，日本企業であるというアイデンティティを自覚し，かつ，日本企業であると市場から理解されているように，多国籍企業といっても多くの場合国籍は失われない。ゆえに，国際マーケティングでは，ホームの国家権力と進出先の国家権力との関係という政治的要因が重要な意味を持つ。

　このように国際マーケティングを実行する際には，国内マーケティングには見られない独自の課題が存在する。対象とする環境の質的・量的な違いが国際マーケティングの独自性を作り出す。そのため，企業が国際マーケティングを行うに当たっては，「自国市場とは環境が違う」と理解するだけでは十分ではなく，「どこが違うのか」という相違点に対する認識を深める必要があるし（田内幸一・堀出一郎〔1994〕『国際マーケティング』中央経済社，8-9頁），その違いに対応して展開されている独自のマーケティングのあり方に注目しなければならない。

２　国際マーケティングの発展段階説

　従来の国際マーケティング研究において，国際マーケティングは管理・統

合・調整の困難さと歴史的経過を軸として，いくつかの段階に分けられてきた。ここでは，生産拠点と戦略全体に焦点を当てる見方に基づく発展段階を歴史順に追ってみよう（近藤，2004, 5-17頁）。

①輸出マーケティング：輸出マーケティングとは，国際マーケティングの出発点であり，自国で生産した製品を海外市場に販売する際に行われるマーケティングである。これを「単なる輸出」（意図的・計画的でない輸出，国内市場での販売において余剰となった製品が臨時的・例外的に輸出されるケース）と区別することを近藤文男は強調する。輸出マーケティングは，国内市場におけるマーケティングを出発点としつつも，対象とする海外市場にあわせたマーケティングを実行するからである。輸出マーケティングの段階では，自社内には輸出部を，あるいは進出先国に輸入を扱う販売子会社や現地法人を設立する。国内市場向け製品を海外市場のニーズにあわせて修正し，販売価格も同様に調整する。さらに，流通チャネルや販売促進のためのプロモーションも現地市場の環境にあわせて選択される。

②マルチナショナル・マーケティング：マルチナショナル・マーケティング段階では，輸出は継続される一方で，進出先国での現地生産が開始される。同時にマーケティングもより現地に適したものにするため，本国でとられていたマーケティング手法の延長や改良に留まらず，製品開発なども含めた現地市場にあわせたマーケティングが開発されるようになる。

③グローバル・マーケティング：国際マーケティングの発展の現代的段階がグローバル・マーケティングである。グローバル・マーケティングにおける輸出や現地生産といった企業活動そのものは，輸出マーケティングやマルチナショナル・マーケティングと同一である。しかし，各国市場をそれぞれ独立したものとしてとらえるのではなく，各国市場を関連させて総合的にとらえる世界的な視野に基づいてマーケティングが行われる点に違いがある。

このとらえ方によれば，「国際マーケティング」という発展段階は存在しない。国際マーケティングという国境を越えて実行されるマーケティングが，輸出マーケティング，マルチナショナル・マーケティング，そしてグローバル・マーケティングという具体的な形態をとって現れるのである（近藤，2004, 12頁）。

また，グローバル化が進む現在では，国際マーケティングの各発展段階をふみながら成長した企業だけではなく，中小企業や新興国企業が最初から世界市場を標的としたグローバル・マーケティングを行うケースもある（こうしたケースは「ボーン・グローバル」と呼ばれる）。特に，新興国のITベンチャーに代表される企業は，設立当初からグローバル市場を意識した戦略によって急速な成長を実現している。ドメスティック（国内的）な性格を強く持つ一部の産業を除けば，各企業はグローバル・マーケティングを行わざるをえず，その意味で現代のマーケティングはすぐれて国際マーケティングの性格を持つと言える。

③ グローバル・マーケティングにおける3つの課題

　それでは，グローバル・マーケティングの具体的な課題は何だろうか。グローバル・マーケティングを複数の国で統合的に行われるマーケティング活動であると定義したJ. K. ヨハンソンは，グローバル・マーケティングの実行における課題を，以下の3つの側面から指摘している（Johny K. Johansson〔2002〕 *Global Marketing : Foreign Entry, Local Marketing & Global Management*, The McGraw-Hill/Irwin Series in Marketing, pp.25-27）。

　①海外参入：海外参入における問題は，対象市場への参入方法の選択である。マーケティング担当者は，国外での活動の困難性，信頼できる中間業者，対象市場のニーズと，そこに投入するべき製品やサービスの質・量などの情報を分析し，対象市場への参入に際して最も有効な方法を決定しなければならない。具体的な参入方法としては，輸出，ライセンシング，合弁会社の設立，海外直接投資による直営店舗・販売子会社・現地法人などの設立がある。

　②ローカル・マーケティング：海外市場は政治・経済・社会・文化などの環境が自国市場と大きく異なるケースが一般的であり，自国市場のマーケティング戦略をそのまま適用することができない。マーケティング担当者は現地市場の文化や消費者について調査・分析し，現地の人間を積極的に起用して本社のマーケティング担当者と協力させ，現地にあわせたマーケティングを模索しなければならない。これがローカル・マーケティングの課題である。

　③グローバル・（マーケティング・）マネジメント：複数国市場を対象にする

第1章　国際マーケティングの発展

グローバル・マーケティングでは，各市場のマーケティング活動の統一・調整，すなわちグローバル・マネジメントが重要な役割を持つ。グローバル・マネジメントの基本的な課題は，グローバルな戦略眼に基づく各種マーケティング活動の統一・調整によって，規模や範囲の経済性，市場間のマーケティング・キャンペーンの相乗効果といったメリットを極大化することである。なお，グローバル・マネジメントには，製品や価格，ブランドといったマーケティング要素の調整だけではなく，研究開発・調達・製造・マーケティング・アフターサービスといった企業活動全体の配置・調整も含まれる。

2　グローバル・マーケティング・マネジメント

1 「標準化」と「適応化」

　グローバル・マネジメントの困難性の多くは，グローバル・マーケティングが複数国市場を対象とする点から生じる。その代表的な問題が，マーケティング戦略を世界規模で標準化するべきか，それとも各国市場にあわせて適応化するべきかという「標準化と適応化」の選択である。この問題は国際マーケティング研究の最も重要なテーマとして1960年代から議論が続いてきた。

　標準化の主な目的は，マーケティング・ミックスを世界中で共通化することで**「規模の経済」**を発揮し，コスト削減による競争優位を獲得することにある。このことから，標準化戦略はコスト優位戦略であるとも言えよう。標準化がもたらすメリットとして，そのほかにも，ブランドを世界共通化することでグローバル・ブランドを形成し，**ブランド・ロイヤルティ**を向上させる効果や，人的資源を集中的に運用することで優れたアイディアを効率的に活用することを可能にするといった点が挙げられる（大石芳裕〔2001〕「国際マーケティングの複合化の実証研究」『明治大学社会科学研究所紀要』第40巻第1号，130-131頁）。こ

規模の経済：生産量の増大にしたがって，一生産単位当たりの原材料や労働力にかかわるコストが減少し，収益性が向上すること。
ブランド・ロイヤルティ：ブランドに対する消費者の忠誠心のこと。ロイヤルティが高い場合，消費者は代替ブランドに鞍替えすることなく，そのブランドを購入し続ける。

23

のような複数国市場におけるマーケティング・ミックスの共通化戦略は，複数の市場で成り立つ世界市場を同質の単一市場としてとらえる点に特徴がある。

これを企業のポジショニング戦略の問題として置き換えると，「世界共通ポジショニング戦略」(Kotabe, M and K, Helsen〔2007〕*Global marketing management 4th Edition*, John Wiley and Sons, Inc.／栗木契監訳〔2010〕『国際マーケティング』碩学舎，164-204頁）の採用として位置づけられる。世界共通ポジショニング戦略とは，世界各地の市場のすべてにおいて同一のポジショニング（顧客の知覚特性や競合他社との差別化など）を行うことを意味する。

ここで重要なのは，戦略の標準化にとって，市場の標準化は必ずしも必要ではないことである。市場が同質化することを背景に世界共通ポジショニングを採用することが広がっているわけだが，同時に世界共通ポジショニングを採用することで各国市場の中に共通のセグメントを「発見」することにもつながっている。

他方で，世界市場を特質の異なる市場の集合としてとらえ，マーケティング・ミックスを市場ごとに決定するのが適応化戦略である。適応化戦略は，現地ニーズに最大限対応することができるため，各市場における顧客満足を高めることにつながる。ここで目指されているのは差別化優位戦略である。細分化した市場への対応に加えて，適応化では，現地人材の活用により人的資源不足を解消できる，あるいは市場シェアや評価が他市場でのマーケティング活動においてもプラスに働くといったメリットも挙げられる（大石，2001, 131頁）。

この戦略は「現地化ポジショニング戦略」(Kotabe and Helsen, 2007) として位置づけられる。現地化ポジショニング戦略は進出する各国市場それぞれにおいて異なるポジショニングを採用するという戦略で，各国市場の顧客ニーズや競合製品の状況をふまえたカスタマイズを行うものである。グローバル化が進むからこそ，各国市場の独自性が強まるという側面もある。現代の世界市場は決して同質の単一市場ではないので，現地化ポジショニングの必要性も少なくない。

このように標準化と適応化は世界市場のとらえ方において正反対であり，理論的には二者択一の問題であるかのように見える。しかし，現実のビジネスに

おいては，2つの組み合わせによる最適化が課題となっている。ポーター，M.
E.は，標準化や適応化のメリットは同時に達成できるものであると述べ，標準
化や適応化を適度に組み合わせることでグローバルな市場における競争優位を
獲得するために，どこで，どのようにマーケティング活動を行うかというマー
ケティング活動の配置と調整こそが今日の国際マーケティングの問題であると
指摘している（M.E. ポーター編著／土岐坤・中辻萬治・小野寺武夫訳〔1989〕『グ
ローバル企業の競争戦略』ダイヤモンド社，109-133 頁）。マーケティングの各要
素戦略，さらにはその下位の政策の活動について，例えば製品開発は本社が行
うがプロモーションは進出国で決める，製品の基本設計は本国・本社事項であ
るが，製品の詳細設計やサービス設計については進出国事項である，ブランド
の定義は本社事項だが具体的な広告プランニングは進出国事項とするなど，
様々な組み合わせが考えられる。そして，このような配置・分担に基づきつつ，
ほぼその分担のまま自律的に意思決定させることも考えられるし，緊密なコ
ミュニケーションをとって高度に調整し一体化を進めるということもありうる。
「配置と調整」という枠組みは，きわめて具体的にケースバイケースで個々の
環境に応じた最適化を探求すべきであるということを戦略的に示唆している。

　また，大石芳裕はグローバル企業では両戦略の「複合化戦略」がとられてい
ること，標準化では4Pのようなマーケティング・プログラムの標準化だけで
はなく，マーケティング・プロセスの標準化も進められると論じている。マー
ケティング・プロセスとは，①子会社による計画策定，②親会社による統制，
③親子間のコミュニケーションによって構成されるマーケティングの意思決定
過程を指し，マーケティング・プログラム実行のための前提条件である。プロ
セス標準化は自社内部の問題であるため，プログラム標準化に比べて外的制約
を受けにくく，標準化のメリットも大きい。そのため，標準化戦略においてプ
ログラムと同様に重要な意味を持つ（角松正雄・大石芳裕〔1995〕『国際マーケ
ティング体系』ミネルヴァ書房，140-145 頁）。

　マーケティング・プロセスの標準化はグローバル・マーケティング・マネジ
メントの最重要な要素であると見なすことができる。なぜなら，グローバル・
マーケティングの優位性は規模の経済とともにグローバルなノウハウの学習に

あるからである。複数国でのマーケティング実践のノウハウを集合し，展開させていくためには複数国間でのコミュニケーションが促進される必要があるが，そこではしばしば異文化問題が生じ，困難性が高い活動である。したがって，複数国で多様に実践しているマーケティング・プログラムを同一のフォーマットで構成することで，異文化問題を回避して，相互理解・学習が進みやすくなることが期待できる。

2 グローバル・ブランド戦略

　グローバルな企業活動を推進する際に最重要な競争優位の1つがグローバル・ブランドの確立である。世界中で知られている強力なグローバル・ブランドが存在するが，これらは特定製品名である場合もあれば，企業名である場合もある。

　ブランドについて，アメリカ・マーケティング協会は，「ある売り手あるいは売り手の集団の製品およびサービスを識別し，競合他社の製品およびサービスと差別化することを意図した名称，言葉，サイン，シンボル，デザイン，あるいはその組み合わせ」と定義している。つまり，ブランドとは，なんらかの標識によって他と識別できるようになっている製品を意味する。このような意味でのブランドは現在流通しているほとんどすべての製品を指していると言ってよい。

　ブランドはなんらかの標識によってほかと識別される製品である。識別可能とするための標識となるもの，それがブランド要素である。具体的には，ブランド・ネーム，ロゴ，シンボル，デザインなどが挙げられる。ブランドをつくる（ブランディング）とは，狭い意味ではブランド要素の設計を意味する。われわれはブランド要素を直接の手がかりにブランドをブランドとして認識するので，明確なコンセプトをブランド要素の設計に結びつける必要がある。

　そしてそのような識別性に由来する**ブランド認知**と**ブランド・イメージ**に

ブランド認知：そのブランドを，他のブランドとは違うものであると，消費者が識別できること。
ブランド・イメージ：そのブランドから消費者が連想する内容のこと。

第1章 国際マーケティングの発展

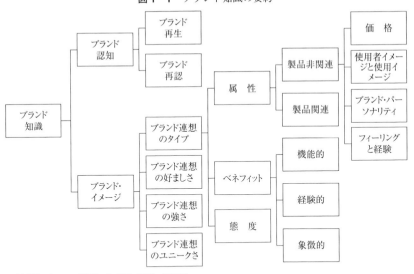

図1-1 ブランド知識の要約

（出所）ケラー／恩蔵・亀井訳（2001, 132頁）。

よって構成される「ブランド知識」(Keller, Kevin L.〔1998〕*Strategic Brand Management : Branding, Measuring, and Managing Brand Equity*, Prentice Hall./K. L. ケラー／恩蔵直人・亀井昭宏訳〔2001〕『戦略的ブランド・マネジメント』東急エージェンシー出版部, 132頁）がブランドに対する消費者行動を規定している（図1-1参照）。

　グローバル・ブランドとは，上記に提示したブランド要素（ブランド・ネーム，ロゴ，シンボル，デザインなど），ブランド・アイデンティティやコミュニケーション戦略を世界共通で展開するブランドであり，世界共通のブランド認知とブランド・イメージ，つまりブランド知識を形成しようというものである。

　このようなグローバル・ブランドは次のような優位性を持っている。第1に，グローバルに支持されている，特に当該製品カテゴリーの先進国市場で高く支持されているというような評価は，顧客好感度を高め，顧客にとっての知覚価値を高めることになる。日本のアパレルブランドもヨーロッパで成功しているという評判が広がると，それは同時に日本やアジア各国市場での売上げに大きく影響する。あるいはアウトドア用品であればアメリカの市場で受け入れられ

27

たということで日本市場でも高い評価を受けるようになるということがある。

　第2に，グローバル・ブランドは，開発・製造・マーケティングにおける標準化や集中を実現し，規模の経済を発揮することになり，効率性を高めることになる。一国市場で事業を展開するローカル企業と比較すると，グローバル・ブランド事業はその何倍もの規模の事業を展開することとなり，材料などの仕入コストも大幅に下げることになるだろうし，売上げに占める開発費や広告宣伝費の割合も相対的に小さくすることができる。

　第3に，近年増大するグローバル顧客（世界中で活躍するグローバル・リーダーや世界中を旅行する富裕層など）に対して，世界中どこでも同じ価値を提供するということを強く訴求することができる。もともとグローバル・ブランドは超高級品カテゴリー（ラグジュアリー・ブランド）において多く存在した。最高の価値を提供するというブランドは世界中のターゲットに訴求することになる。

　第4に，グローバル・ブランドのマーケティング展開については，各国市場での経験を共有・学習して進化を遂げていくことが期待される。グローバル・ブランドは基本的に標準化された世界共通ポジショニング戦略を採用しつつも，各国市場での様々な実験，試みを通じてそれらを水平的に学び，普及することを進めている。このような世界規模での組織学習のプロセスが促進されていることが，グローバル・ブランドのマネジメントの優位性であると同時に課題と言えよう。

③　グローバル・サプライチェーン・マネジメント

　グローバルな企業活動の調整の一環として注目されているもう1つの領域がロジスティクス，グローバル・サプライチェーンである。人的サービス業やデジタル・コンテンツ流通などにおいて物流の重要性は低下しているが，いわゆるモノ，有形財メーカーにとってロジスティクス，サプライチェーンは原材料から製品製造，そして小売までの一連の過程における流通在庫を減らし，流通コストを削減し，また，売り切れなどで機会ロスが生まれたりすることをなくすうえで重要な役割を果たしている。売上成長を図ることが困難になる中で高収益性を追求する現代グローバル企業にとって，グローバル・サプライチェー

ン・マネジメントは，マーケティング・パフォーマンスを向上させ，コスト効率を高める戦略的課題となっている。

このようなグローバル・サプライチェーン・マネジメントは，部品などの供給物流ネットワーク，自社製品の製造物流，販売物流ネットワーク（アフターサービスやリサイクル回収ネットワークなども含む）の3部面によって構成されている。従来は分散的にそれぞれの部面での合理化，最適化が追求されていたが，それが在庫ロスあるいは機会ロスなどを生み，在庫回転率を下げていたため，これら全体を一括して調整し，特に川下＝実需にフレキシブルに対応できる仕組みが追求されている。このような仕組みは，一挙に投機的に大量生産して大量販売しようという規模の経済型モデルが，実際には市場とずれてしまうと不経済になるということで否定され，よりフレキシブルな対応ができるモデルこそが実質的に効率的であるということから選択されている。

海外に進出する場合，当該進出国市場での調達・製造・小売流通ネットワークの連携を実現することは，現地の流通規制や関係事業者との契約・関係マネジメントの複雑さもあって困難であり，そのこともあってしばしば現地企業との合弁が選択されている。さらに，グローバルに製造拠点立地を進めている際には，それはグローバルな海外進出市場とのサプライチェーンを念頭に最適立地を探求する必要がある。

なお，ロジスティクス改革は今日，地球温暖化，気候変動問題への企業の責任ある対応としても大きな課題の1つとなっている。単に経済性だけでなく，エネルギー消費，温室効果ガス排出量などを考慮に入れたサプライチェーンのデザインが求められる。加えて，グローバル・サプライチェーンにおいては災害などによって正常に機能できなくなるリスクが少なからずあることをふまえ，そのような時でも事業継続性を高めるような配慮もまたサプライチェーンのデザインには必要であろう。

3　新興国市場戦略

⎡1⎤　存在感を増す新興国市場

　1990年代以降，世界市場のトレンドにおいて2つの大きな変化が生じた。**図1-2**は，1980年以降の各国GDP実質成長率の推移である。ここから分かるのは，先進国が停滞する一方で，新興国の台頭が特に2000年代以降にかけて進んだということである。この変化を受けて，新興国市場戦略が，現代の国際マーケティングにとって焦眉の課題として浮上している。

　先進国市場の停滞の要因の1つは，1980年代以降の先進国企業の海外進出にある。企業の海外進出に伴い，国内産業の**空洞化**が進み，国内雇用の減少と非正規社員への転換が進み，賃金上昇が抑制された。そのため，国内消費が心理的にも，現実的にも抑制されるようになった。さらに，先進国では**消費の成熟化**が進んだため，簡単にモノが売れなくなっている。少子高齢化も，この消費の停滞傾向に拍車をかけている。ほとんどの先進国で出生率が低下する一方で，平均寿命は延びている。多額の預貯金を抱える高齢者は有望な消費者であるが，少子化によって先進国の市場規模そのものは長期的には縮小していくだろう。このような複数の要因から，先進国市場が伸び悩みを続けている。

　かたや，企業から新たな市場として期待されているのが新興国である。BRICs*，ネクスト11**，VISTA***などと呼ばれる新興国は，1990年代以降，急速な経済発展を遂げてきた。特に，中国とインドは膨大な人口を抱えていること，さらに外資導入などによる急速な経済成長を遂げていることを理由に，多国籍企業が積極的に参入を図っている。こうした新興国への多国籍企業進出の背景には，新興国の優良企業との競争という側面も存在する。これまでの常識を打ち破るような戦略によって成長しつつある新興国企業は，世界市場で先進国企業の地位を脅かす存在になりつつある。彼らに対抗するためにも，先進

空洞化：国内における生産拠点（工場）が海外に移転し，国内の工場数が減少してしまうこと。
消費の成熟化：モノの普及が進み，消費において買い増しや買い換えが中心になり，消費者の選択基準が高度化，複雑化すること。

第1章　国際マーケティングの発展

図1-2　実質 GDP 成長率の推移

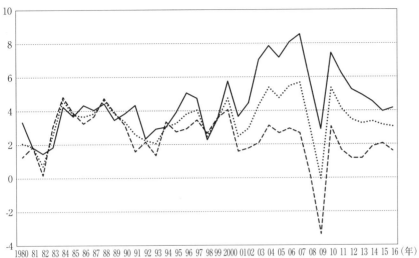

（出所）　IMF（http://www.imf.org/external/datamapper/NGDP_RPCH@WEO/OEMDC/ADVEC/WEOWORLD）のデータを参考に，筆者作成。

国企業は新興国への進出を試みており，新興国でいかに優位性を獲得するかが，現在の国際マーケティングの重要な課題の1つになっている。

* 　アメリカ証券会社ゴールドマン・サックスが，2003年に発表した投資家向けレポートの中で用いた新興経済大国を指す言葉。ブラジル・ロシア・インド・中国の頭文字に由来する。
** 　同社が2005年に発表したポストBRICsと期待される諸国を指す。具体的には，バングラディシュ・エジプト・インドネシア・イラン・韓国・メキシコ・ナイジェリア・パキスタン・フィリピン・トルコ・ベトナムの11か国。
*** 　ネクスト11が玉石混交状態を強めつつあった状況をふまえ，2006年にBRICs研究所が提唱した枠組み。ベトナム・インドネシア・南アフリカ・トルコ・アルゼンチンの5か国を指し，それぞれの頭文字に由来する。

[2]　3つのターゲット（富裕層・中間層・貧困層）

新興国市場は先進国市場のように同質性の高い単一構造ではなく，所得に応

じて市場が富裕層・中間層・貧困層に分かれている点に特徴がある。そのため，各企業は，階層ごとに異なるマーケティング戦略を採用している。

①富裕層向けマーケティング：ブランド重視の高付加価値製品

新興国にも富裕層，すなわち都市部に在住する高所得な層が存在する。この層は新興国内部では相対的に規模が小さいとはいえ，経済成長に伴って徐々に増加している。中国やインドでは人口そのものが大きいため，富裕層市場が他の先進国並みの市場規模となっている。グローバル企業にとっては軽視できない市場である。

彼らは新興国のほかの層に比べて，情報やモノに接する機会が多く，先進国市場と類似したニーズを持つ。すなわち，この市場に向けて行われるマーケティングは，先進国同様のブランドを前面に出した高付加価値製品，ブランド品の販売である。

②中間層向けマーケティング：低価格製品によるマーケットシェアの獲得

新興国市場において最も重要な層が中間層である。なぜなら，長期的に見れば，新興国市場において最も厚い層を形成するのが中間層市場だと考えられるからである。中間層を構成するのは，都市部に在住する労働者層である。この層に対しては，低価格製品による市場シェア獲得という戦略がメインになっている。

例えば自動車産業を見てみると，日本の自動車メーカーのスズキは，現在のインド自動車市場で4割強のシェアを握っている。1983年にインド市場に参入した同社は，自動車よりも安価な二輪車で築いたブランドと，日本で培った軽自動車技術を活かして開発した低価格車によって，インド市場で確固たる地位を獲得した。一方，スズキに対抗する現地資本のタタ自動車は，徹底した機能の絞り込みとコスト削減によって他社を圧倒する低価格製品を開発した。そのほかの競合他社も低価格製品の開発に積極的に取り組んでいる。

このように各社が価格競争を進めるのは，新興国の消費者，ことに中間層のニーズが低価格化にあるからにほかならない。低価格車によるインドにおけるスズキの成功に限らず，性能と機能を必要最低限に絞り込み，約5万円のモバイルノートPCを開発した台湾PCメーカーのエイスースの躍進など，圧倒的

な低価格化が新興国市場における競争優位をもたらしている。多くの新興国の中間層にとって、自動車やPCの購入は初めての経験であるため、機能は限定されていても、とにかく安い製品を求める傾向が強い。新興国の中間層市場向けマーケティングにおいて、各社は攻勢的な価格競争戦略とそれを可能とする製品設計の見直しを進める必要がある。

③貧困層向けマーケティング：市場開発とブランドの向上

新興国における貧困層は、都市周辺のスラムなどの地域に住む人々や農村部に住む農民などを指す。かつてはマーケティングから見捨てられた存在であったこの層が、現在では有望な市場としてとらえられ、彼らに向けた様々なマーケティングが行われている。

マーケティングにおける貧困層の位置づけが変化したのは、先進国の停滞という外部要因だけではなく、新興国の貧困層の実態が徐々に明らかにされてきたからでもある。例えば、貧困層は購買力がないと思われがちだが、彼らは実際には所得の低さに対して比較的物価の高い環境で生活している。その理由はモノや情報の不足、非効率な販売網、そして強力な中間搾取業者の存在にある。このような「貧しいがゆえの不利益」に対して、ビジネスとして大企業が参入することで貧困層をマーケティングの対象としてとらえることができると考えられている（Prahalad, C. K.〔2004〕The Fortune at the Bottom of the Pyramid : Eradicating Proverty through Profits, Wharton School Publishing./ C.K. プラハラード／スカイライト・コンサルティング訳〔2005〕『ネクスト・マーケット 「貧困層」を「顧客」に変える次世代ビジネス戦略』英治出版、36-39頁）。

貧困層を対象にしたマーケティングにおける最大の課題は市場開発である。所得が低く、生活に困窮する貧困層に消費力を持たせることで市場開発に取り組まなければならない。

この代表例が、バングラディシュのグラミン銀行によるマイクロクレジットである。マイクロクレジットとは、貧困状態にあるため通常の融資が受けられない人々に対する非常に少額の無担保融資である。このようなマイクロファイナンス（超小口金融）と呼ばれる貧困層向けの金融業が市場開発に貢献している。

ほかにも，日当で生活する貧困層に向けた，使い切りタイプの少額パッケージ販売などが挙げられる。1パッケージ当たりの利潤は少ないが，膨大な市場規模がそれをカバーする構造である。この使い切りパッケージ販売には，ブランド浸透という意味も含まれている。貧困層は価格だけでなく，新たな生活を感じさせる魅力あるブランドへの強い志向性を持っている（プラハラード，2005，41頁）。すなわち，貧困層へのブランド浸透は，現状の貧困層市場に対してだけでなく，将来的に彼らが中間層へ移行した後も効果を発揮する。

ここまで各市場向けに異なるマーケティングが行われていることを見てきたが，新興国市場向けマーケティングに共通する点としてブランド重視が指摘できる。ブランド志向が強いと考えられがちな富裕層だけでなく，価格に強い反応を示す中間層や貧困層もまた強いブランド志向を持っている。新興国で高いシェアを持つ企業の多くが早期に市場に参入してブランド強化を図ってきたことも，こうした傾向を示唆している。グローバル・マーケティングにおいてブランドは先進国と新興国の区別にかかわりなく，競争上重要な役割を持っている。

4　小売業・サービス業のグローバル化

1　小売業の国際化

1990年代以降，小売業やサービス業の国際化が進みつつある。特に，小売業は各国独自の消費文化に適応し，歴史的に形成された各国独自の流通構造を活動の基盤とするため，ドメスティックな産業特性がきわめて強いと指摘されてきた。しかし，ウォルマートのように国際展開によって自社の競争優位を強化し，巨大製造業に比肩するほどに成長した小売業も存在する。このような小売業の国際化が今日の新しい現象である。

小売業の国際化はメーカーの国際化と異なる特徴を持っている。メーカーであれば，製品が貿易を通じて海外販売されるということでも良いので，単なる輸出による国際化も可能である。しかも，製品は単なるモノであり，一般に一定の品質を保持するものであるから，そのまま海外に展開しても多くの場合問

第1章　国際マーケティングの発展

題が発生しない。しかし，小売業は販売拠点を持つということが不可欠な前提であるために，その国際化は販売拠点そのものの海外進出を意味することになる。販売拠点を海外に出すためには，販売拠点を立地する場所を手に入れ，販売施設を用意し，販売要員を採用・訓練し，調達や売場づくりの仕組みを構築するという全体のシステムが移転しなくてはならない（ブレンダン・スターンクィスト／若林靖永・雀容薫他訳〔2009〕『変わる世界の小売業』新評論，3頁）。

　つまり，小売業の国際化の特徴は，小売業態そのものが国際化の対象となり，海外移転するという点にある。小売業態とは，まず，顧客にとって価値ある商品構成や販売サービスなどを提供するという小売サービスの形態であり，同時にそのような小売サービス形態を支える仕組み，ノウハウのシステムでもある。顧客から目に見え，評価される小売サービスの側面と，それを支援する店舗経営システムといった各小売業のビジネス全体を把握する見方である。具体的にはコンビニエンスストアや専門店，**ハイパーマーケット**などを指す。これは自国の流通構造を背景に歴史的に形成されたものである。小売業の国際化における課題の一つは，自国と異なる環境において，自国に根ざした業態を展開するという点に求められる。

　次に，小売業の国際化の歴史を見てみる。小売業の国際化が始まったのは第2次世界大戦後からである。発端は，戦後の圧倒的な優位性をもとにしたシアーズ・ローバックなどのアメリカ小売業のカナダ・メキシコへの海外進出である。この当時は，現在の先進国市場も成長段階にあり，小売業の多くは国内市場での競争に重きを置いていた。1980年代に入って，国内市場の成熟化などから，いくつかの領域の小売業が他の先進国市場への進出を進めた。この時期の小売業の国際化の主役は，ヨーロッパの小売業であるベネトン，イケア，ボディ・ショップのような専門店，いわゆる**カテゴリーキラー**であり，GAP（ギャップ）やZARA（ザラ）のようなSPA（Specialty Store Retailer of Private Label Apparel）に代表される製造小売業，そしてマクドナルドやスターバックス

ハイパーマーケット：郊外立地，総合的な品揃え（衣食住）を特徴とする大型のスーパーマーケットのこと。
カテゴリーキラー：一部の製品分野に特化し，品揃えを広げて低価格で販売する業態のこと。

35

などの外食チェーン産業であった。そして，1990 年代半ば以降から今日にかけて特徴的なのが，小売業の国際展開の絶対数増加と，その中においてウォルマートやカルフールなど大型総合量販店が活発に国際化を進めている点である（矢作敏行〔2008〕『小売国際化プロセス』有斐閣，15-17 頁）。

　この 90 年代半ば以降における小売業の国際化の進展は，2 つの点から説明される。1 つ目が，欧米諸国で 90 年代以降に顕著になった市場の成熟化と，景観維持・中小業者保護などの観点から進められた大型小売店舗に対する規制の強化である。これらは欧米の大規模小売業を海外に押し出すプッシュ（国内）要因として作用した。一方，アジア諸国に代表される新興国では，同時期に欧米諸国とは対照的な急速な経済成長と，小売業に対する外資規制の緩和・撤廃が進み，これらが大規模小売業を呼び寄せるプル（国外）要因として作用した。これらが，小売業の国際化の絶対数を増加させた（矢作，2008, 3 頁）。

　もう 1 つの特徴である総合量販店の国際化については，大きく 2 つの傾向が指摘されよう。1 つは新興国への積極的な進出と成功であり，もう 1 つは前者の反面とも言える先進国での苦戦・挫折である。例えば，世界最大の小売業であるウォルマートは，メキシコなどの中南米諸国市場において高い市場占有率を獲得する一方，日本などの先進国市場では苦戦を強いられるか，あるいは撤退の憂き目にあっている（表 1-1）。なぜ，ここまで成果が分かれるのだろうか。

　新興国市場における成功の要因は，①新興国の消費者に効率的な流通への高いニーズが存在していること，②現地の競合他社が未成熟であったこと，③企業側の要因として積極的な現地適合化が指摘されている。ウォルマートはメキシコに現地企業シスコとの合弁で参入した後に，低価格帯の商品を中心としウォル・メックスというメキシコ市場向けの新業態を開発することで成功を収めた（丸谷雄一郎・大澤武志〔2008〕『ウォルマートの新興市場参入戦略——中南米で存在感を増すグローバル・リテイラー』芙蓉書房出版，55-64 頁）。

　一方の先進国では，外資参入は一部の専門店や外食チェーンを除いて，困難に直面している。特に，ウォルマートやカルフール，テスコといった食品を取り扱う総合量販店の苦戦が著しい。これは，新興国とは対照的に，先進国には強力な競合小売業が存在し，彼らが築き上げた効率的な流通網が存在するため，

第1章　国際マーケティングの発展

表1-1　主要グローバル・リテイラー：（国際小売）の国外市場での占有率順位

企業名 （出身国）	ウォルマート （米）	カルフール （仏）	テスコ （英）	メトロ （独）
第1位	メキシコ コスタリカ	ベルギー ギリシャ	ハンガリー スロバキア タ　イ	ブルガリア ポーランド ルーマニア
第2位		スペイン イタリア トルコ 台　湾 インドネシア ブラジル アルゼンチン コロンビア	アイルランド ポーランド	モロッコ ロシア
第3位	イギリス カナダ ブラジル	ルーマニア	チェコ 韓　国	
第4位	アルゼンチン	ポルトガル	マレーシア	オランダ オーストリア トルコ チェコ ハンガリー
第5位		ポーランド シンガポール 中　国 サウジアラビア		ベルギー ギリシャ スロバキア
その他 進出国	日　本 中　国 エルサルバドル グアテマラ ホンジュラス ニカラグア	チェコ／スイス アルジェリア エジプト／ギリシャ チュニジア オマーン カタール／UAE ドミニカ共和国 マレーシア／タ　イ	中　国 日　本 韓　国 トルコ	中　国／インド／ベトナム 日　本／フランス／イギリス イタリア／ポルトガル モルドバ／クロアチア セルビア／モンテネグロ ルクセンブルク／スイス ウクライナ／デンマーク スウェーデン／トルコ

(注)　原出所の二神康郎（2007）「2006年度世界小売業市場占拠率比較」『流通問題』第43巻第3号，6頁の
　　　図表をもとに，丸谷が修正。
(出所)　丸谷・大澤（2008, 14頁）。

競争が新興国に比べても激しいことが1つの原因である。だが，より重要な問題は，国際的総合量販店が持つ優位性が発揮されていないどころか，逆に弱点になってしまっていることである。ウォルマートなどの総合量販店の優位性は，

画一的な製品を世界規模で販売することによる規模の経済，すなわち価格競争力である。しかし，先進国の消費者は，もはや「安かろう悪かろう」という安価だが品質も低い製品では満足しない。そのため，先進国市場に対しては適合化を図る必要があるが，それは標準化がもたらす規模の経済というメリットを制限してしまう。このように業態の競争優位が環境に依存的である小売業にとって，標準化と適応化，特に後者を国際展開に当たってどのように意識的に採用するかが重要な課題になる。

この点では，先進国において専門量販店や SPA は引き続き成功している事例が少なくないことに注目すべきであろう。例えば，「ファストファッション業態」と呼ばれる H&M（ヘネス・アンド・モーリッツ）や家具のイケアなどは，もちろん低価格訴求小売業者であるが，同時にこれまでの国内同業者にはない独自の魅力，価値，高品質をアピールしている。また，ファーストリテイリング社のユニクロの海外事業も業績が低迷していたが，近年，技術的機能的品質の独自性を前面に出したブランドの再構築を進め，2009 年 10 月のパリ出店，2010 年 5 月の上海出店などを成功させている。安いだけでは売れないのであって，独自の価値を提示できるかどうかが問われているのである。

② サービスの国際化

小売業と並んでサービス業もドメスティックな産業と見なされてきた。しかしながら，これもまた小売業と同様に国際化が広がっている。

もっともグローバル化が進んでいるのは，外食産業，特にファストフード関係であろう。マクドナルド，サブウェイ，スターバックスなど，グローバルに展開している企業が少なくない。また，ホテルやテーマパークなどのホスピタリティ系サービスにおいても，グローバルなネットワークを構築して標準化されたサービスをどこの施設でも提供し，顧客情報をグローバルにデータベース化してグローバルに行動する顧客のニーズに応えている。いわゆるインフラ的サービス，例えば，物流サービスや情報通信サービス，水道サービスなどの国際化も進んでいる。宅配便事業も国際宅配便事業として展開され，法人向けサービスにおいても，グローバル化する企業顧客のニーズに対応して，例えば経

▶▶ *Column* ◀◀

適応化と標準化

　持ち運びができる携帯型のカセットテープ再生機，つまりソニーの「ウォークマン」は世界中に普及しました。ソニーが最初に開発・販売した際，とても新奇性が高かったためにあまり評判は良くありませんでした。そこで社員たちが町中で歩きながら「ウォークマン」で音楽を聴くという販売促進活動などを展開して，「ウォークマン」が新しいライフスタイルの提案であることが理解されるようになり，爆発的なヒットになりました。

　その後，「ウォークマン」は世界各国で販売されて，ソニー・ブランドをリードする画期的な製品になりました。その際に注目しておきたいことは，各国市場で発売された「ウォークマン」がそれぞれ大きく異なることです。アメリカでは低所得層の若者にも普及できるようにということで，低価格を訴求するポジショニングの「ウォークマン」が発売されました。ドイツでは重々しくがっちりしたハードウェアの「ウォークマン」，フランスではオシャレなデザイン性を重視したもの，というように価格やデザイン，品質が異なるものが導入されました。日本では，最もコンパクトで，高級品としての高品質感を重視したものが追求されていきました。これらは，各国の消費者の異なる好み，嗜好性などをふまえ，これに適応するという「適応化」戦略の展開です。

　他方，世界中で異なる様々なバリエーションの「ウォークマン」が製造発売されることは大きく効率性を犠牲にすることになりかねません。そこで，ソニーは「ウォークマン」を開発するにあたり，そのプラットフォーム，基本的な駆動系のモジュールについては少数のパターンに集約して，製品内部の機構については規模の経済が追求できるように工夫しました。つまり，外見は多様であるが，中身は標準化しているという開発設計を進めていったのです。

　このように国際マーケティングにおける最重要課題である「適応化」と「標準化」の問題は，単純な二者択一問題ではなく，いかにこれらを同時達成するような解決策を創造するかというイノベーションの課題でもあるのです。

営コンサルティング・サービス，IT構築支援サービス，広告会社，リクルート支援サービス，会計事務所，銀行や証券等金融サービスなどの国際化が進んでいる。さらに今日大きく産業の枠組みそのものを再編構築しつつあるインターネット関連サービスでは，検索サービス事業，ネットショッピング事業，

フェイスブックやツイッターのようなソーシャル・メディア事業など，各国言語等のローカライゼーションを進めながら，グローバルに同一サービスを拡大展開しつつある。

　これらのサービス業の国際化のケースに多く共通している点は，①サービス・プロセスの標準化（本国で獲得したノウハウの集大成としてのサービス・プロセスを標準化し，それを１つのパッケージとして海外に展開する），②グローバルな情報システム（進出先の経営状況をリアルタイムに把握し，顧客情報を一元化して顧客サービスを高めるなど，情報システム構築が進められている），③ローカライゼーション（言語や価格などの現地適応化を必要に応じて進め，市場との対話を通じて顧客学習を進めている），④進出先現地への分権化（現地スタッフの採用・教育など，相対的に自律的な経営権が現地法人に与えられており，しばしば顧客ニーズの理解などに優位性を持つ相手国企業との合弁が進められている），⑤戦略提携（直接グローバルに展開している事業者もいれば，海外事業者と提携して国際ネットワークを構築しているケースも多い），⑥グローバル・ブランドの重視（グローバル企業であることを前面に出し，先進的で高品質なイメージを構築している），などが挙げられよう。

推薦図書

近藤文男（2004）『日本企業の国際マーケティング──民生用電子機器産業にみる対米輸出戦略』有斐閣
　　第２次世界大戦後，日本は多くの困難を乗り越えて海外に輸出，展開していった。本書は，家電業界の日本企業がいかにしてアメリカへの輸出を成功させていったか，その戦略展開の歴史を解明した労作である。

小田部正明・K. ヘルセン／栗木契訳（2010）『国際マーケティング』碩学舎
　　本書は，各国の MBA で読まれてきた *Global Marketing Management : Forth Edition* の邦訳である。市場や文化のグローバル化，さらに調達戦略や市場参入戦略など，グローバル化の実態とそれに伴う企業の経営活動の変化について，マーケティングの視角から多面的に論じた良書である。

C.K. プラハラード／スカイライト・コンサルティング訳（2010）『ネクスト・マーケット［増補改訂版］──「貧困層」を「顧客」に変える次世代ビジネス戦略』英治出版

本書は，新興国をターゲットとした，これまで顧客としては無視されてきた「貧困層」をターゲットとした新しいマーケティング戦略の創造に注目したものである。ベース・オブ・ピラミッド（BOP）と呼ばれる国際貧困水準の市場について考える際，必ず目を通しておくべき著作である。

マーケティング史研究会編（2014）『日本企業のアジア・マーケティング戦略』同文舘出版

近年では，内需型と呼ばれる産業もグローバル競争に対応する必要に迫られている。本書は，そうした内需型産業にも焦点を当てながら，日本企業のアジア市場におけるマーケティング戦略を網羅的に論じている。

設 問

1．国際マーケティングにおける標準化と適応化の戦略について，それぞれの特徴，強みと弱み，それらをどのようにして選択したり，組み合わせたりして展開するのかについて説明してください。

2．これまで先進国への国際マーケティングが重要でしたが，近年，中国，インドなど新興国市場への国際マーケティングの重要性が大きく増しています。新興国市場の特徴，新興国市場への国際マーケティングの先行事例，そして日本企業にとっての課題について調べてまとめてください。

（若林靖永・加賀美太記）

第2章

ブランド戦略の隆盛

　ブランドは商品に付与された名前やマークにすぎません。しかしそれにも
かかわらず，企業に対して様々な効果をもたらし，消費者に対して有益な機
能を果たします。したがって，今日のようにブランド戦略が隆盛を極めるこ
とは，企業と消費者の双方にとって望ましいことのように見えます。しかし，
企業の利益と消費者の利益はそれほど容易に両立するのでしょうか。そこに
矛盾はないのでしょうか。この点について考えたいと思います。

1　ブランドの効果と機能

　ブランドとは，「財やサービスの売り手が，自らの商品を他の売り手のもの
と区別するために付与する，名前，用語，デザイン，シンボル，その他の特
徴」(Bennett, P. D. ed.〔1995〕*Dictionary of Marketing Terms*, 2nd ed., American
Marketing Association, p.27) である。つまり，ブランドそれ自体は，商品に付
与された名前やマークでしかない。だが，名前やマークでしかないはずのブラ
ンドが，企業のマーケティング活動において重要な役割を果たし，持続的な競
争優位の源泉になる。

　優れたブランドは，自社の商品を他社の同等の商品よりも高価格で販売でき
る価格プレミアム効果や，消費者が自社の商品を繰り返し購買するようになる
ロイヤルティ効果をもたらす。そうした効果を背景に，企業は，流通業者の協
力を獲得することやプロモーション活動を展開することが容易になる。また，
新たな商品を販売する際に既存のブランドを使用するブランド拡張や，自社の
ブランドの使用を他社に許可することでブランド使用料を得るライセンス供与
によって，事業拡張の機会を得ることができる。

　では，なぜブランドから，これらの効果が生じるのだろうか。そのメカニズ

43

ムとして，ブランドの3つの機能を考えることができる。その第1は，商品の品質や性能を保証する品質保証機能である。企業がブランドを付与するためには，商品の品質や性能を保証できる体制を確立しておかなければならない。なぜなら，ブランドが付与された商品の品質や性能に問題が発生すれば，消費者は同じブランドが付与されている他の商品さえも購買しなくなるからである。ブランドは，商品の品質や性能に対して企業が付した信頼の印であり，これに対して消費者は，価格プレミアムを支払い，ロイヤルティを高める。

　第2は，自社の商品を他社の類似した商品と識別し特定化する商品識別機能である。企業は，何らかの独自性を持つ商品を開発するだけでなく，自社の商品と他社の商品との違いを消費者が容易に識別できるようにしておかなければならない。なぜなら，品質や性能に何らかの差異があったとしても，消費者がその差異を識別することができなければ，その商品が選択されるとは限らなくなるからである。ブランドは，商品の差異を示すために企業が付した識別の印であり，これにより消費者は，多数の選択代案の中から特定の商品を容易に選択することができる。

　第3は，消費者に多様な意味を想起させる意味想起機能である。企業はブランドに意味の象徴を担わせなければならない。なぜなら，象徴的な意味が消費者の購買動機になるからである。ブランドは，商品の魅力を高めるために企業が提案した意味の象徴であり，この意味に魅力を感じた消費者は，その商品を高く評価する。

　ブランドの効果と機能を以上のように整理すると，ブランド戦略が隆盛を極めることは，企業と消費者の双方にとって望ましいことであるように見える。しかし，企業がブランドの諸効果を享受することと，消費者が情報処理負荷を削減しながら機能的に保証された意味的に魅力ある商品を選択することは，容易に両立するのだろうか。本章の目的は，ブランド戦略を取り巻く環境変化とブランド研究の変遷を整理しながら，ブランド戦略の隆盛の内実を明らかにすることである。

2 ブランド・アイデンティティ論の意義と問題点

1 初期のブランド研究

　ブランド（brand）という言葉は，古ノルド語の「焼き付ける」を意味する「brandr」に由来する。ブランドの起源は，自分の家畜を他人の家畜と区別するための「焼き印」であり，その後，陶工の刻印やギルドのトレードマークとして用いられた。それが企業間競争の中心的な課題になるのは，20世紀に入ってからである。

　19世紀末にアメリカでは，輸送や通信のインフラが急速に整備され，分断された市場が全国市場へと統一されていった。それに伴い，標準化された商品を全国市場に大量に流通させることが，多くの企業にとって重要な課題となった。この課題に対する決め手となったのがブランドであった（テドロー，R. S.／近藤文男監訳〔1993〕『マス・マーケティング史』ミネルヴァ書房，3-4頁）。

　これを受けて，1950年代以降，数々のブランド研究が登場した。「実体的・機能的存在としての製品」と「感性的・情緒的記号としてのブランド」とを区別し，消費者は象徴的な意味に購買動機を抱くため，長期的な投資によってブランドを育成することが重要であると指摘したブランド・イメージ研究（Gardner, B. B. and Levy, S. J.〔1955〕"The Product and the Brand," *Harvard Business Review*, Vol.33, No.2, pp.33-39）や，ブランドのシェアの動向と安定性は，そのブランドに対してロイヤルティを持つ消費者の数とそのロイヤルティの程度に依存することを指摘したブランド・ロイヤルティ研究（Cunningham, R. M.〔1956〕"Brand Loyalty: What, Where, How Much?," *Harvard Business Review*, Vol.34, No.1, pp.116-128），特定ブランドに対する購買行動の予測指標として態度を取り上げたブランド態度研究（Barclay, W. D.〔1964〕"The Semantic Differential as an Index of Brand Attitude," *Journal of Advertising Research*, Vol.4, No.1, pp.30-33）が，この時期に行われた。

　これら初期のブランド研究は，ブランドの重要性を指摘しており，今日のブランド研究の基礎になっている。しかし，それぞれの研究領域における概念や

手法が互いに交差することはなく，ブランドの理解が断片的であった（青木幸弘〔2000〕「ブランド研究の系譜：その過去，現在，未来」青木幸弘・岸志津江・田中洋編著『ブランド構築と広告戦略』日経広告研究所，26頁）。また，実際にも，ブランドは短期的な売上げや利益を向上させる単なる手段として活用されることが一般的であった。

２ ブランド・エクイティ論

　短期的には収益を損なっても優れたブランドを育成すれば，それが持続的な競争優位の源泉になるということに多くの企業が気づき始めたのは，1980年代に入ってからである。その背景には，先駆的な一部の企業が長期的な投資によってブランド・イメージの維持・管理を適切に行うことで，業績を伸ばしたことがある。短期的成果に主眼を置いた価格プロモーションやコスト節約的な安易なブランド拡張によりブランド・イメージを傷つけることへの危機感が高まった。

　また，この頃盛んに行われたM&Aもブランドについての認識を新たにさせた。企業買収に際して，買収総額の大半を占めたのがブランドの買い取り価格だったからである（Barwise, P.〔1993〕"Brand Equity : Snark or Boojum?," *International Journal of Research in Marketing*, Vol.10, pp.93-104）。例えば，ネスレがイギリスの大手菓子メーカーのロントリーを買収した際，「キットカット」などのブランドの買い取り価格が買収総額の80%を占めた。以降，ブランドは資産であるという認識が生まれ，その評価問題と管理問題についての関心が高まった。

　これを受けて，様々な角度から幾多の研究が行われたが，それらの議論を整理・体系化する形で登場したのが，アーカーのブランド・エクイティ（Brand Equity : BE）論である（アーカー，D. A./陶山計介・中田善啓・尾崎久仁博・小林哲訳〔1994〕『ブランド・エクイティ戦略』ダイヤモンド社。以下，引用頁は同訳書）。BEとは，「ブランド，その名前やシンボルと結びついたブランドの資産と負債の集合」（20頁）であり，ブランド・ロイヤルティ，ブランド認知，知覚品質，ブランド連想，他の所有権のあるブランド資産の5つのカテゴリーか

第**2**章　ブランド戦略の隆盛

らなる。

　ブランド・ロイヤルティは，「顧客がブランドに対して持つ執着心の測度」（53頁）であり，マーケティング・コストの削減，取引のテコ，新規の顧客の誘引，競争上の脅威に反応する時機をもたらす戦略的資産である。ロイヤルティを持つ既存の顧客を維持することは，新規の顧客を誘引することよりも遥かにコストがかからないし，既存の顧客のグループがそのブランドを受容していることは，流通業者に対する交渉力を高めたり，顧客基盤を開拓したりする際の効果的なメッセージになる。また，ロイヤルティを持った顧客がいることで，企業は製品開発などで競争業者に遅れをとっても，それに対応する時間的余裕を持つことができる。

　ブランド認知とは，「あるブランドがある製品カテゴリーに明確に属していることを，潜在的購買者が認識あるいは想起することができるということ」（84頁）である。認識されなければ，それを購買しようという意思決定は起こらないし，認識することでそのブランドへの親しみの感情が湧く。名前を認知しているということは，企業が長期間にわたり大量広告を実施して広範囲に流通させている成功しているブランドであるということのシグナルにもなる。また，ある製品クラスが提示されると想起されるブランドは，**考慮集合**に加わりやすい。

　知覚品質は，「ある製品またはサービスの意図された目的に関して代替品と比べた，全体的な品質ないし優位性についての顧客の知覚」（115頁）であり，購入理由，差別化とポジショニングの特徴，価格プレミアム，チャネル構成員の関心，ブランド拡張の基礎を提供する。

　ブランド連想とは，「ブランドに関する記憶と『関連している』すべてのこと」（146頁）であり，例えば，「マクドナルド」は，「ロナルド・マクドナルドのようなキャラクター，子供といった顧客セグメント，楽しみといった感情，サービスなどの製品特性，ゴールデン・アーチなどのシンボル，常に何かにせ

考慮集合：選択の候補として真剣に検討されるブランドの集まりのこと。多数の代替ブランドが存在する時，消費者はまず買ってもよいと思うブランドをいくつか選び出し，選び出したブランドだけを真剣に検討して，その中から最終的に購買するブランドを選択している。

47

きたてられているように行動するといったライフスタイル」などと関連しているということである。豊かであり，かつ焦点の定まった連想を有しているブランドは，情報処理を支援し，差別化とポジショニングの基盤を提供し，購入理由を与え，肯定的なブランド態度を創造し，拡張の基盤として役立つ。

　他の所有権のあるブランド資産は，パテント，トレードマーク，チャネル関係などであり，競争業者が顧客基盤やロイヤルティを侵すのを抑制する。

　図2−1に示されるように，BE論は，これら5つの資産次元が相互に連関してBEを生み出し，消費者と企業に様々な価値をもたらすことを論じている。ブランドの資産的価値の重要性を強調し，長期的視点に立ったブランド戦略の必要性を指摘した点で優れた議論である。また，初期のブランド研究では断片的に理解されていたブランド・イメージやブランド・ロイヤルティ，ブランド態度などをBEの構成次元として統合的に認識し，管理目標として提案している点にも意義がある。しかし，優れたブランドを構築するための枠組みや戦略課題については必ずしも明確ではなく，また，**ブランドの資産的評価**問題も残されたままであった。

③　ブランド・アイデンティティ論

　優れたブランドを構築するための方法論が問われ始めたのは，1990年代に入ってからである。その背景には，競争のグローバル化と市場の開放，技術変化のインパクト，流通業者のパワーの増大とチャネルの進化，消費者市場の変化など，ブランド戦略に対する環境圧力があった（Shocker, A. D., Srivastava, R. K. and Ruekert, R. W.〔1994〕"Challenges and Opportunities Facing Brand Management : An Introduction to the Special Issue," *Journal of Marketing Research*, Vol.31, pp.149-158）。

　これを受けて，ブランド研究の焦点は，BE論からブランド・アイデンティティ（Brand Identity : BI）論へと急旋回することになる。アーカーもまた，

ブランドの資産的評価：売買や効果測定のために，ブランドを資産として金額ベースで評価することは重要であり，財務会計の立場からも様々な方法が提唱されている。しかし，それぞれの方法ごとに難点があり，ブランド資産評価モデルの確立は，今なお喫緊の課題として残されている。

第2章　ブランド戦略の隆盛

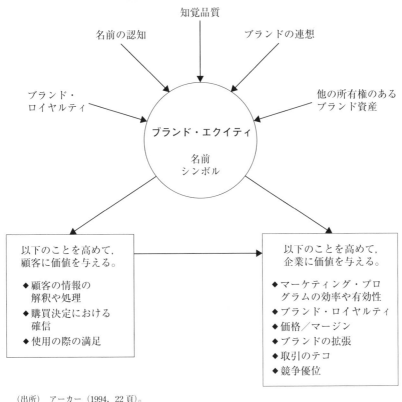

図2-1　ブランド・エクイティ

(出所)　アーカー (1994, 22頁)。

「強いブランドを構築する鍵は，ブランド・アイデンティティの開発と，そのプログラムの実行にある」(アーカー，D. A./陶山計介・小林哲・梅本春夫・石垣智徳訳〔1997〕『ブランド優位の戦略』ダイヤモンド社，31頁。以下，引用頁は同訳書) として，この問題に取り組んでいる。

それによれば，BI は，「ブランド戦略策定者が創造したり維持したいと思うブランド連想のユニークな集合」であり，「この連想はブランドが何を表わしているかを示し，また組織の構成員が顧客に与える約束を意味する」(86頁)。消費者がブランドを現在どのように知覚しているかを示すブランド・イメージに対して，BI は，戦略策定者がブランドをどのように知覚されたいと思っているかを示している。強いブランドを構築するためには，消費者側の**ブランド**

49

知識構造（ケラー，K. L.／恩藏直人・亀井昭宏訳〔2000〕『戦略的ブランド・マネジメント』東急エージェンシー，124-171頁）を把握するだけでなく，戦略策定者側の「ブランドの魂やビジョン，すなわちブランドが達成したいと望んでいるもの」（89頁）を明確にしなければならないとされる。

そのための一連のプロセスとして示されたのが，**図2-2**である。BIは，ブランドの中心にあって普遍的な本質であるコア・アイデンティティと，BIに豊かさと完全性を与える拡張アイデンティティから構成される。また，製品としてのブランド（製品分野，製品属性，品質および価値，用途，ユーザー，原産国），組織としてのブランド（組織属性，ローカルかグローバルか），人としてのブランド（ブランド・パーソナリティ，ブランドと顧客との関係），シンボルとしてのブランド（ビジュアル・イメージとメタファー，ブランドの伝統）という4つの視点から構成された12の次元からなっている。これらすべての視点を考慮することで，戦略策定者はBIを明確で豊かなものにしたり，差別化したりするのに役立つブランドの様々な要素やパターンを考えやすくなる。

明確で豊かなBIは，機能的便益，情緒的便益，自己表現的便益を含む価値提案を行う。機能的便益は消費者に機能面の効用を提供する製品属性に基づく便益であり，情緒的便益は特定のブランドの購買と使用が消費者に与える肯定的な感情であり，自己表現的便益は消費者が自己イメージを伝達するための方法である。また，BIは，他のブランドに信頼性を与えるというエンドーサーの役割を果たす。最終的にBIは，ブランドと消費者の間に強い関係を確立するのに役立つ。

開発したBIと価値提案の適切な一部分を適切な訴求対象に向けて積極的にコミュニケーションすると同時に競合ブランドに対する優位性を示し，それを効果的にするための卓越したコミュニケーション・プログラムを実施し，追跡して監視することで，企業は競争優位を獲得することができる。以上が，アーカーのBI論の骨子である。

ブランド知識構造：消費者がそのブランドを識別できるかどうかというブランド認知と，どのようなブランド連想を抱いているかというブランド・イメージから構成される。高いレベルのブランド認知と，強く，好ましく，ユニークなブランド連想により顧客ベースのBEが生じる。

図2-2 ブランド・アイデンティティ計画モデル

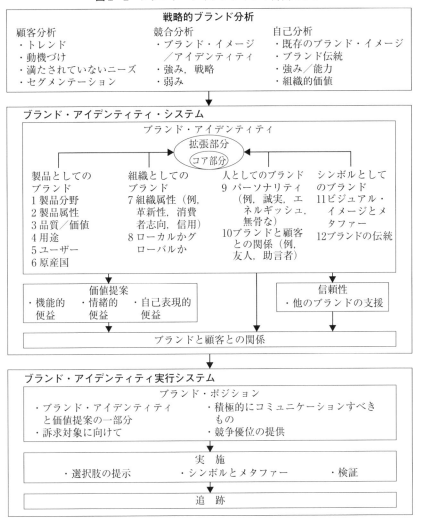

(出所) アーカー (1997, 98頁)。

　BI論は,ブランド戦略に対する環境圧力の高まりの中で,「いかにして強いブランドを構築するか」という実践的問題と,「ブランドとは何か」という本質的問題を論じている。強いブランドを構築するためには,戦略策定者側の「ブランドはどうあるべきか」というビジョンが明確でなければならないと強

調し，「ブランドとは何であり，何をなすのか」を明確で豊富にするためのプロセスを示し，ブランドが消費者との間に長期的な関係を創出することを指摘している点で優れた議論である。また，BE論では言及されなかったブランド体系の管理問題やブランド構築のための組織づくりについて論じ，より全社的なブランド・マネジメントにまで踏み込んだ考え方を提示した点にも意義がある（章末コラム）。

だが，戦略策定者のブランド・ビジョンは，その意図したとおりに消費者に伝わるのだろうか。あるいは，BIをなすという4つの視点から構成された12の次元を考慮すれば，ブランドの本質を明確にし，機能を豊富にすることができるのだろうか。また，開発したBIと価値提案のうち，どの部分を，どの消費者に向けて，どのようにコミュニケーションし，いかに追跡するのが適切であるのかを，その実行以前に決定することは可能なのだろうか。

日経産業消費研究所が1989年に行った調査によれば，5年前に比べて「製品を開発したときには考えつかなかったような，『製品の新しい使い方』や『新しい意味』を消費者は見つけるか」という問いに，「多くなっている」「やや多くなっている」と答えている戦略策定者は40%近くであるのに対して，「少なくなっている」は5%に満たない（日経産業消費研究所編〔1990〕『ヒット商品開発の実態と成功の条件』日経産業消費研究所，91頁）。消費者による製品の意味の読み替えは少なくないのである。

戦略策定者のBIは消費者による意味の読み替えに直面する。ブランドの意味は，ブランド戦略実行以前に決定されるものではなく，企業のブランド戦略と消費者の欲望との相互作用的関係の中で生成する。ブランド戦略は，他でもあり得る可能性に開かれた関係の中で行われる偶有的なプロセスである。この**偶有性**への認識が希薄であることにBI論の問題点があると思われる。

3　偶有的ブランド論の意味と意義

1　偶有的ブランド論の導出の背景

ブランドが企業の思わぬ用途で使用されたり，思わぬ消費者に支持されたり，

思わぬ意味で読み替えられたりすることは少なくない。例えば，三菱自動車の四輪駆動車「パジェロ」はオフロード車として開発されたが，ほとんどは街中で使用された。キリンの1.5リットルサイズの「午後の紅茶」は嗜好飲料として主婦層をターゲットに発売されたが，若年層が止渇飲料として愛飲した（藤川佳則・竹内弘高〔1994〕「新製品の『予想外の成功』がもたらす競争優位」『マーケティング・ジャーナル』第14巻第2号，47-58頁）。

　企業が市場導入したブランドは消費者による意味の読み替えに直面する。企業がそのブランドにどれだけの思いを持っていたとしても，消費者がそれを認めるとは限らない。魂を込めて作り上げたブランドが見向きもされず消え去ってしまうことも稀なことではない。こう考えると，たまたま消費者の人気を呼んだものがブランドであり，消費者の欲望がブランドを作るということになる。そうであれば，ブランド戦略の実行に当たっては，まず市場調査を行い，事前に消費者の欲望を明確にしておくことが重要だということになる。

　しかし，だからと言って，消費者の欲望がブランド戦略の出発点であると言うことはできない。なぜなら，欲望は消費者自身でさえ自覚することが難しいからである。例えば，日立の洗濯機「静御前」は洗濯機の騒音を抑えることでヒットしたが，消費者は洗濯機の騒音を当たり前だと思っており，必ずしも不満の声を挙げていたわけではなかった。マガジンハウスの雑誌「HANAKO」は「こんな雑誌が欲しかった」と受け入れられたが，消費者がそのことを自覚したのは，この雑誌が出た後であった（石井淳蔵〔2004〕『マーケティングの神話』岩波現代文庫，25-31頁）。つまり，企業がブランドを市場導入して初めて消費者は欲望を自覚したのである。

　こう考えると，企業の思いがブランドを作るとも消費者の欲望がブランドを作るとも言えなくなってくる。ブランドは企業の思いからも消費者の欲望からも独立している。しかしそれにもかかわらず，企業に様々な効果をもたらし，消費者にとって有益な機能を果たす。「まさに，偶有的でありかつ他に代わり

偶有性：他でもあり得た現実，必然ではなく不可能ではない様相を言う。BIのどの部分をコミュニケーションするかにより，ブランドの現実は異なる。ブランドの今ある現実は，いくつかの可能世界のうちの1つ，いわば他でもあり得た姿である。

うるものがないのがブランドなのである」（石井淳蔵〔1999〕『ブランド　価値の創造』岩波新書，75頁。以下，引用頁は同書）。では，「いかにして」「何によって」ブランドは，ブランドとして成立するのか。その不思議に迫ったのが，石井淳蔵の偶有的ブランド論である。

［2］　ブランドの価値形態論

　偶有的ブランド論は，ブランドの価値形態論と交換過程論からなる。ブランドの価値形態論は，商品という実体に従属した，あるいは実体をそのまま写しとる透明なメディアにすぎない名前が，企業の思いや消費者の欲望に還元されない独自の意味を持ったメッセージを発し，ブランド化していくことを論じている。

　それによれば，いずれブランド化する名前であっても，最初は，実体としての特定の商品の記述名として始まる。実体としての商品とそれを記述する名前とは，「一対一」に対応する。例えば，「ソニーの携帯型カセット・プレーヤー」という実体に対して「ウォークマン」という名前が付いている事態である。この場合，実体たる特定の商品がなければ，その名前自体は何の意味もない。その商品を継続的に指示し，他の商品と混乱を起こさない程度に差別化できれば十分であり，必ずしも「ウォークマン」である必要はない。名前は実体を映す透明なメディアでしかなく，何であっても実体は変わらない。

　しかし，もし，「ウォークマン」という名前とそのロゴが可愛いということで人気が集まったとすると，事情は変わる。名前は透明なメディアではなくなり，その指示対象である商品を超越した独自の意味を持つ。その瞬間がまさに，名前がブランドとなる**創造的瞬間**である。

　創造的瞬間を経ることで，名前に基づいた発展が起こりうる。独自の意味を持った「ウォークマン」という名前のもとで，携帯型 CD プレーヤーや MD プレーヤーが発売される。名前と商品との一対一対応は消え，1つの名前が複

創造的瞬間：それまで商品のメディアでしかなかった名前がメッセージとなって現実を作り出し，逆に商品がそのメッセージを伝えるメディアになる逆転の瞬間を言う。メディアとメッセージの互いに反転し合うその可能性がブランドの現実を作り出すダイナミズムの源泉になる。

数の実体を指示する「一対複数」対応が生まれる。

　だが，ここでの名前は色々な商品を無限定に含むわけではない。「ウォーク
マン」は「音の再生」にかかわる技術あるいは使用機能を結び付きとする「関
係」を指示しているのであり，名前はその関係という対象に従属する。

　しかし，名前は技術や使用機能という関係にとどまることなく，それらを一
部として含んださらに高次の関係を指示することができる。例えば，「ダンヒ
ル」は，当初は，パイプやライターなど喫煙にかかわる技術や使用機能の関係
に従属していたが，紳士小物から時計や万年筆，スーツやジャケットなどにい
たるまで製品ラインを広げ，複数の技術と使用機能を指示している。それらの
多種多様な商品に１つの統一性を与えるのは，「ダンヒル」という名前でしか
ない。「まさに『ダンヒル』というブランドだけが，その『ダンヒル』を取り
巻く製品群という現実を説明できるのである」(117-118頁)。

　だが，ここでの名前も無限定に多種多様な商品を含み込んでいるわけではな
い。「ダンヒル」は，例えば，伝統的なエリートの風格という「スタイル」を
指示しているのであり，名前はスタイルに従属している。スタイルは流行に従
属し，いつかはそのスタイルに人気がなくなる時がくる。スタイルという統一
性に固執したブランドはスタイルの盛衰とともに滅んでいく。しかし，例えば，
チーフデザイナーが代わってもそれとして受け入れられる「シャネル」は，ス
タイルを包括するより高次な「フィロソフィ」レベルでの統一性を指示するの
であり，スタイルの盛衰を超越する。

　とはいえ，フィロソフィも陳腐化を免れることはありえない。そうすると改
めて，フィロソフィ群を統一する「メタ・フィロソフィ」が求められ，メタ・
フィロソフィが実体として識別された途端に，「メタ・メタ・フィロソフィ」
が控えている。**図2-3**に示されるように，この「メタ化」のプロセスは，BI，
すなわちブランドの他に代わりうるものがない「絶対的な本来の価値（意
味)」(112頁)に到達するまでどこまでも続くことになる。

　「しかしいうまでもなく，絶対的な本来的価値に，有限回の試行のうちに近
づくことができても到達できるわけではない」(123頁)。ブランドは，その道
を歩む中で統一性を失って，価値を発散させてしまい崩壊してしまうかもしれ

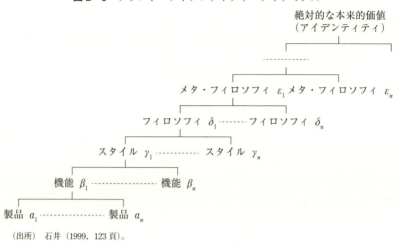

図2-3 ブランド・アイデンティティ・ダイナミクス

(出所) 石井 (1999, 123頁)。

ない。だが，それにもかかわらず，絶対的な本来的価値に向かって無限の道を歩むほかない。なぜなら，アイデンティティのダイナミクスを失ってしまっても，技術や競争者，消費者や流行といった環境の変化に対していつしか適応できなくなり，いずれまた崩壊してしまうからである*。以上が，石井のブランドの価値形態論の骨子である。

* このダイナミクスが働く限り，ブランドの意味の探索は無限に続く。しかし，石井は，それ自体は実体ではない「点」のような存在にまで，ブランドは行き着くことが想像上は可能だとし，その「点」をアイデンティティ・ペグと呼ぶ。ペグとは，衣服を引っ掛ける木釘のことで，単にそこに多種多様な製品群が引っ掛かっているという以上の何の実体も持たない空虚なポイントを指し示すために用いられている。「真のアイデンティティだと思われたものが実は仮のアイデンティティでしかないという繰り返しの果てに空虚が発見される，そしてアイデンティティという言葉で指示される還元すべき実体はないというのが，アイデンティティ・ペグのアイデアである。それは，しかし，空虚な点でありながら，それがなければなんら統一性さえ維持できないという意味で強固な実体性ももっているというパラドキシカルな存在である」(137頁)。

3 偶有的ブランド論の意義

ブランドの「いかにして」を論じたこの議論は，それまでのブランド研究とは異なった主張を持っている。強調されるのは，ブランドの今ある現実は，企

業の思いにも消費者の欲望にも還元して理解することはできず，それらの相互作用的関係において生じるということである。ブランドは企業の資産だといっても，企業の意のままにはならない資産であることが強調される。

　また，そのプロセスは，行き着くことができない BI，つまりブランドの絶対的な本来の意味を目指して創造的瞬間を繰り返し，意味の深さを得ながら，新しい現実あるいは意味世界を作り出していく運動の一環であることが示される。したがって，BI の考え方も従来とは異なる。アーカーは，強いブランドを構築するためには BI を明確にしなければならないとしていたし，ケラーも，「とりわけ強いブランドは，非常に多くのタイプの連想を有しているが，マーケターはマーケティング意思決定において，それらすべてを把握できなくてはならない」（ケラー，2000，42頁）としている。また，カプフェレは，「無意識なものは，効果的であり続ける」ため，BI は，「製品の議論の背後に隠されなければならない」（Kapferer, J.-N.〔1992〕*Strategic Brand Management : New Approaches to Creating and Evaluating Brand Equity*, Kogan Page, p.73）と論じている。だが，石井は，「ブランド価値は，露出すべきかどうかの問題ではなく，そもそも露出できない性格のものである」（99頁）と指摘する。「つまり，ブランドの本質は，『ブランドだけがそのブランドの現実を説明できる』というこの自己言及性のうちにある」（75頁）というのである。

　しかし，これでは，ブランドの価値は不可知だということになる。だが，石井は，ブランドと商品群とが相互に支え合い，1つの社会的実在としての意味世界を形成することで，ブランドは主観的意味の産物にとどまるものではなくなるという。それによれば，例えば，喫煙具や紳士小物，時計や万年筆など，技術や使用機能の枠を超えた商品群に伝統的なエリートの風格という意味の統一性を与えたのは「ダンヒル」というブランドであるが，「ダンヒル」がそのような意味世界を形成できたのは，「ダンヒル」のもとで導入された商品群がそのような意味を醸し出したからである。もし，喫煙具に続いて導入された商品が紳士小物や時計ではなく，爪切りや髭剃りであったら，「ダンヒル」は，まったく違った意味を生み出すことになっただろうし，スーツやジャケットではなく，スリッパや玄関マットが導入されていれば，「ダンヒル」は統一性を

失って，価値を発散させてしまい崩壊してしまったかもしれない。

　ブランドの意味世界は，ブランドと商品のお互いがお互いを前提とすることで根拠づけられるという自己言及的な関係において作り出され，それが，ブランドを群集心理にとどめることなく，ブランドに社会的実在性ないしは必然的性格を与えている。ブランドの本質が自己言及性のうちにあるからこそ，「他の何とも代替のきかない，そのブランドにのみ固有の『創造された意味世界』が生まれる」（75頁）のである。すなわち，「偶有的でありかつ他に代わりうるものがないのがブランドなのである」というわけである。

4　リフレクティブ・フローによるブランド秩序の生成

[1]　ブランドの交換過程論

　では，どのようなブランド戦略によって偶有的なブランドを他に代わりうるものがないブランドにすることができるのか。この問題に迫ったのが，ブランドの交換過程論である。

　ブランドが創造的瞬間を繰り返すたびに意味の深さを獲得して市場での魅力を高めていくのであれば，ブランド制作者はブランドの創造的瞬間を支援するブランド戦略を行えばよいということになる。名前に独自の属性を備えさせようとするネーミング作業やブランド拡張，新市場への進出，新世代ターゲットへの挑戦，新しい技術やデザインの採用，新しい流行の取り入れなどが試みられる。例えば，ライオンは「植物物語」の導入に当たって500ほどの商品名を作り上げたというし（櫛田良雄〔1994〕「沈黙市場へのチャレンジ：ライオン『植物物語』の開発物語」『マーケティングホライズン』第2号，22-25頁），旭光学は「ペンタックス」のもとでカメラから双眼鏡，天体望遠鏡，眼鏡などまでを市場導入している。これらはブランドを他に代わりうるものがないブランドにしようとする戦略の一環である。

　だが，ブランド制作者の戦略は，他でもあり得る可能性すなわち偶有性に直面する。例えば，「コカ・コーラ」に代わるべく新たに開発された「ニュー・コーク」は，発売に当たって慎重で大規模な消費者の味覚テストが行われ，従

58

来の「コカ・コーラ」より味覚の点で優れていることが立証されたにもかかわらず，市場導入後，「コカ・コーラ」が持っていた「人生のあらゆる場面に結びついた象徴」を奪ったとして，消費者から大々的な非難を浴びた（ペンダグラスト，M.／古賀林幸訳〔1993〕『コカ・コーラ帝国の興亡』徳間書店，392-413頁）。慎重で大規模な市場調査に基づいたブランド戦略であっても，偶有性の問題を避けることはできない。ブランドの現在了解されている意味世界は，ブランド戦略実行以前に認識することができる世界ではなく，実行された後になって初めて分かる世界である。「コカ・コーラ」には「おいしさ，さわやかさ」ではなく「人生の象徴」という意味が潜んでいたことは，ブランド戦略が行われた後に分かったのである。ブランド戦略が実行されるその瞬間に，戦略の前提であったブランドの意味が変容する。「人生の象徴」という意味も，この後また新たなブランド戦略が実行された時には，「コカ・コーラ」の絶対的な意味ではなかったことが証明されるかもしれない。ブランド戦略の結果は，必然的な結果ではなく，他でもあり得たけれど，たまたまそうであったという偶有的な結果である。

　しかし，だからと言って，ブランド制作者はブランド戦略を行わないわけにはいかない。新しい技術や競争者，流行などに適応しなければ，ブランドは滅びてしまうからである。ブランド戦略が成功するかどうかの根拠はないままに，ブランド制作者は追われるがごとくブランド戦略を実行しなければならない。こうしたブランド戦略の特性を，石井は，「ブランド経営者の命がけの跳躍」（165頁）と呼ぶ。

２　消費者の命がけの跳躍

　商品の売り手は，その価値実現のために，自らの商品を価値あるものとして買い手に受け入れてもらわなければならない。しかし買い手は，売り手の望みどおりに受け入れるとは限らない。売り手が直面せざるをえないこの困難こそ，マルクスの言う「命がけの飛躍」（マルクス，K.／武田隆夫・遠藤湘吉・大内力・加藤俊彦訳〔1956〕『経済学批判』岩波文庫，110頁）である。しかし，石井によれば，ブランドの交換を通じて命がけの跳躍を行うのはブランド経営者ばかり

ではない。消費者も命がけの跳躍を行うことを論じている。

　商品のメディアにすぎなかった名前が，ブランド経営者の命がけの跳躍によって独特の意味を持ったメッセージを発し，そのブランドに固有の新たな消費欲望を触発することができれば，消費者はその意味の分だけ価格プレミアムを支払わなければならなくなる。例えば，「グッチ」の財布が他の財布よりも高く売れるのは，独自の意味世界を持っているからである。

　しかし，ブランドのメッセージ効果はこれにとどまるものではない。さらに重要な効果として，石井は，ブランドを選択することが，市場における買い物の選択ルールを選んでしまうことになるという「争点（選択ルール）選択効果」（182頁）を挙げる。例えば，これまでにない多機能で高価格のカーナビが発売されたとして，無名のブランド・メーカーが発売した場合には，消費者から，「カーナビには，そんなに多くの機能はまだ不要であるし，技術的・品質的・価格的にも改善の余地が大きい」と思われてしまうものが，「技術のソニー」や「品質のパナソニック」が発売した場合には，「カーナビには，これからは，これくらいの機能が標準的な装備になる」と思わせることができる効果である。

　合理的な購買意思決定では，必要な機能や品質水準，予算といった選択ルールを先に選んでから，それに基づいて特定の選択代案，つまりブランドが選ばれる。だが，ここでは因果関係が逆転している。消費者は「ソニー」や「パナソニック」といった選択代案を選択することで，カーナビに必要な機能や対価を「これくらい」としている。つまり，ブランドを選択することで選択ルールを選択している。豊かなメッセージ性を持ったブランドは自らの存在感を際立たせることができる選択ルールを提唱できるのである。

　この争点選択効果は，既存の市場や産業の境界，あるいは消費者のライフスタイルを超える効果である。例えば，「ラルフ・ローレン」は技術や使用機能の枠を超えた様々な商品群に強い統一性を与え，消費者に独自のライフスタイルを提案している。消費者は「ラルフ・ローレン」を選択すると同時に，それが提案するライフスタイルを選択し，そのライフスタイルを発信する部屋着，寝具類，家具などを次々に買い揃えていくことで，選択したライフスタイルが

自身に合っているとの判断の妥当性を高めていく。ブランド戦略は消費者のライフスタイルを変え，そして新たな消費欲望を生み出す。消費者は，ブランド戦略が忍び込ませる新たなライフスタイルが自身に合ったものかどうかの判断をする前に，そのブランドを選択する。選択の根拠があやふやなままに行為の選択が行われるのである。こうした消費者のブランドの選択を，石井は，自らのライフスタイルをかけての「消費者の命がけの跳躍」（187頁）と呼ぶ。

③ リフレクティブ・フロー

　偶有的なブランドが他に代わりうるものがないブランドになるという**ブランド秩序**の生成メカニズムを，栗木契は，「リフレクティブ・フロー」という概念によって定式化している。「リフレクティブ・フローとは，製品やサービスとその情報の提供が，並行してその受け手に，当の製品やサービスを消費する必要性や，その知覚や評価のための観点を想起させることで生成する，再帰的な情報の流れである」（栗木契〔2003〕『リフレクティブ・フロー』白桃書房，193頁）。これがブランド戦略に組み込まれる時，偶有的なブランドが他に代わりうるものがないブランドになる。

　ブランドの機能や便益を消費者に伝達するだけのブランド戦略では，偶有性の問題を避けることができない。例えば，携帯型音楽プレーヤーの発売に当たって，企業が，「軽さ」や「音のよさ」を訴求しても，消費者が，「可愛いかどうか」という必要や観点で知覚し評価すれば，魅力は伝わらない。だからと言って，企業が「可愛さ」を訴求したとしても，消費者は「可愛さ」とは別の必要や観点で知覚や評価を行うかもしれない。ブランド経営者の命がけの跳躍である。

　だが，ブランドの交換において命がけの跳躍を行うのは，企業だけではない。消費者も，選択の根拠があやふやなままにブランドを選択するという命がけの跳躍を行っているのであり，商品を知覚し評価する際の確かな必要や観点を確

ブランド秩序：偶有性という事前の決定不可能性を強調すると，ブランド戦略やブランド消費に当たっての決定は無意味となる。だが，滅茶苦茶な決定がなされるわけでもない。その決定には，基底はないが規範はある。根拠なき秩序の生成問題はブランド研究の1つの焦点である。

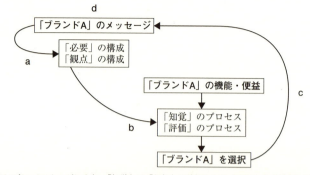

図2-4 ブランド・メッセージが媒介するリフレクティブ・フロー

(注) a. ブランド・メッセージにより，「知覚」や「評価」の前提となる「必要」や「観点」が想起される。
b. ブランド・メッセージから想起される「必要」や「観点」を前提に，機能，便益の「知覚」や「評価」が行われるため，「ブランドA」が選択される。
c. さらに，選択された「ブランドA」がそのブランド・メッセージを想起させる。
d. ブランド・メッセージに媒介されて，c→aというリフレクティブ・フローが，「ブランドA」の選択に対して生じる。

(出所) 栗木（2003, 201頁）に若干の変更を加えて筆者作成。

立できているのではない。

　そのため，ブランド経営者の命がけの跳躍によって，その携帯型音楽プレーヤーが「可愛い」というメッセージを発信するようになると，消費者がそのブランド選択に当たって「可愛いかどうか」という必要や観点で知覚し評価することが重要であったと想い起こす可能性が高まる。必ずしも確かなものではないかもしれないが，ひとたび「可愛いかどうか」という選択ルールで選択が行われれば，消費者は他ではないそのブランドの携帯型音楽プレーヤーを選択する。そしてさらに，選択されたブランドは，「可愛い」というメッセージを発しているため，採用された選択ルールを妥当なものとして確立するための根拠となる。こうして，その選択ルールは持続し，そのブランドに対する知覚や評価は揺るぎないものとなっていく。

　図2-4に示されるように，企業が忍び込ませたブランド・メッセージが選択ルールを触発するリフレクティブ・フローとして機能することにより，ブランド選択とブランド選択のルールは，偶有性を排除する，循環する関係のもとに置かれるようになる。こうして，偶有的なブランドが，他に代わりうるもの

がないブランドになるのである。

5　ブランド戦略の隆盛の内実

　ブランドの「いかにして」と「何によって」の議論を検討した今，われわれはさらに，ブランドの「なぜ」を問わなければならない。そうすることで，企業がブランドの諸効果を享受することと，消費者がブランドの諸機能から利益を得ることは，容易に両立しえないことが明らかになる。

　企業が命がけの跳躍を厭うことなくブランド戦略を行うのは，現代資本主義経済が，「たっぷりと広告宣伝費をかけ十分に名を知られたブランドでなければ……市場に参加することさえかなわない時代」（3頁）に置かれているからである。多機能の商品であっても，無名のブランド・メーカーが発売した場合には，争点選択効果を提唱することができず，消費者の必要自体が形成されない。そうであれば，市場に参加できるのは，広告宣伝費などをたっぷりとかけることのできる巨大寡占企業だけである。石井が紹介する「世界のブランド・ランキング」（143頁）でも，ランキングに入っているのは，「マクドナルド」や「コカ・コーラ」「ディズニー」などの寡占企業である。

　自由競争段階において，企業は命がけの跳躍に直面する。個別企業にとって，価値実現が正常に進行するかどうかは事後的にしか分からない。だが，寡占市場では事情が異なる。寡占企業は巨額の固定費の圧迫を軽減するためにも，利潤率の低下を防ぎながら超過利潤を獲得するためにも，絶えず販売量の増大を図らなければならない。そのためにブランド戦略が重要な役割を演じる。ブランド戦略の隆盛の理由は，寡占企業が，「ブランドを通じて消費者のライフスタイルを，どの程度か，規制し，それにしたがった新たな消費欲望をつぎつぎに創出してみずからのブランドに固有の欲望とすることができる，と考えるからである」（196頁）。ある程度とはいえ，市場支配が可能になることの意義は大きい。ブランド経営者がかける命の重さは，その市場支配力の分だけ軽くなる。

　これに対して，消費者が命がけの跳躍を厭うことは難しい。現代資本主義社

▶▶ *Column* ◀◀

日米ブランド戦略の相違点

　アーカーの2冊の著作を契機に，日本でもブランドに対する関心が著しく高まりました。しかし，日本的特殊要因により，ブランド戦略のあり方には，欧米と比べていくつかの違いが見られます。

　日本企業は，「企業ブランド」を重視します。企業ブランドとは，「キリン」や「トヨタ」など企業名がブランドであることです。「キリン一番搾り」や「トヨタ・カローラ」など，企業ブランドと個別商品名である「個別ブランド」，あるいは製品ライン名である「ファミリー・ブランド」を組み合わせた「ダブル・ブランド」を採用することが多く見られます。企業ブランドを通じて信頼や安心などの連想を喚起したいという意図が見えます。各ブランドに特定の担当者は存在せず，その組織は機能別ブランド管理組織になります。

　これに対して欧米企業は，個別ブランドを重視します。例えば，P&G は，「タイド」や「アイボリー」など多くのブランドを持っていますが，各ブランドは企業ブランドとは独立に存在し管理されています。個々のブランドの特徴や属性，魅力などの連想を自由に喚起したいという意図が見えます。この場合，ブランドに関する活動を統一的に把握・調整し，業績に責任を持つブランド・マネジャー組織がとられます。

　こうした違いを生み出す特殊要因の第1は，流通機構です。日本企業はメーカー別系列チャネルの中でブランドを育成することができたため，自社チャネルをテコに企業ブランドを展開することができました。

　第2は，消費者意識です。日本の消費者は購買におけるリスク回避志向が高く，買っても間違いがない信頼できる有名ブランドを求める特性を有しているため，大企業の企業ブランドへの信仰が生まれたと言われています。また，日本の場合，親や親類，近隣関係や友人などのいわゆる「世間」の目を過度に気にかけるという事情も，大企業の企業ブランドへの信仰を生み出す要因になっているのではないかと思います。

会には，高度に差別化されたブランドが豊富にあり，消費者は主体的かつ個性的に種々様々なブランドを選択しているかのように見える。だが，市場に参加しているのは寡占企業のブランドだけであり，消費者は寡占企業が忍び込ませるライフスタイルを選択せざるをえない。

それゆえ，消費者が表現する個性やアイデンティティは，与えられたブランドの組み合わせの中で確立されるにすぎないと言うことができる。しかしそれにもかかわらず，ブランド戦略の隆盛が導くブランド・メッセージの過剰さゆえに，消費者は，どのブランドを選択するかということに意識を集中させてしまい，なぜブランドを買うのかというブランド消費それ自体を相対化する視点にまで意識を向けることができない。ブランド消費を相対化することができないために，消費者は，リフレクティブ・フローの循環する作動に巻き込まれていることに気がつくことができず，価格プレミアムが強制される命がけの跳躍を繰り返してしまうと考えられるのである。

　この点について，抵抗力に乏しい社会的弱者がそのターゲットにされていることが銘記されなければならない（クォート，A.／古草秀子訳〔2004〕『ブランド中毒にされる子どもたち』光文社）。ブランドは搾取で巨大化した寡占企業の商品であるという指摘も看過してはならない（クライン，N.／松島聖子訳〔2001〕『ブランドなんか，いらない』はまの出版）。過剰資本を処理するためのブランド戦略が導く過剰消費・過剰廃棄による地球環境破壊問題も忘れてはならない。

　ブランド戦略の隆盛は，かかる事態を孕むものとして理解されなければならない。したがって，残された課題は，消費者がブランド消費を相対化するための方法を考察することであると思われる。

[推薦図書]

アーカー，D. A.／陶山計介・小林哲・梅本春夫・石垣智徳訳（1997）『ブランド優位の戦略』ダイヤモンド社
　いかにして強いブランドを構築するかという実践的問題と，ブランドとは何かという本質的問題を論じている。

石井淳蔵（1999）『ブランド　価値の創造』岩波新書
　企業の思いにも消費者の欲望にも還元できないブランド・アイデンティティのダイナミズムを描き出している。

栗木契（2003）『リフレクティブ・フロー』白桃書房
　偶有的なブランドが他に代わりうるものがないブランドになるというブランド秩序の生成メカニズムを定式化している。

設 問

1. BE論とBI論それぞれの意義と問題点を整理し，偶有的ブランド論が登場することになる理由を説明してください。

2. ブランドがもたらす社会的諸矛盾をどのように受け止め，それにどう対峙すべきかを考えてください。

（中西大輔）

第3章
巨大小売業の台頭と小売業態論の発展

　現代においては，グローバルに活動する巨大製造業と並んで大規模化した小売業の中には海外市場に進出し，世界的規模で消費生活に影響を及ぼす企業も出現しています。本章では，グローバルな競争時代に突入した小売業についてマーケティング論の視点から取り上げて，小売業が展開する際の核心的なキーワードとしての小売店舗＝「小売業態」の意味について検討し，そのうえで小売業態論の視点から小売競争の現状について分析します。

1　小売業の歴史的展開と現段階

　流通・マーケティングの現状と今後の展望を考える際に，巨大製造業によって展開されるマーケティング活動だけでなく，巨大小売業によって展開される事業活動を抜きにしては語ることはできないであろう。むしろ，人々の消費生活を考える際には，巨大製造業の存在よりも，巨大小売業の台頭こそが重要なテーマであると言えるかもしれない。
　小売業は，日々の生活を営むために商品を購入する個人消費者に商品を販売する商業者であり，特に有店舗事業を担う小売業者は，通信販売などの無店舗小売業と異なり，店舗が立地する周辺の消費者を対象として事業を展開する。その意味では，有店舗の小売事業は，本来的にローカルな，そしてドメスティックな産業としての性格を内包しているのである。しかし経済のグローバル化が急激に進行するにつれて，巨大小売業は国外市場に進出し，グローバルな展開を目指す企業が見られるようになる。
　そこでまず，表3-1によって，世界の小売企業の現状を簡単に見ておこう。トップはアメリカ大陸を中心に28か国に進出して隔絶した巨額の売上高4762億ドルを誇るウォルマート（Wal-mart）である。第2位もアメリカの会員制小

表 3 - 1　世界の小売業トップ 25（2013 年）

	会社名	母　国	2103 年の収益（百万ドル）	主要フォーマット	展開国数
1	ウォルマート	アメリカ	476,294	ハイパーマーケット・スーパーセンター・スーパーストア	28
2	コストコ・ホールセール	アメリカ	105,156	キャッシュアンドキャリー・ウェアハウスストア	9
3	カルフール	フランス	98,688	ハイパーマーケット・スーパーセンター・スーパーストア	33
4	シュヴァルツ	ドイツ	98,662	ディスカウントストア	26
5	テスコ	イギリス	98,631	ハイパーマーケット・スーパーセンター・スーパーストア	13
6	クローガー	アメリカ	98,375	スーパーマーケット	1
7	メトロ	ドイツ	86,393	キャッシュアンドキャリー・ウェアハウスストア	32
8	アルディ	ドイツ	81,090	ディスカウントストア	17
9	ホーム・デポ	アメリカ	78,812	ホームセンター	4
10	ターゲット	アメリカ	72,596	ディスカウント・デパートメント・ストア	2
11	ウォルグリーン	アメリカ	72,217	ドラッグストア・薬局	28
12	CVS ケアマーク	アメリカ	65,618	ドラッグストア・薬局	3
13	カジノ	フランス	63,468	ハイパーマーケット・スーパーセンター・スーパーストア	29
14	オーシャン	フランス	62,444	ハイパーマーケット・スーパーセンター・スーパーストア	13
15	アマゾン	アメリカ	60,903	無店舗	14
16	エデカ・セントラル	ドイツ	59,704	スーパーマーケット	1
17	イオン	日　本	57,986	ハイパーマーケット・スーパーセンター・スーパーストア	10
18	ウールワース	オーストラリア	54,457	ハイパーマーケット・スーパーセンター・スーパーストア	2
19	セブン＆アイ	日　本	54,258	コンビニエンスストア他	18
20	ルーヴェ	アメリカ	53,417	ホームセンター	4
21	レーヴェ	ドイツ	51,109	スーパーマーケット	11
22	ウェスファーマー	オーストラリア	50,711	スーパーマーケット	29
23	ルクレール	フランス	47,671	ハイパーマーケット・スーパーセンター・スーパーストア	7
24	アホールド	オランダ	43,321	スーパーマーケット	7
25	ベストバイ	アメリカ	42,410	家電専門店	5

（出所）National Retai Federation の HP より筆者作成。

売業のコストコ（Costco）であるが，第3位から第6位までほぼ同じ980億ドル台でカルフール（Carrefour）（フランス），シュヴァルツ（Schwarz）（ドイツ），テスコ（Tesco）（イギリス），クローガー（Kroger）（アメリカ）が連なる。

国外進出の程度を見ると，巨大小売業と言えどもスーパーマーケットのクローガーのようにアメリカ市場のみで事業展開していたり，あるいは2～3か国程度の展開しか見られず，どちらかと言えば，ドメスティックな展開を見せたりする企業も存在する。それはアメリカ自体が巨大な市場であり，自国内市場だけでも全国的な展開をすることは容易ではないからである。特に食品やトイレタリーなど日用品を扱うスーパーマーケットなどの小売業の場合，それぞれの地域ごとに出店している他社の店舗との"陣取り合戦"のようなきわめて激しい競争に打ち勝たなければならず，国外展開はもちろん全国規模の展開も容易ではない。

ヨーロッパのイギリス，フランス，ドイツ，ベルギー，オランダなどの小売企業は，アメリカに比べると自国市場の規模が小さいので，成長につれて国外市場へと進出する企業が多い。かつ東西冷戦体制が崩壊した1990年代以降は，資本主義化が進む旧東側地域の国々の市場で巨大な小売業の競争戦が展開されるようになった。こうして地球規模で，巨大小売業の競争が展開される時代となったのである。

2 小売業業態の意義とタイプ

1 小売サービス事業の「製品」としての小売業態

製造業者が顧客に働きかけるプロセスを意味するマーケティングにおいて，最も基本的なキーワードの1つは「製品」である。顧客は製造業者から提供された製品を市場で購入し，それを消費するか，あるいは利用することで，個人や家族の生活を営むことができ，また顧客が企業などの事業組織である場合には生産活動などの事業を行うことができるからである。

こうしたマーケティングの重要なキーワードである「製品」について，コトラー（P. Kotler）は，「製品（Product）とは，ニーズまたはウォンツを満足させ

るために提供されうるあらゆるもの」（Kotler, P.〔1994〕*Marketing Management*, Prenticle Hall, p.8, フィリップ・コトラー／小坂恕ほか訳〔1996〕『マーケティング・マネジメント』プレジデント社, 8頁）と定義している。コトラーによる製品の定義は, 食品や洗剤, 自動車, テレビのような具体的な形を持っている有形財だけでなく, 医療, 学校教育, 理容, 音楽コンサート活動などの無形財としてのサービス財にも適用可能なものとなっている。したがって有形財であれ無形財であれ, 製品を提供するマーケティング活動にあっては, 顧客のニーズは何か, そして提供すべき製品は何かを明らかにすることがマーケティング活動の起点となっているのである。

　小売業者が卸売業者と区別される特徴は, 生活を営むための商品（消費財）を個人消費者に直接に販売する点にある。したがって社会経済的な視点から見ると, 小売業は原材料の調達, 製造加工, 出荷, 流通, 売買などが行われる流通機構の末端に位置し, 最終消費者である個人消費者やその家族に商品を販売することを事業内容としている。このことは, 消費者のニーズやウォンツに応える製品を企画し, 製造して, 提供することを事業内容とする製造業者（メーカー）とは, 明らかに異なる役割を担っているのである。

　製造業者の「製品」は, 原材料を加工した有形の製造物であり, 流通チャネルを通じて消費者に提供される。サービス事業者の「製品」は, 無形のサービス財（実際には有形財を組み合わせた複合製品として構成される分野が多い）であり, 無形財としての性格から卸売業者や小売業者のような流通チャネルを経ることなく, 消費者に直接に提供される。それでは, 小売業が主体となったマーケティング活動の場合には, 消費者に提供される「製品」は, いかなる内容となるであろうか。

　小売業の店舗類型は, 八百屋（青果）, 魚屋（鮮魚）など, 販売している商品分野によるタイプ分けの「業種」と, 百貨店, スーパーマーケット, コンビニエンスストア（以下, コンビニと略す）のような, どのような製品をどのように販売しているかを基準とする「業態」が存在する。いずれのタイプでも, 製造業者から直接調達した商品であれ, あるいは卸売業者を通じて仕入れた商品であれ, そうした販売対象として店舗に並べる商品が直ちに小売マーケティン

グ論の「製品」に該当することにはならない。なぜならば仕入れた商品は，自ら加工して製造し，価値を作り上げた有形財でも無形財でもないからである。

　マーケティングにおける起点となるのはすでに述べたように顧客のニーズである。顧客が小売業者に期待するニーズに対応した「製品」を小売業者が提供していると考えるのであれば，小売マーケティングにおける「製品」とは，顧客が消費財を購入するために訪れる小売店舗システム全体ということになるであろう。すなわち小売業者の提供する「製品」は，商品を買い求め，買い物行動をしている消費者に適所，適時，適量，適正価格で，適合品質の商品を揃えて提供する店舗における様々なサービス事業活動と言わざるをえないであろう。小売業者が事業によって付加した価値は，メーカーから仕入れた商品にではなく，顧客の買い物行動のニーズに対応したサービスにこそ存在するからである。

　別の視点からとらえてみよう。オルダースン（Alderson, W.）は，「消費者はある類型の小売商によって提供されるサービスの束に，あるいは別の類型の小売商によって提供されるサービスの束に反応する。消費者は，たとえば百貨店といったある類型の店舗が提供するサービスの束の必要性を自分が信じている限り，その類型の店舗に忠誠を尽くす」(Alderson, W.〔1965〕*Dynamic Marketing Behavior,* R. D. Irwin, p.208, オルダースン，W.／田村正紀訳〔1981〕『動態的マーケティング行動』千倉書房，291頁）と述べている。

　オルダースンによれば，ある小売事業についての政策基準に設定されている品揃え，価格帯，顧客が買い物をするための陳列の仕方や売場のレイアウト，買い物しやすい照明や動線，店員による丁寧な対面販売など「小売商によって提供されるサービスの束」が，「百貨店といったある類型の店舗」を作り上げていることになる。小売業はサービス提供事業であり，そうした提供されるべきサービスの束から構成されるのが，店舗類型ということになる。先述のコトラーの「製品」概念を考慮すれば，「サービスの束」は小売業の「製品」概念を解き明かすキーワードとなっているのである。すなわち，小売業の「製品」とは，「小売商によって提供されるサービスの束」であり，それは百貨店やスーパーマーケット，コンビニというような店舗の類型を意味することになる。そしてこの店舗の類型こそ小売業態と呼ばれているものにほかならない。

これまで小売業態は「業種店」と対比され，「どんな商品をどのように提供するのか」という商品の売り方と理解されてきたが，以上の考察のように，小売業態が「流通サービスの束」であり，小売マーケティング論における「製品」概念の内容であると見なすことができよう。

もちろん歴史的に早い時期から成立した伝統的な小売業と言える青果店，鮮魚店，文具店などの業種店も，生産者の製造した製品を消費者が買いやすいように商品を小分けしたり，まとまった品揃えの陳列をしたりするという意味では，サービス提供業的な特徴をすでに持っているのであるが，小売業態はそうしたサービスをより体系的に展開しており，いわば産業化された近代的な小売業のタイプと理解できる。

［2］　サービス製品としての小売業態

小売業態が流通サービスの束から構成されているとしても，それだけで小売業態の実態が明らかにできたわけではない。小売業態が「どんな商品をどのように提供するのか」と言われるように，中核的なサービスとして，「品揃え (assortment)」が存在することは推測できるが，流通サービスの構成要素は多様であり，そうしたサービスの束を意味するそれらの組み合わせも多様でありうるので，あまりにも漠然とした説明になるからである。

様々な百貨店やスーパーマーケットや，コンビニなど，小売業態を区分して識別するために，セルフサービス方式の採否などのサービス水準のレベルや売場面積の大小規模，品揃えの幅や深さ，提供している商品の価格帯の高低，買い物に訪れる顧客の地理的な範囲（商圏）の規模，営業時間など様々な基準で分類され，あるいは〈売場面積〉と〈品揃えの幅〉など複数の基準を組み合わせて，小売業態の分類を説明することも多い。これらの基準は，上述のように小売サービスを構成している要素を反映した基準であり，小売業態をこうした基準に分解することも可能と考えられる。しかし，売場面積の大きさのような，業態に関する外面的な要素の量的大小関係や提供商品の価格帯など複数の要素の組み合わせによって業態を区分するのは便利なようであるが，小売業態間の本質的な差異を説明するものにはならない。なぜなら第1に，小売業態を構成

する各要素の組み合わせによって作られる業態数は，計算上はきわめて多数になりえるが，実際にスーパーマーケットやコンビニなどの小売業態として成立しているタイプ数は限られているという事実があるからである。第2に，例えば売場面積を区分の基準として採用したとしても，基準自体が時期的に変化するからである。例えばスーパーマーケットの適正規模の面積基準を取り上げても次第に拡大しているなど，基準自体の変化が生じるなどの問題があるからである。そして何よりも，こうした業態を構成している構成要素を取り出して区分したとしても，なぜそうした小売業態が成立したかを説明できないのである。

　マーケティング論が提示しているように，顧客のニーズやウォンツから出発して製品を提供するという視点からすれば，「製品」＝小売業態の特性を解くカギは顧客の購買行動の中にあると言える。その点では顧客の購買行動の慣習から製品を最寄品・買回品・専門品に分類する消費財の基本分類は，今日でも種々の小売業態の特性を明らかにするキー概念としての有効性を失っていない。

　前述のオルダースンが指摘しているように，消費者のニーズこそがマーケティングの出発点であり，小売業態とは消費者による購買行動へのサービスの提供事業として成立しているからである。こうした顧客の購買行動におけるニーズに着目し，小売マーケティング論の「製品」概念としての業態カテゴリーのより本質的な規定を追究した見解として，スーパーマーケット企業であるサミットの経営者として，スーパーマーケット業態の確立に貢献してきた安土敏の業態論は傾聴に値する。

　安土は，「業態の本質の一つに，私は，顧客のニーズやウォンツに対する総合性――提供するサービスのワンセット性――を挙げたいと思います。すなわち，《ある動機や目的でやってきた顧客に，関連するひとまとまりの商品やサービスを提供するために総合化している》ということ」（安土敏〔1992〕『日本スーパーマーケット原論』ぱるす出版，189頁）があると指摘している。

　安土の立論の特徴は，第1に出発点を小売店舗が取り扱う「商品」あるいは「品揃え」にではなく，まず「顧客のニーズやウォンツ」に置いていることである。ここでは，製造業のマーケティングと同様の消費者のニーズやウォンツから始まるマーケティング思考が，小売業の店舗を考察するうえでも基本的視

角となっている。

　第2の特徴は，ニーズやウォンツに対する「総合性」あるいは「提供するサービスのワンセット性」を挙げていることである。安土のこの考え方は，オルダースンの「サービスの束」という視点と同じ立脚点にあると見なすことができる。

　ここでのワンセット性とは，彼が敷衍しているように顧客の購買行動における「ある動機や目的」に対応した「ひとまとまりの商品やサービスを提供するために総合化している」という意味であり，一般的に使用されるような「何でもそろう」という意味でのワンセット性ではない。ある購買目的に対応するワンセット性であるし，安土の強調する「ワンストップ・ショッピング」とは，こうした明確かつ限定された購買目的に対応するものとして理解されている。安土は，この商品やサービスのワンセット性に業態の規定性を求めているのである。したがって安土の見解では，ある目的の調達行動にとってワンストップ・ショッピングを実現した店舗を業態店と言うことになる。そして業態店に対比される業種店とは「限定されたサービスを行なう小売業，飲食業，旅館業」であり，これらの「業種店がサービスのワンセット化を取り入れて」（安土，1992, 190頁），業態となるのである。

　歴史的に見ると業態の多くは，業種店が拡充発展されることによって成立したと言えよう。例えば，「グローサーチェーンからスーパーマーケットが生まれた歴史は，業種店であったグローサーチェーンが，サービスのワンセット化——すなわちワンストップ・ショッピングを取り入れて，業態店に変化したのだと解釈することができます」（安土，1992）という指摘のように，食品の業種店的性格の強かったクローガーやA&Pなどのグローサーチェーンが，マイク・カレン（Mike Cullen）のスーパーマーケット業態の開発に影響を受けて，1930年代後半以降にスーパーマーケットチェーンへと大転換を遂げるように，業種店が業態店へと発展していく歴史がある。同時に，百貨店やビッグストアのような総合的な品揃えの業態店の売場で特定の商品分野が独立し，総合的な品揃えを広げ，また深めることで，ある種のワンセット性を獲得し，「専門量販店」というある種の「業態店」的な大規模小売業が形成される事態も進んで

いる。最近の事例では，イオンのジャスコやイオンモール内で展開していた酒販の「イオンリカー」と自転車売場「イオンバイク」を専門店として確立して，イオングループの商業施設内だけでなく，商店街や幹線道路沿いなど外部への単独出店も含めてチェーン展開している事例（『日経 MJ』2012 年 5 月 25 日付）を挙げることができよう。社会の変化とともに消費者のニーズも変化を続けるので，業態自体も固定的でなく，分化や変容が進み，そこから新しい小売業態の成長と経営の大規模化が進展すると考えられるのである。

③ 主要小売業態の特徴

①スーパーマーケット

スーパーマーケットは，毎日の家庭での食生活に必要な食事の材料を中心とした品揃えを提供する業態である（安土，1992, 138 頁）。日本では，青果店などの業種店が拡大する中でスーパーマーケットへと発展していく事例もよく見られた。いずれにせよ，特定の食料品分野を取り扱う食料品業種店が品揃えを拡大し，食材提供のワンストップ性を確立していく中でスーパーマーケットへと進化している。

スーパーマーケットは，食材の提供業ということから特に青果，鮮魚，精肉などの生鮮食品を品揃えの中核としている。同様に食品の提供比率が高いコンビニ業態は，家庭で調理する食材というよりも，おにぎりやお弁当，飲料，菓子類などのすでに加工された食品を中心とする品揃えという点でスーパーマーケットとは異なる。

スーパーマーケットでは，食材提供が品揃えの中心であるから，立地によって十分な売場面積を確保できない場合には，各部門で一律に品数を削減するのでなく，スーパーマーケットの中核的品揃えである食材以外の分野を削減することが求められることになる。例えば，ギフト用のフルーツは品揃えとしては望ましいが，無くてもスーパーマーケットとしては成立する。同様に洗剤やシャンプー，文具などの売場が無くとも，食材分野の品揃えがしっかりしていれば，店舗として事業が成立する。

②コンビニエンスストア

コンビニエンスストア（コンビニ）は，売場面積がスーパーマーケットより小さいからと言って「ミニスーパー」ではありえない。提供するサービスの特徴は，文字通りコンビニエンス（便宜性，convenience）にある。長時間営業することによる時間の便宜性，徒歩で買い物ができる距離にある立地の便宜性，ちょっと買いの商品を中心に品揃えする便宜性などが顧客のニーズとして存在する。

コンビニは，街中の酒販店，菓子パン店など，それまでの伝統的な業種店が，生き残りや成長のためにセブン–イレブンジャパンなどコンビニ事業の本部とフランチャイズ契約を結んで，小規模の売場面積に 3000 アイテムと言われる最寄品を品揃えすることで近代的な小売業態へと進展したものと言える。

コンビニのニーズは，こうした便宜性が中心であるため，価格帯については，必ずしも決定的な要因とはなってこなかった。むしろお弁当やおにぎり，おでんなど調理済みの食品の良質の味覚が求められることが多かったが，都市部のおける人口減少の結果，スーパーマーケットが撤退する中で，これまでとは違った便宜性をアピールしようとして，生鮮食品を積極的に品揃えしたり，高品質よりも価格訴求力のある商品を提供することに重点を移すコンビニなどが出現している。このことからも，小売業態とは，地域消費者の購買行動のニーズに応える業態であることは，明らかである。

③百貨店と総合スーパー，ハイパーマーケット

19 世紀中葉という近代小売業の成立過程の最も早い段階で，欧米の大都市部で成立した百貨店業態は，ファッション性のある衣料服飾を中心に都市生活に必要なあらゆる商品を品揃えすることで都市住民のニーズに対応していち早く大規模化を達成した業態である。都市化の進行と都市の成長につれて，世界各地の都市で生まれて成長したが，21 世紀にはあきらかに成熟期に差し掛かっている。

それが典型的に見られるドイツでは，百貨店事業は，カルシュタット（Karstadt）とカウフホフ（Kaufhof）の 2 大グループへと収斂し，大都市でも中小都市でもこの 2 大グループのいずれか，あるいは両百貨店が町の中心地で営業している。各都市に出店している百貨店の売場面積や建物構造に相違が見られる

ものの，基本的な特徴で全国的な多様性を百貨店に求めることはドイツでは見られない。こうした経営再編による百貨店事業のグループ化の進行は，欧米で多く見られるし，わが国でも阪急と阪神（H₂O），大丸と松坂屋，三越と伊勢丹の百貨店のグループ化・統合など，近年急速に経営再編が進んできたことはよく知られている。

　日本のいわゆる総合スーパー，フランスなどヨーロッパで成長したハイパーマーケットは，食品の品揃えでスーパーマーケットと機能が部分的に重なるが，消費者に売れそうな，およそあらゆる商品の品揃えを目指したという点では，大都市の百貨店と共通の特徴を持っている。特に日本の総合スーパーは，百貨店が成立しない中小都市で，百貨店に代替する機能を持ち，"大衆百貨店"的な性格が出てくる店もあるなど，多様な特徴を持つ業態となっている。

　巨大企業として成長した小売資本は，これらの業態を組み合わせて（ウォルマートやカルフール），あるいは単一の業態の優位性を深化させることで（クローガーやアルディ），各地域に事業基盤を作り上げ，巨大な成長を実現してきたと言えよう。

［4］ 小売業における品揃えとNB・PB

　小売業態の中核的な構成要素は，提供する商品の構成であろう。それはすでに述べたように「品揃え」と言われ，その業態が提供する商品ラインの幅と深さ，商品のグレード，価格帯などによって構成される。これらがどのように組み合わせられているかによって，百貨店，総合スーパー，スーパーマーケット，コンビニなどの業態の相違が生まれると言えるし，また同じスーパーマーケット業態であったとしても，品揃えのあり方の違いで，高級スーパーマーケットにもなれば，食品ディスカウンターにもなりえるのである。同じ小売業態の中で，細分化された小売業態のタイプ，店舗の類型をフォーマット（format）という。実際の各企業の小売業態は，独自の要素を加味したフォーマットレベルの店舗コンセプトとして開発される。

　小売業を社会的な流通機構の末端で機能している商業者という視点で見ると，大規模製造業者の製品を仕入れて陳列して販売することが小売の社会的な役

割と言えるが，業態として確立するような大規模で，近代的な小売業は，大手製造企業の製品を販売するだけでなく，自ら開発した商品を提供することも出てくる。

　大規模な製造業が開発し，製造，販売する製品をナショナルブランド（NB）というのに対して，大規模な商業組織が開発し，自社工場で製造するかまたはほかの製造業に製造を委託して自社の商品として販売に供するブランドをプライベートブランド（PB）という。小売業者の開発したPBはストアブランド（SB）とも言われる。SBについては，イオングループのトップバリューのように小売企業が開発したSBに加えて，小売業者のボランタリーチェーン組織や共同仕入組織が開発したものも存在する（日本の事例ではCGCグループの開発した「CGC」や日本流通産業株式会社の開発した「くらしモア」など）。

　NB商品中心の品揃えは競合する小売業の店舗でも扱っているので価格競争に巻き込まれるのに対して，PBはNBに比べて低価格で提供されることによって，価格競争上で比較的に優位性を持つことができる。同時にその企業のPBにしかない特徴を出すことによって，企業間の差異化の効果的な手段として利用できる。価格競争上の優位性であれ，**差異的優位性**であれ，SBが小売業態，ひいては小売企業グループの有力な競争手段となっていることに注目しなければならない。

　主として日用品を取り扱うコンビニやスーパーマーケットなどの現代の小売業で品揃えにおけるPBの比率が高まりつつあるが，それは生産流通体制においてメーカーに対して小売業が優位に立ちつつあることの1つの証でもある。NBの仕入条件についても，巨大小売業の方がメーカーに対して強い立場になりつつある。かつて大規模製造業は，コントロール可能なマーケティング要素として卸売業や小売業からなる流通チャネルを位置づけていた。しかし小売業が成長と巨大化につれて，**バイイングパワー**を背景に流通チャネル内の交渉力を強め，またPBを開発し，**チャネル・リーダー**となって君臨する時代へと転

差異的優位性：価格の安さでなく，製品や事業の価値や品質などの良さを消費者に訴求（差異化）することで得られる競争上の優位性のこと。

換しつつあると言えよう。グローバルな小売業が世界規模で事業展開する現代では，製造業優位のマーケティングから，大規模小売業優位の**マーチャンダイジング**へと大転換が進行している。つまりグローバルな規模の製造業に対しても，小売業の強い支配力ないし影響力が行使される時代と言える。

⑤ 「製品」としての小売業態の柔軟性

小売業態が小売業における製品であるとすれば，一面では一定の規格を実現している必要がある。なんらのコンセプトを持たずに勝手に製造された産物を製品として顧客に提供する近代的な製造業は存在しない。そこでは顧客の品質基準，グレード水準などを明確にしているはずである。

他面では，製品である限り，絶えず製品の改良，改善を進めなければならない。小売店舗間の競争は厳しく，周辺の交通至便な立地やサイトに競争相手の店舗が開業すると，顧客の購買先が大きく変化することはよくあることである。また，特に地域住民は経年的に年齢構成が変化するし，ライフスタイルも変遷していくのは当然であり，そうした顧客のライフステージや生活の変化に対応することも必要になる。さらに新店舗も時代を経れば陳腐化することは避けられない。老朽化によって魅力を失うことを考慮すると定期的なリニューアルは不可欠である。こうした絶えざる店舗の修正は，「製品」としての必須事項であろう。

さらに顧客層の変化の激しさは，時間帯によって異なる顧客層が来店するといった状況を生み出すことにもなる。午前中の顧客と午後に来る顧客層が異なる場合，技術的システム的に対応可能であれば，異なる「製品」＝店舗を提供することが必要になろう。

例えば，スイスのチューリヒにある生協ミグロのある店では，昼食の前後の

バイイングパワー：商品の売り手に対して買い手の購買量や購買額が圧倒的に大きいことによって，取引交渉の際に有利な条件を獲得することができる能力。
チャネル・リーダー：流通チャネルを1つのシステムとして管理運営する際に，主導的な役割を果たすことができるチャネル構成員のこと。
マーチャンダイジング：狭義では商品の調達，品揃え，販売までのプロセス全般の計画（商品計画）を意味するが，広義には商業者の事業活動全体を意味する。

時間には，スーパーマーケット業態の店舗に併設されたカフェの機能を前面に出すことで顧客のニーズに対応するといったことを実施している（2004年1月ミグロ訪問調査による。齋藤雅通〔2004.10〕「スイスの小売市場とミグロ生協の事業展開」『関西大学商学論集』42-44頁）。またイトーヨーカ堂内で最大の売り上げを誇る中国四川省・成都の店舗では，営業を開始する午前中は，近所の人たちが押し掛けてくるが，午後から夕方はそれより上のレベルの人々が来店するので異なる売り方で対応しているという（2010年8月に実施した日本流通学会の訪問調査による）。

　このように製品としての小売店舗の柔軟性については，日本国内だけでなく世界各地に実施されている政策である。

3　業態をめぐる国際的競争とその帰趨

［1］　業態別の寡占化の進行と業態間競争の激化

　現在進行している小売業の再編の特徴は，それぞれの業態分野では競争の結果として，業界再編も含めて寡占化が進行していることである。日本の事例で見ると，コンビニ（セブン-イレブン，ローソン，ファミリーマート），総合スーパー，百貨店，紳士服量販店，家電量販店，スポーツ用品店，眼鏡店など主要な業態で上位3〜5社の売上規模が突出して大きくなり，各業界で少数の成長した巨大小売業の市場支配力が維持強化されている。またそうした巨大小売企業が興隆する市場では，成熟化が進行しているのである。

　小売業態の成熟化は，このように寡占化を進行させているが，それは同時に競争の激化を生み出しているため，業態内の企業間競争だけでなく，業態間の競争の激化をも引き起こしている。例えば家電製品の提供をめぐっては，百貨店，総合スーパー，家電量販店のような異なる業態間の競争が見られ，結果として百貨店における家電製品売場は大きく縮小，後退し，総合スーパーについても売場の再編が進行している。同様に洗剤・歯磨きのようなトイレタリー分野は，いわゆる「目玉商品」として特売セールの対象になりやすいため，総合スーパー，スーパーマーケット，ドラッグストア，ホームセンターなどの間で

第3章　巨大小売業の台頭と小売業態論の発展

の厳しい競争が見られる。またスーパーマーケットが長時間営業することによってコンビニの特徴であるタイム・コンビニエンスを獲得することで，コンビニから顧客を奪う動きが見られる反面，コンビニが青果・精肉などの生鮮食品を取り扱うことでスーパーマーケットの顧客の一部を吸引する動きも見られるなど，顧客のニーズをめぐる綱引きが起きている。どのような業態のどのようなフォーマットが，顧客のどのようなニーズやウォンツに応えられるのか，競争が激化しているのである。

　小売業態は，すでに述べたように消費者のニーズやウォンツに応えて開発，成立したものであるから，元来はそれぞれの小売業態は異なるニーズに対応し，コアとなる品揃えが小売業態によってもちろん異なり，棲み分けが成立しているはずである。しかしコアとなる品揃えが異なっているとはいえ，周辺領域の品揃えはお互いに重複することになり，その分野は場合によってはかなり広範囲になることもありうるし，当該商品部門が各小売店舗の収益性に重要な比重を占める場合もありうる。こうした場合には，小売業態間競争が活発に展開されることになる。

　成熟化した百貨店では集客力を強化するため，ルイヴィトンやグッチ，シャネルなどの高級ブランドをテナントとして導入することは以前から行われていたが，こうしたテナントの導入は，自社の独自ブランドを開発することで強化される百貨店の主力商品分野を除く分野の競争力を強化するためには，不可欠の政策となっていると見ることができる。同様に，例えばドイツでは百貨店の家電売場と家電量販店の競争の結果，カウフホフは自社の百貨店固有の家電売場を廃止し，代わりに同じ小売グループに属する家電量販店であるザトゥルン（Saturn）を店内に導入することで，家電売場とDVD・CD売場の競争優位性を確保している。

　こうしたテナント導入による競争力強化は，総合スーパーやスーパーマーケットでも見られる政策であり，基本的な小売業態に対して，部門別管理の視点から見ると“亜種業態”もしくは“サブ小売業態”の確立とその導入を意味している。

81

② 国際的な小売業態間競争

　各国内で見られる上述の競争状況と寡占的な小売市場構造の形成が進む中で，もう1つ国際競争の進展が付け加わることになる。つまり，欧米の巨大小売企業が母国で発展し，成長を遂げた小売業態でもって国外の小売市場に参入する行動をとり始めているのである。

　アメリカ最大の小売企業であり，世界最大の小売企業でもあるウォルマートは，自社の独自の小売フォーマットであるディスカウントストアでもって，北米のカナダ，メキシコはもちろん，中南米，インドネシア，中国，ドイツ，イギリスなど世界各地に進出し，アメリカも含め28か国で活動している。同様にフランスのカルフールは，ハイパーマーケット業態を中心に南米，アジア，東ヨーロッパなど33か国に進出している。イギリスのテスコ（Tesco）は，同様に13か国に進出したが，進出時の主力業態は，東南アジアで開発した自社のフォーマットであるハイパーマーケットである。ドイツのメトロ（Metro）は，主力業態であるキャッシュアンドキャリー（C&C）を活用して32か国に進出した（表3-1参照）。

　こうした国際競争は，小売市場の成熟化が進んでいない発展途上国などでは，グローバルな小売業による“草刈り場”のごとき状況が見られ，市場の上位を国際的な巨大小売企業が占拠する事態が生じた。他方で，小売市場が成熟化し，少数の巨大小売業によって寡占的な構造が形成された国々では，遅れて市場に参入するのはグローバルな小売企業といえども容易ではない。すでに同類型の小売フォーマットが市場を占拠している中で，短期間に形勢を覆すには，既存企業へのM&Aなどによって陣地を確保するほかないからである。事実，ウォルマートはイギリスへの進出に当たり，有力な小売企業であったアズダを買収することで，イギリス小売市場で確かな地位を築くことができた。しかしドイツでは買収した小売企業を十分に生かすことができず，橋頭堡を築けずに最終的に撤退の憂き目にあったし，韓国でも地元小売資本に押されて撤退せざるをえなくなった。

　ドイツの場合にはすでに小売企業グループの寡占的な市場占有構造が定着した中で，激烈な業態内の店舗間競争や業態間の競争が展開されていた。ハイパ

ーマーケット（SB-Warenhaus）業態で売上高第1位のシュヴァルツグループの
カウフラント（Kaufland）や小売業界トップの地位にあるメトロ・グループの
レアル（Real），食品小売業トップ売上高のエデカグループのマルクトカウフ
（Marktkauf）など有力なハイパーマーケット業態の小売店舗がひしめいており，
またスーパーマーケット業態や食品ディスカウント業態など有力な業態間の競
争も激しい。したがって，グローバルに展開している巨大小売資本といえども
進出先の市場でチェーンストアを買収して自社のフォーマットに改造する程度
では，顧客に魅力的な小売業態を確立することができず，競争戦において勝ち
残ることは困難であろう。そのことは日本市場についても同様であって，フラ
ンスのカルフール，イギリスのテスコはすでに撤退し，西友を傘下に収めたア
メリカのウォルマートも決して順調ではない。

　小売業態を考察するうえでの興味深いもう1つの事例は，食品ディスカウン
ト業態である。ハード・ディスカウンターとも言われる。図3−1は，ドイツ
における2009年以降の食品小売業の主要業態別の売上高の推移である。食品
ディスカウント業態（売場面積1000㎡未満）が売上規模では最大のフォーマッ
トとなっている。売上げの伸長でもスーパーマーケット業態（売場面積400〜
2500㎡）や大規模スーパーマーケット（売場面積2500〜5000㎡。日本ではスーパ
ー・スーパーマーケットと呼ぶ），ハイパーマーケット業態（少なくとも5000㎡
以上）と比較して優位性を示していることが見て取れる。

　ドイツの食品ディスカウント業態は，アルディ（Aldi）によって開発され進
化してきたと言っても過言ではない。売場面積が1000㎡未満で，駐車場100
台程度を有する店舗が標準とされている。アルディは，当初グロサリーチェー
ンとして高品質の加工食品を徹底的に低価格で販売することにこだわった。商
品の品揃えはかつては600〜700アイテムほどであったが，次第に増加させ800
アイテム程度へと次第に拡大しているとはいえ，品揃えを極端に絞り込んで，
簡素な売場で箱詰めの商品を積み上げて陳列するボックスストアの方式を採用
した。日本の小型店のコンビニでさえ，3000アイテムと言われていることか
らしても，限定された品揃えの特徴が理解できよう。

　その品揃えは現在でも一貫しているが，単なる安売り店ではなく，特に高品

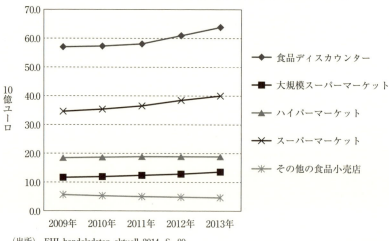

図3-1 ドイツにおける小売業態別の売上高の推移 (2009-2013年)

(出所) EHI handelsdaten aktuell 2014, S. 89.

質の商品を低価格で販売することを業態のコンセプトとしている。そのためにメーカーのNBでなく，独自のPBを開発しており，現在ではこうした独自ブランドによって品揃えがなされている。品質については，文字通り高品質を追求していて，ドイツの商品テスト財団の商品テスト結果でも優秀認定された商品から構成されている。

　アルディの成功を追撃するようにリドル（Lidl）やプルス（PLUS），ネット（Netto）など主要小売グループが業態多角化の一環として食品ディスカウント業態に参入してきている。表3-2のように2013年で見るとアルディは伸び悩んでいるものの売上高トップを確保し，優位が揺らいでいるところまでは来ていない。第2位はリドル，第3位はプルスを統合したネットが続く。

　アルディは，国外進出にも積極的であり，1967年からオーストリア（1967年），オランダ（1975年），ベルギー（1976年），デンマーク（1977年），フランス（1988年），イギリス（1990年）とヨーロッパ諸国に進出し，さらにアメリカ合衆国や旧東欧諸国にも進出している。その際アルディ・ノルト（Aldi Nord）とアルディ・ズート（Aldi Süd）が国内市場を地域分割しているだけでなく，海外展開についても地域割りを行っている。またリドルもアルディを追

表3-2 ドイツにおける大規模食品ディスカウンターの売上高（2013年）

企業名	店舗数	純売上高（10億ユーロ）
アルディ（ノルトとズート合計）	4,280	23.8
リドル	3,300	16.5
ネット（エデカグループ）	4,095	11.5
ペニー	2,229	6.9
ノルマ	1,285	2.8

（出所）　EHI handelsdaten aktuell 2014, S. 95.

撃して国外展開を進めており，国内外合わせた総売上高では，ハイパーマーケット業態も有するリドル＆シュヴァルツグループのほうがアルディを上回るようになっている。

　食品ディスカウンター業態の国際的展開についてフランスを例に見ておこう。フランスは，カルフールなどハイパーマーケット業態の"母国"とも言えるほど，ハイパーマーケット業態が小売市場において大きな比重を占めていた（佐々木保幸〔2010〕「ハイパーマーケット」田中道雄ほか編著『フランスの流通・都市・文化』中央経済社，第2章参照）が，1978年にカルフールがウーデー（ED）という名称のディスカウント業態を開業したのをはじめ，アンテルマルシェがネット（Netto），プロモデスがディア（Dia）など，フランス巨大小売資本は，業態多角化の一環としてハイパーマーケット業態へ進出した。しかし1988年にアルディ，翌89年にリドルとノルマがドイツからフランスへと進出したことによって，食品小売市場をドイツ系のハード・ディスカウンターによって侵食されていった。ディスカウント分野では現在もドイツ系の優位が続いているが，フランス系ディスカウンターは，品揃えを2000〜3000アイテムへと拡大し，他方で価格水準をハード・ディスカウンターより高めに設定したソフト・ディスカウンターとして業態の再構築を進めることによって，2003年にはフランス系店舗数の比率が高まり，多数を占めるところまで挽回しているとされる（田中道雄ほか〔2010〕「ハードディスカウント」田中道雄ほか編著『フランスの流通・都市・文化』中央経済社，第3章）。

　ディスカウント業態の場合もハイパーマーケットと同様に，ドイツという特定のグローバルプラットフォームで生成，成長した小売業態が，国外に進出す

る過程で，ほかの食品小売業態との競争戦でより競争優位を有していたことで
フランスなどの小売市場を席捲することができたことになる。そしてこの業態
については，誕生国であるドイツを除く各国では必ずしも十分な成長を遂げて
いなかったことによって，参入先の市場で圧倒的な優位性を一時的に確保でき
たことになる。フランスの場合にも，攻勢を阻止するためには，自国市場に適
合した業態として再構成することが必要で，そうすることでドイツの特性に再
適合したフォーマットを維持したアルディなどの進出を阻むことができたと見
ることができる。そのためには，時間が必要であったことも上述のとおりである。

4　小売業態間競争の帰結

　以上の如く，小売業態の開発，店舗としての展開は，小売業の基本戦略とし
て位置づけることができる。そしてアルディの国際展開の事例に見られるよう
に，小売業態の成否は単純に資本の規模の大小でもなく，店舗の売場面積が大
きく，品揃えが多いというような事業規模が必ずしも小売業の競争力の優劣に
直結しないことは，明らかであろう。業態の定義で明らかにしたように，ター
ゲットとする消費者層のニーズにどれだけ応えうる店舗を提供できているかが，
重要なキーポイントになっていると言えよう。売場面積がきわめて大きいハイ
パーマーケット・チェーンを主力業態とするフランスのカルフールやイギリス
のテスコが，売場面積の規模の小さいドイツのアルディの自国市場への参入に
対して防戦に回らざるをえないという事実がそれを物語っている。
　業態間の競争においても，競争の優劣を決める要因として，それぞれの業態
がどの程度，ターゲットとする消費者層のニーズに応えているのかによって決
まると言えよう。日本のいわゆる総合スーパー（GMS）の売上げの低迷はもち
ろん，ヨーロッパにおけるカルフールやテスコのようなハイパーマーケットと
言われる小売業態は，品揃えが豊富で売場面積が広大であるにもかかわらず，
スーパーマーケット業態の亜種としてドイツで生成発展した食品ディスカウン
トストアのアルディやリドルに押されてしまったのは，その典型的ケースであ
る。

第3章　巨大小売業の台頭と小売業態論の発展

▶▶ *Column* ◀◀

小売業態の国際移転と生活文化

　欧米で開発された百貨店やスーパーマーケット，コンビニエンスストアなどの小売業態は，日本の小売業者が海外での視察研修で学んだり，模倣したり，あるいは企業間の協定によって導入されてきました。

　こうした国際移転は，ある国で開発され，成長した小売業態について，店舗の構造や商品の品揃え，陳列方法，店舗オペレーションをそのまま導入したとしても，容易に成功するとは限りません。

　身近な小売業態として街のスーパーマーケットを挙げることができます。1930年代のアメリカで開発されて第2次世界大戦後に日本に伝播した際に，日本の食文化が導入，普及を進める際の大きなハードルとなりました。すなわちアメリカでは，肉や魚は冷凍・冷蔵されたブロックで販売することが一般的ですが，日本ではすき焼きの肉や刺身の切り身が一般的な食べ方として定着しています。小売店頭でもそのような販売がなされています。こうした日本独特の肉・魚の食べ方は，鮮度管理や在庫管理を欧米のスーパーマーケットに比べて困難な課題にします。解決策としてなんでも販売する大型店舗を作り，圧倒的な集客力を利用して商品回転率を高めることが編み出され，スーパーマーケット作りから脱却して総合スーパーと言われるビッグストア創設に進んだ企業が生まれました。他方で関西スーパーマーケットやサミットのように，日本独自のマネジメントやオペレーションを開発してスーパーマーケットを日本に定着させていく企業も存在しました。アメリカのスーパーマーケット業態を日本に移転させる過程で，日本固有の消費生活文化によって，スーパーマーケットとは異なるビッグストアという選択肢が生み出されたのです（安土敏〔1992〕参照）。

　小売業態は消費者の生活慣習や購買慣習の影響を強く受けるため，こうした各国の生活文化のあり様が小売業態の国際移転に際し，多くの困難を生み出すケースがあります。

　さらに食品ディスカウント業態の先進各国における席捲は，「アルディ化」という流行語を生み出したように，人々のライフスタイルにある種のディスカウント化されたスタイルを普及させることになった（W. フリッツほか〔2010〕『ディスカウント化する社会』同文舘出版，第1章参照）。消費生活のニーズにうまく対応して成長した巨大な小売業が，反作用して，消費者のライフスタイル

を変革するかのごとき影響力を持つにいたっていると言えよう。

　かつて，流通機構の末端を担っていたに過ぎない小売企業が，近代的な業態を開発し，成長することによって，消費財を製造する巨大製造業と並列し，さらには凌駕するほどに成長している事実に，そして世界各国の消費者の消費生活に少なからぬ影響力を持つようになっている事実に着目して，現代世界の流通を評価しなければならない時代に入っている。

[推薦図書]

加藤義忠・齋藤雅通・佐々木保幸編（2007）『現代流通入門』有斐閣
　　流通・マーケティング，特に小売業について多面的にかつ詳しく学ぶことができる。
安土敏（1992）『日本スーパーマーケット原論』ぱるす出版
　　スーパーマーケットを中心に様々な小売業態の意味・内容や理論を具体的な実務を取り上げながら学ぶことができる。
渥美俊一（1990）『チェーンストア　出店と SC づくり』実務教育出版
　　著者は長年にわたり日本にチェーンストアの小売業態を定着・発展させるために尽力したコンサルタントであり，マネジメントやオペレーションの実務と理論を知る上で参考になる。

[設　問]

1．それぞれの業態ごとに大手企業の売上高の高い順に並べてみましょう。どのようなことが分かるでしょうか。
2．特定の商品，例えばカップラーメンや洗剤などを事例として，コンビニエンスストアやスーパーマーケットなどで，売場の陳列，品揃え，価格設定などがどのように異なっているか調べてみましょう。

（齋藤雅通）

第4章

製販連携の進展

　製販連携はどのような歴史的変遷を経て現代のトピックとなっているのでしょうか。現代流通システムが形成されてきた歴史的な変遷過程をふまえて，その動態的変化を考察することが本章の課題です。そして近年，注目される製販連携とはメーカーと小売業との間のどのような活動を指し，また，製販連携の進展をどう位置づければよいのでしょうか。その具体的な例としてPB商品開発を念頭に置きながら，現代流通における製販連携の進展をとらえていきます。

1　流通チャネルにおけるパワー関係の変容

1 資本の集中・集積に伴う小売業の大規模化

　高度成長期における消費市場の拡大と技術革新を背景とするメーカーの成長は著しかった。他方，それに呼応するように小売業分野においてもめざましい成長を遂げる小売業態が現れた。それがアメリカに源流を持つ**セルフサービス方式**の経営原則を取り入れたスーパーマーケット（以下，SM）業態であった。SM業態は店舗の大型化方式をも取り入れながら，多店舗化すなわち**チェーン化方式**を展開軸として急成長を遂げ，1970年代初頭にはSM全体の売上高が百貨店全体のそれを凌駕しただけでなく，個別企業のレベルでもダイエーの売

セルフサービス方式：セルフサービス方式とは，顧客が直接商品を手にとって選び，低価格，そして短時間での買い物を可能とした販売方法である。それ以前は対面販売が主流だったが，商品種類の増大によって顧客の選択の幅が広がってくると，売り手の時間的効率性が問題となり，対面販売中心の販売方法からセルフサービスを導入する小売業態が増えていった。

チェーン化方式：資本投入によってブランド，経営方針，サービスの内容，外観などに統一性を持たせ，複数の店舗の運営や管理を行う経営形態のことをいう。多店舗展開を行うことで，取り扱う商品の同一化を図り大量仕入を可能にする。それにより仕入原価の低減を図っている。

上高が三越百貨店のそれを上回るまでになった（加藤義忠・齋藤雅通・佐々木保幸編〔2007〕『現代流通入門』有斐閣ブックス，113 頁）。

　しかし，1973 年の第 1 次石油ショックを契機に順調に発展を遂げてきた国内経済と旺盛な消費は一転，急速に冷え込み始めていくことになる。さらに，追い打ちをかけるように迎えた第 2 次石油ショック（1978〜1979 年初頭）によって，わが国経済は 1980 年代前半まで不況の色を強めていくことになる。

　そうした景気後退局面にあっても SM 業態のシェアは上昇し，小売市場における SM の業態としての相対的地位は維持された。ただし，この間の SM 各社の売上低下による収益性の悪化や出店速度の鈍化という事態は避けられなかった。他方，この時期に消費に慎重な姿勢を示す消費者の需要を取り込みながら業績を拡大させてきたのが**総合スーパー**（以下，GMS）業態だった。GMS は大型店舗方式によって多品種の商品を大量に仕入れ，大量販売するチェーン小売業態で，とりわけ圧倒的な低価格を武器に消費者から支持を得て，売り上げを伸ばしその地位を高めていった。

　1990 年代に入り，個性化や多様化，あるいは高級化などといった消費者ニーズの質的変化とともに消費の成熟化傾向が顕著になってくると，GMS に代わって再び新たな小売業態が消費者の注目を集めていく。それがコンビニエンスストア（以下，CVS）や専門店である。このように小売分野では変化する市場環境に適応するために，次々と新業態が新たな経営方式によって小売市場に勃興し，隆盛をきわめてきた。

　第 2 次世界大戦後以降の小売業の発展の歴史は，主役の座を常に新たな小売業態に奪われる闘争の歴史でもあった。新たな小売業態の成長と発展はそれまで主役を演じた小売業態の販売額や店舗数などの相対的地位を低減させながら，その座をわがものとしてきたが，その座を奪われた小売業態は完全に淘汰されたわけではなく，市場に存続しながらその市場地位を可能な限り維持しつつ，

総合スーパー：総合スーパーとは，General Merchandise Store：GMS と呼ばれ，衣料品，食品，日用雑貨，医薬品などを総合的に取り扱う小売業態で，総合量販店とも呼ばれる。経済産業省による業態分類では，売り場面積 3000（特別区と政令指定都市は 6000）m² 未満を中型総合スーパー，それ以上を大型総合スーパーという。

あるいは市場適合的に業容転換を模索しながら存続してきた。

　変化する市場環境に適応できない企業は衰退の途をたどり，他方で優位性を獲得した小売業は市場におけるプレゼンスを高め，その結果，小売市場においてもメーカーと同様に上位企業による寡占体制が顕著になり始めている。こうした傾向は様々な小売業態で進行している。とりわけ CVS 業態は寡占度の高い小売業態として知られる。日本フランチャイズチェーン協会によると，2016年（1～12 月）の CVS 業態の総販売額（全店ベース）は 10 兆 5722 億円で，そのうち，上位 5 社では CVS 全体のおよそ 90% を占める寡占的市場を形成する小売業態となっている。また近年，小売市場では M&A が急速に進行しており，百貨店や GMS，CVS などの業界では上位企業間による提携や合併など業界を一変させる再編の動きが活発化している。さらに，セブン＆アイ・ホールディングスやイオンなどを中心とする大規模小売業は，本業以外の新たな業種・業態との M&A を積極的に進め，事業規模と同時に事業領域をも拡大させている。これにより小売段階における競争構造は小売店舗間競争のみならず小売業態間競争，異形態間競争へと競争の多元化が進行している。

2 　流通におけるパワー関係の変容

　特定の小売業への資本の集中と集積による大規模化の進展は，流通チャネルの構成員であるメーカー，卸売業，小売業間のこれまでの関係性にも変化を迫ることになる。

　これまで技術革新に基づく生産能力の増強とメーカー・ブランドの強化により，大手メーカーはチャネルリーダーシップを発揮し，近代化の波に乗り遅れた卸・小売部門に対してチャネルパワーを行使してきた。日本の流通チャネルでは，長らく流通系列化，特約店制度，返品制，リベート制などの商慣行および取引制度が温存され（崔相鐵・石井淳蔵〔2009〕『シリーズ流通体系 2　流通チャネルの再編』中央経済社，286 頁），1980 年代中盤まで日本の流通は大手メーカーのパワーの行使による一方的な統制・管理の対象とされてきた。

　しかし，小売業の大規模化はメーカーによる一方的な管理・統制の抑止力として機能した。チェーン・オペレーションを梃子として大量仕入・大量販売を

実現する大手小売業は**バイイングパワー**を発揮することで，これまでメーカーが掌握してきたパワーを徐々に小売の側へと手繰り寄せていった。

さらに，小売業は情報システム面でもパワーの源泉の獲得を推進してきた。それが POS システムの導入である。POS は 1980 年代頃から SM 業態を中心に導入が始まった消費者の購買情報管理システムである。POS では，消費者の消費実態を直接，さらにリアルタイムで把握することでき，消費者の購買データに基づく解析により，売れ筋・死に筋などの商品管理や受発注情報として店頭でのマーチャンダイジング活動を効率的に行うことを可能にした。メーカーにとって流通末端での実需情報は是が非でも入手したい情報であり，小売業は不確実性の高い需要対応の精度を POS の活用により高めていった。

こうした小売業による多様なパワーの源泉の獲得は，流通の川上に向かって取引交渉上の発言力を高めることを意味し，交渉を優位に進めることを可能にする。例えば，大量仕入の見返りに要求する値引きなどの価格交渉が挙げられるが，メーカーにとってみれば，自社商品を大量に仕入れ，それを巨大な販路を通じて販売する有望な取引先を失いたくないような状況にあれば，小売業からの要求は受け入れざるをえない。

メーカーが持つパワーが小売業，とりわけ大規模小売業側にシフトする状況において，小売業からの様々な要請が卸売業やメーカーに向けられる。具体的には，店舗への効率的な物流体制を構築するための共同配送や一括納入の要請，店頭への派遣店員導入の要請，売れ残り品の返品，協賛金などの負担要請などである。こうした小売業によるパワーの行使が，近年になって不当なかたちで社会問題化する事態も相次いでいる。例えば，家電量販店の「ヤマダ電機」が取引のある家電メーカーから無償で店員を派遣させていた問題（2008 年），食品スーパーの「山陽マルナカ」が納入業者に従業員を無償で店頭に派遣させていた問題や不当な返品や支払代金の減額を要求した問題（2011 年），玩具・ベビー用品販売店の「日本トイザらス」が納入業者への支払いを不当に減額させた問題（2011 年），家電量販店の「エディオン」が取引業者から従業員を派遣

バイイングパワー：第 3 章参照。

させ無償で働かせた問題（2012年）など，小売業の行き過ぎたパワー行使による優越的地位の乱用が近年，社会問題になっている。

③ メーカーのマーケティング・チャネル戦略の変化

　高度成長期以降のわが国の経済発展は技術革新によって支えられてきた。グローバル企業として知られる日本企業の多くがメーカーであることからも分かるように，日本メーカーの技術力の高さはグローバル・スタンダードとして世界市場で受け入れられ，日本経済をひいては世界経済を牽引してきた。

　これまで日本のメーカーは右肩上がりの成長により，自社商品を販売するためのマーケティング・チャネルを主導的に構築してきた。すなわち，メーカーは，自社のマーケティング活動を有利に遂行するためにチャネル・リーダーとして卸や小売を自らのマーケティング・チャネルに組み込み，彼らの行動を管理・統制しようとしてきたのである。こうしたメーカーの行動は**流通系列化**と呼ばれ，家電，自動車，日用品などの消費財メーカーによってその構築が目指された垂直的流通システムである。この流通系列化は大きく2つのパターンに分類される。①卸売段階までを組織化するもの，②小売段階までを組織化するものである。（**図4-1参照**：原田英生・向山雅夫・渡辺達朗〔2010〕『ベーシック流通と商業（新版）』有斐閣アルマ，128頁）

　流通系列化はこれまで，家電や化粧品，自動車業界などの耐久消費財分野で散見され，大手メーカーごとに特約店や販売会社（以下，販社）が置かれていた。大規模小売業が存在していない段階においては，例えば大手家電メーカーが系列下に置いた販売店，いわゆる「町の電気屋」の売り上げが各メーカーの業績に多大な影響を与え，メーカーのマーケティング・チャネル戦略による統括が流通の末端まで機能していた。また，自動車業界でも大手自動車メーカーが，自社の系列ディーラーを販売店として置き，ディーラーごとに限定された

流通系列化：メーカーが自社商品の販売をしやすくするために，卸売業者や小売業者との関係性の強化を求めることである。系列下に置かれた卸売業者や小売業者は競合メーカーの製品を取り扱わない代わりに，当該メーカーから様々な支援を受けることができる。系列化には「専売制」「一店一帳合制」「テリトリー制」「店会制」などがある。

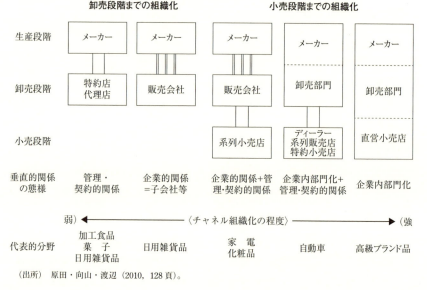

図 4-1 メーカー主導型流通チャネルの代表的パターン

(出所) 原田・向山・渡辺 (2010, 128頁)。

　販売地域で営業活動を行うテリトリー制を設けることで,同一商圏内にある自社の系列店同士が競合することなく顧客との密接な関係を構築していた。小売業は競合メーカーの商品を取り扱わない代わりにメーカーから提供される多様なリテールサポートを得られることから,両者の関係性の深化が促進されてきた。

　しかし,大規模小売業への発展とそれに伴うメーカーから小売りへのパワー・シフトの進展によって,メーカーによる流通系列化は大きく阻害されていくことになる。とりわけ,系列化されたチャネル内企業の動揺は激しく,パワー・シフトがもたらす競争環境や市場構造の変化によってメーカーのマーケティング・チャネル戦略は大きく修正を迫られることになっていく。無論,自動車産業のように,いまなお流通系列化体制を残しつつ有機的にマーケティング・チャネルが機能している産業もあるが,メーカーから小売りへのパワー・シフトに直面する業界,例えば,家電や化粧品などの業界では,系列化にあることで得られる販売店の優位性が希薄化し,メーカーの流通系列化によるマー

ケティング・チャネル戦略が機能しにくくなってきている。

　家電業界では，メーカーの系列下に置かれた「町の電気屋」が豊富な品揃え
と圧倒的な低価格販売で迫る家電量販店やディスカウントストアに厳しい競争
を強いられることとなり苦境に追い込まれている。また他方で，化粧品業界で
は，系列化された販社が新たに登場してきたドラッグストアやディスカウント
ストア，CVSなどの出現によって競争の波に飲み込まれるようになっていった。

　流通系列化はメーカーの個別的価値実現を目指す排他的なマーケティング・
チャネル戦略であるがゆえに，小売業が小規模にとどまりメーカーにパワーが
偏在する状況においては有効に作用していた。しかし，小売業が大規模化し消
費者の**バラエティ・シーキング**への対応が重要視される時代になってくると，
次第にメーカーのマーケティング・チャネル戦略は行き詰まりを見せ始め，こ
れらの分野のメーカーでは，系列下に収めてきた特約店や販社を縮小あるいは
廃止し，大規模小売業との取引関係を重視する戦略転換を余儀なくされている。

[4]　大規模小売業への対応のためのメーカーの戦略転換

　大規模小売業へのパワー・シフトが進展していく中で，1990年代後半以降，
メーカーは従来のマーケティング・チャネル戦略の転換を求められるように
なっていった。以下，主要な変化を見ていこう。

　第1に販社の再編である。先にも触れたが，自動車や家電，化粧品などの業
界では珍しくなかった販社制度は，これまで地方にある卸売業が出資するかた
ちで設置するものや自社が独自に設立するものなど，一定の地域に設置する場
合が多かった。しかし，販社が分散した地域にあるのでは大規模小売業への対
応が困難なことから，全国各地に複数設置していた販社を統合し，商圏の広域
化への対応を目指して再編成を実施した。資生堂，パナソニック，ソニーなど
の多くのメーカーが販社の統廃合を進めた。また，花王も日用雑貨品などの一
般消費財を扱うメーカーとしては珍しく販社制度を設けていたが，1999年に

バラエティ・シーキング：商品選択の際，特定のブランドだけでなく様々なブランドを比較購入しよ
　うとする消費者の行動特性のことである。

全国8地区にあった広域販社体制の統合を実施し，全国で1社のみの販社「花王販売株式会社」に再編している。

　第2にオープン価格制の導入である。これまでメーカーが卸売業や小売業にいくらマージンを支払うかを予め決めておく建値制が用いられていたが，量販店の台頭により価格競争が激化してきたことで，小売業が値づけする小売価格とメーカーが提示する希望小売価格との間の乖離が起こり始めた。これにより，メーカーの希望小売価格は小売業が自らの小売価格の安さを強調するために利用され，店頭での価格が「二重価格表示」問題として議論されるようになっていった。商品知識の乏しい消費者は割引率の大きな製品購入を強いられることが懸念され，メーカーが希望小売価格を示さないオープン価格制へと移行する業界が増えていった。とりわけ値崩れの激しい食品や家電業界などで進展している。

　オープン価格制の導入は，メーカーにとって小売業の安売りによるブランドイメージの低下を避けられる反面，商品の取引先に対して取引の基準となる価格が設定できないなどのデメリットがある。また，小売業にとっては企業努力により他店よりも低価格で販売することが可能となるメリットがある半面，低価格訴求をする場合の比較対象が限定されたり，類似した異なるメーカー間の商品比較がしにくいなどのデメリットがある。

　第3に大規模小売業との直接取引である。これまで多くの小売業は卸売業を介して商品を仕入れていたが，コストコやトイザらスなどの外国小売資本の国内参入や大規模小売業の台頭と成長によって，メーカーとの直接取引を志向する小売業が増えている。イオンでは，花王やカゴメ，ネスレなどの大手メーカーと直接取引を行っており，傘下であるマルエツなどにも直接取引を拡大させ，コスト削減に向けて直接取引の比率を高めようとしている。メーカーにとってもイオンのような大規模小売業との取引関係は継続したい意向のため，こうした取引が成立している。

　このように，大規模小売業の台頭と成長によってメーカーのマーケティング戦略は転換点を迎えており，これまでメーカーが築いてきた伝統的な取引制度の見直しが進んでいる。

2　新たなチャネル関係の形成

1　製販連携の進展

　小売業が小規模分散的に存在する段階においては，メーカーにとって一つひとつの小売業に対する販売額はきわめて小さいものであった。しかし，チェーン・オペレーションによる経営組織的・運営的な発展を遂げることにより大規模化し，資本の集中と集積とがいっそう進展した結果，小売業の上位集中という段階に入るとこれまでのような状況は一変する。すなわち，従来，メーカーが保持していたパワーを前提とする流通チャネルの取引関係に変化が生じることになる。そうした小売業優位の状況を推進させた主体は，SM やディスカウントストア，CVS といった，新たな競争優位性を持って登場してきた小売業態であった。メーカーが全国市場で売り上げを拡大させていくためには，大規模小売業が持つ巨大な販売網はきわめて魅力的である。そこでメーカーの大規模小売業との取引比率が極端に高まるようになっていく。

　このような状況が常態化するようになると，さらに大規模小売業はメーカーに対して有利な取引条件を引き出すために，仕入先の変更をちらつかせたり，これまで以上の高額の**リベート**を求めたりするような高圧的パワーをメーカーに対して行使する行動に移り始める。そのため，取引交渉や取引後に生じるメーカーのコスト負担は増加し，同時に，大規模小売業も，メーカーからより有利な仕入れ条件を引き出すために，さらに複雑化する取引交渉に臨まなければならなくなる。メーカーと小売業が相互の利益獲得のために行動した結果，双方の最適利益は損なわれ，両者の対立的な関係を増幅させることによる**コンフリクト**を発生させてしまうことになる。こうした関係はパワーゲーム型のチャネル関係ととらえられる。

リベート：序章参照。
コンフリクト：「conflict」は「衝突，齟齬」などという意味を持ち，流通機構の構成員間に利害の対立などの問題が発生することによって，本来，円滑に進められるはずの機能がうまく動作しない状態をいう。

本来，メーカーと小売業との間には目標の決定的な相違が存在しており，そのことがパワーゲーム型のチャネル関係を醸成してきた。メーカーにとってみれば，まずは自社製品を可能な限り流通過程に流し込み，そうすることによって得られた資金を再び新たな生産活動へと転化させていくという連続的な生産に対する欲求を満たすことが必要となる。同時に，市場での販売シェアの拡大と販売額の向上を図るために生産規模を維持し続けることも必要となる。他方，小売業にとっては消費者ニーズに適合させた売れ筋商品を品揃えすることが不可欠であり，可能な限り売れ残りのリスクを回避しながら売上規模の維持・拡大を図ることが必要とされる。また，メーカーとの取引においては可能な限り有利な取引条件での商品調達を切望する。

　このような両者の目指す目標の相違とそれに伴う矛盾がこれまでの対立的な取引関係を形成する源泉となるわけであるが，こうした関係からは部分的な利益の獲得は実現できたとしても，流通チャネル全体で見ると相互に不利益を生じさせかねない。そこでメーカーと小売業がそれぞれ有する資源を相互補完的に有効活用しようと，協調的な企業間行動が求められるようになってきた。メーカーと小売業が相互の利益のみを追求することをやめ，流通チャネル全体の利益向上につながるような行動をとることが肝要となってくる。こうした考え方に基づいて，メーカーと大規模小売業との間で，従来の対立的な取引関係を超えた，新たな取引関係の構築が模索され始めるようになってきた。その新たな関係こそ，メーカーと小売業相互がこれまで独自に展開してきた機能の代替や重複する機能の見直しなどを通じて，個別企業でありながらも効率的な流通チャネルシステムとしてバーチャルに結合する緊密な取引関係を構築することであった。

　製造と販売は連動して初めて効率的な商品流通を可能とする。つまり，需要に連動して製品を供給してこそ，メーカーと小売業双方の利益が最大化されるわけである。メーカーにおける生産計画と小売業における販売計画をうまく連動させることができれば，過剰在庫を抱えることも販売機会ロスを発生させることも最小限に抑えることが可能となる。しかし，このような緊密な取引関係を結ぶためには乗り越えるべき課題は多い。

例えば，メーカーと小売業の共通の目標や利益分配関係，あるいはそれを実現させるための情報のネットワーク化などに関する双方の合意などが必要となってこよう。また，その合意を現実的に実行していくための具体的な方策として，特定の大規模メーカーと直接に取り引きし，情報処理や配送などへの関係特定的な投資を共同で行い，流通在庫などの流通費用や販売促進費用などを可能な限り削減したり，あるいは消費動向をより迅速かつ的確に生産サイドに伝達し，製品政策に反映させたりして，相互に配分される利潤を限りなく大きくしようとする。場合によっては，さらに大規模小売業が自らプライベートブランド（以下，PB）商品を企画し，大規模メーカーへの生産委託などが展開されることになる（加藤義忠〔2003〕「製販連携の基本的性格」『関西大学商学論集』第47巻第6号，68頁）。こうしたメーカーと小売業との相互協調的な取引関係を「製販連携」と言い，近年，こうした取り組みが進展している。

なお，製販連携の進展は，伝統的にメーカーと小売業との間に介在して，ある一定の機能と役割を果たしてきた卸売業の存在意義を大きく動揺させることとなる。

[2] 製販連携の先駆的取り組み

製販連携の進展は，今日までの情報技術の目覚ましい発展によって基礎づけられている。1980年代に取り組まれた**QR**や**ECR**などの流通チャネル全体の効率化を推進する事業システムの展開は，製販連携の端緒として知られている。これらのシステムは，いずれも流通の各段階における部分的な効率化や利益追求ではなく，流通チャネル全体としての効率化や利益追求が目指されたものである。

QR：「Quick Response」の略称。流行や天候などの要因により販売が左右されるアパレル市場において，メーカーや卸，小売業が情報を共有し，需要変動に即応できる生産・供給体制を整備しながら，販売機会ロスや在庫リスクを最小化するための取り組みのこと。

ECR：「Efficient Consumer Response」の略称で効率的消費者対応と呼ばれる。EDI（電子データ交換）を基礎としてメーカー，卸，小売が連携しながら受発注業務や物流の迅速化，在庫削減を目指し，経営の効率化を図りながら消費者ニーズに迅速に対応し，販売機会ロスを減らす取り組みのこと。

また，1990年代後半になると，QRやECRの取り組みを補完する物流システムとしてロジスティクス技術が発展し，さらに，近年では原材料の調達から生産，流通，消費に至るまでの一連のプロセスを効率的かつ効果的に管理していこうとする事業システムとして，サプライチェーンマネジメントが導入されている。

　このようにQRやECRの展開はITの発展を基礎として，われわれが今見る製販連携，製販提携，製販同盟，製販統合，パートナーシップなどの用語で表現される協調的な取り組みとして進展してきたと言える。

　そこで，まず製販連携の先駆的な取り組みとしてアメリカで展開され，その後，日本においても多様な業種で普及していくことになったQRとECRについて，それぞれの特質を見ていこう。

①QRシステム

　1980年代，当時深刻な不況に陥っていたアパレル産業において，リーバイ・ストラウス社などを中心に取り組まれた方策で，納期の短縮化や在庫の削減を実現させることを可能にしたシステムであった。人気の高いアパレル商品の場合，ファッション誌などが発行され，最新号が店頭に並んだ瞬間に，即座に店舗やメーカーへの問い合わせや予約などによって商品を購入しようとする消費者の購買行動は決して珍しいものではない。メディアによる宣伝や人気モデルの着用などによって露出された人気商品はすぐに品切れを起こし，次回の入荷までには時間がかかったり，消費者が二度と購入することができなかったりすることが頻繁に起こることが知られる。

　メーカーにとってみれば，こうした人気が高く，売れる商品を継続して小売店頭に供給することができれば販売機会損失を減らして，売上げに結びつけることが可能となるわけだが，アパレルの場合，糸や生地などの原材料が商品として小売店頭に並ぶまでには，時に1年近くを要することもある。伝統的にアパレル産業は製品の企画から紡績，機織，染色，加工，縫製など生産にかかるリードタイムは複雑かつ多段階的な構造を有していることから迅速に対応することへの困難性を抱えていた。小売店頭での売れ行きに応じて追加発注をしたとしても，商品化される頃には流行や季節は去り，消費者需要を満たすことが

できない。この問題を解決するためには，メーカーは追加生産の注文が発生した場合，次回供給されるまでのリードタイムを可能な限り短くすることで需要を吸収することが必要とされる。そうしたアパレル産業が抱える固有の問題解決を目指したのが QR システムだった。これは，アパレルメーカーとサプライヤーである繊維メーカー，縫製業者などの関係する生産の各段階がオンライン端末によって情報を共有し，生産終了後の発注に対しても柔軟な追加生産への対応を可能としたシステムである。日本のアパレル産業でも，1990 年代前半頃から当時の通商産業省（現：経済産業省）の支援を受けて，QR への取り組みが積極的に行われ始めるようになっていった。政府によるこうした支援は，世界的なアパレルメーカーが中国やインドなどの安い労働力を求めてアジアにアパレル生産拠点を移行する中で，迅速な商品供給を実現する QR が，国内アパレル産業の世界的な競争力を増強する戦略となることが見込まれたからである。

②ECR

アパレル産業で展開され成功を収めた QR に触発され，食品メーカーや日用雑貨品メーカーも同様に，食品流通チャネルにおける物流のリードタイムを短縮して在庫を削減する手法として展開したのが ECR である。ECR は 1993 年頃から食品流通の業界団体や食品メーカーなどが研究・開発を進めた。ECR では，メーカー，卸売業，小売業を 1 つのチェーンと考え，そのチェーン全体の効率的な運営をいかに達成していくのかが重要な課題となった。そのため，1 つのチェーンの構成にかかわる企業は通常の取引関係を超えて，さらに踏み込んだ相互の重要な経営情報まで共有するような包括的なパートナーシップが必要になる。こうした ECR を実現するための情報技術基盤として，小売業から得られる POS データをメーカー側が細かく分析し，適切な補充量を自動的に計算する CAO（Computer Automated Ordering）や，継続的に商品を補充する CRP（Continuous Replenishment Program），納品データを小売業者に送信し，小売業者の検品作業を不要にする ASN（Advanced Shipping Notice）などが開発された。また，情報の共有化を円滑に行うオンラインシステムとしてのネットワークシステムの開発，EDI（Electronic Data Interchange）の導入などが必須のものとなってくる。小売店頭における POS データをもとに陳列棚単位の収

益性を調べ，品揃えの改善をするカテゴリー・マネジメントも注目されており，メーカーや卸売業者が分析ソフトを開発して小売業に提供する事例もある。

③P&Gとウォルマートの事例

さてここで，製販連携の端緒として最もよく知られるP&Gとウォルマートによる IT 活用による取り組みの事例を見ていこう。

アメリカにおけるトイレタリー業界大手のP&Gと世界最大のディスカウントチェーン小売業のウォルマートの両社によって取り組まれた製販連携とは，1980年代末に，紙おむつの商品補充システムから始まった。その内容とは，CRPと呼ばれる自動受発注システムを用いて，ウォルマートの在庫管理システムにあらかじめ設定された在庫水準を下回った時点で，当該商品であるおむつを自動的にP&Gに補充発注をかけるというものであった。

このシステムは，本来，ウォルマートが行うべき在庫管理と仕入発注業務を納入業者であるP&Gと情報を共有し，自動的に受発注業務を行うという，従来の小売業が果たしてきた機能とメーカーが果たしてきたそれぞれの機能を，情報の共有化によってシステマチックに効率化した新たな取り組みであったと言える。

P&Gとウォルマートは「この試みにより，ウォルマートの店舗におけるP&Gの商品の品切れの回数も在庫量も減少した。P&Gへの代金決済の前に商品が販売されるので，ウォルマートはその分の金利を稼ぐことができた。P&Gにとっては，ウォルマートにおいて自社製品が優先的に取り扱われ，従来行われていた日常的な営業活動も必要なくなり，さらに生産・在庫調整が容易に行えるようになった」（佐藤善信〔1998〕「大手メーカーと量販店間の『製販連携』の展開：P&Gとウォルマートの協調と確執」嶋口充輝・竹内弘高・片平秀貴・石井淳蔵編『マーケティング革新の時代4　営業・流通革新』有斐閣，274頁）。

このシステムの成功によって，後にP&Gとウォルマートの両社は，ほかの製品についても順次，CRPを用いた取引の拡大を行うようになっていった。このようなメーカーと小売業との製販連携を成功に導いた要因は，小売業における在庫の削減と迅速な仕入活動であり，メーカーにとっては大規模小売業への販路の確保，両者にとっての業務の効率化といったITを活用した情報の共

有化によるメリットであった。今後，IT のさらなる発展によって製販連携の
進化と拡大が期待される。

③ 小売業とメーカーによる PB 商品の共同開発

　小売業においても最も重要なマーケティング活動は店頭での商品の品揃え，
すなわちマーチャンダイジングである。小売業にとって消費者ニーズに適合さ
せるための品揃え上，特に売れ筋商品は外すことができない。しかし，売れ筋
商品は，多くの小売業でも同様に取り扱われることになるため，売れ筋商品だ
けに特化した商品の品揃えでは他店と同質化してしまう。そこで，店頭での品
揃えにおいて差別化を図るようになる。

　通常，小売店頭に並ぶ商品の中の１つには，メーカーが企画・生産して商品
にブランド名やロゴを冠して世界的・全国的に販売するナショナル・ブランド
（National Brand：以下，NB）商品がある。具体例を挙げれば，カルビーの「ポ
テトチップス」，資生堂の「マキアージュ」，Apple の「iPhone」などの商品で
ある。いま１つは，SM や CVS などの小売業や卸売業などの流通業者が主体
となって商品の企画を行い，その商品仕様書に基づいてメーカーに対して委託
生産させる店独自の自社ブランド商品である PB 商品がある。これには，GMS
であるイオンの「トップバリュ」，セブン＆アイの「セブンプレミアム」，ディ
スカウントストアのドン・キホーテが展開する「bis」，ドラッグストアのマツ
モトキヨシが展開する「MK CUSTOMER」などの商品がある。これらの PB
商品は，1990 年代以降，わが国においても急速にその導入が進展した小売業
による商品戦略の１つである。

　なぜ小売業は PB 商品を開発するのだろうか。これらは，次のような４つの
役割を期待して開発されるものと考えられる。

　第１に，利益率の確保である。メーカーが展開する NB 商品と小売業が展開
する PB 商品との価格差を比較した場合，PB 商品は NB 商品よりもおよそ 30
％以上コストの節約を達成して商品開発することができ，NB 商品よりも低価
格で最終消費者に対して商品を提供することが可能である。

　PB 商品は小売業が商品の企画から生産段階にまで関与して販売する商品で

ある。通常，NB商品は，メーカーが新商品を開発し，市場に導入するに当たって多額の広告宣伝費用やプロモーション費用などのマーケティング費用を投入することが多く，商品によっては莫大な新商品開発費用が販売の前段階で必要となる。これに対して，PB商品は自らの小売店頭で陳列方法によって目立たせたり，販売へと効果的に結びつけたりするためのレイアウトの変更，あるいはPOP広告などによって直接消費者に商品をPRすることができるため，メーカーのマーケティング費用に比べると相対的に広告費用を低く抑えられるうえに，中間流通を経由することによって発生する仲介業者へのマージンやリベートといった流通コストなどの間接費用を削減することができる。こうした理由によって，PB商品はNB商品よりも低価格で商品の提供を可能にしながら利益確保が実現できるのである。

　第2に，商品の差別化である。PB商品は生産を委託した小売業専用の商品として小売店頭に並ぶ排他的な商品であるために，ほかの競合関係にある企業との競争において品揃えにおける差別化を図ることが可能となる。さらに，価格面では低価格の実現による差別化のみならず，近年，品質面においても差別化を図れるような高品質なPB商品の開発が進められている。伝統的にPB商品はNB商品よりも安価な形態との認識が先行し，品質はNB商品よりも劣るものと理解されてきた。実際に，PB商品の生産は業界3番手，4番手以下の下位メーカーが請け負って商品生産をしていたが，近年，PB商品は，大手メーカーに対して生産委託が頻繁に行われるようになり，以前よりも品質の高い商品が安定的に生産されるようになっている（**表4-1**参照）。また，プレミアムPB商品と呼ばれるような，従来のPB商品とは違って，最初からNB商品と同等かあるいはそれ以上の価格に設定し，原料や素材あるいは製法にこだわった，高価格で高品質な付加価値型のPB商品が開発されるようになっている。また，ブランド名に関しても単一のブランド展開をするのみならず，複数のブランド名を商品カテゴリー別や品質の程度によって段階的に使い分けて設定し，ほかの競合する小売業との品揃えの差別化を図っている。こうした他店との品揃えの差別化の結果，消費者のPB商品への**ロイヤルティ**を高めることに成功すれば，ひいてはストア・ロイヤルティの向上へと結びつけることがで

表 4 - 1　大手メーカーによるコンビニ PB への参入

社　名	商品カテゴリー	導入商品
日本コカ・コーラ	缶コーヒー	セブンプレミアム
日清食品	即席めん	セブンプレミアム，セブンゴールド，ローソンセレクト
山崎製パン	パ　ン	セブンプレミアム，ローソンセレクト
ハウス食品	即席カレー	セブンプレミアム
日本ハム	ハム・ソーセージ	セブンプレミアム，セブンゴールド
ニチレイ	冷凍食品	セブンプレミアム，ローソンセレクト
キューピー	マヨネーズ	セブンプレミアム，ローソンセレクト
伊藤園	茶飲料	セブンプレミアム，ローソンセレクト
ロッテアイス	アイスクリーム	セブンプレミアム
カルビー	スナック菓子	セブンプレミアム，FM コレクション

（注）　FM コレクション＝ファミリーマートコレクション。
（出所）　矢作敏行（2014）『デュアル・ブランド戦略　NB and/or PB』有斐閣，99 頁に筆者加筆修正。

きるようになる。

　第 3 に，PB 商品の商品品揃え調整機能である。消費者の需要が多様化してくると小売業は需要に適合するような品揃えを行わなければならなくなる。すなわち，ある消費者は多少価格が高かろうと NB 商品を購入し，ある消費者は少しでも安価な商品を求め，ある消費者は品質の高い商品を求めるなど，消費者の多様な購買行動に適合していかなければならない。そこで，NB 商品だけでは多様化するニーズに全面的に対応することができないために，NB 商品にはない特徴を持つ PB 商品を開発することによって，その品揃えを調整する機能が期待されることになる。

　第 4 に，チャネル内におけるリーダーシップの強化である。従来，小売業がPB 商品開発を行おうとする場合，生産を委託するメーカーの選定は大規模メーカーではなく中小規模メーカーを中心に取り組まれていた。大規模メーカーが PB 商品の生産にあまり関与しなかったのは，大規模メーカーにとってある特定の小売業に対して専用商品として供給する PB 商品を生産するようになる

ロイヤルティ：ロイヤルティとは，顧客の忠誠心や忠誠度を意味する。PB 商品に対するロイヤルティが高まると長期間にわたって指名買いを維持することが可能となり，ほかの店舗やサービスへの流出を防ぎ，当該小売店舗への吸引力として作用する。

と，ほかのこれまで取引関係にあった小売業との関係が悪化し，取引契約が破棄されるのではないかというマイナスの効果が予想されたからである。「味の素はPB生産に消極的とされてきた。1994年にダイエーと包括提携した際に競合小売の猛反発を受け，『PBはぜったいにやらない』などと火消しに躍起になった経緯がある」（『日経流通新聞』2008年6月13日付）。これに対して中小規模メーカーであれば，自らの生産における規模の経済性を維持するため，また生産設備の遊休を免れるためなどの理由から，PB商品の生産に対してプラスの作用が働いたのである。もっと言えば，小売業からのPB商品開発の要求にはこたえざるをえないほどの経営の逼迫した状況が中小規模メーカーにはあったのである。こうした中，中小規模メーカーと小売業とのPB商品供給関係が成立し，次第に中小規模メーカーの小売業への売上依存度（中小規模メーカーの総販売額に占めるPB商品販売高）が高まるにつれて，小売業からの契約解除によってメーカーの生存が脅かされるような状況へと両者の関係が変質し，流通チャネル内における小売業優位の関係へと変わっていくことになる。こうして小売業の流通チャネル内でのパワーは強化され，取引関係においても主導的立場に立つことになったのである。

4 PB商品開発に見る製販連携の本質

　上述してきたように，いまやPB商品開発において，中小規模メーカーとの取り組みが主流であった時代から大規模メーカーもPB商品開発の生産を受託する，場合によっては，大規模メーカーの側から擦り寄って生産要請する方向へと変化してきている。

　イオンの岡田元也社長は「ダノンなどの世界規模の食品メーカーからPBを作らせてほしいと要望されるようになった」と話す。市場が縮小し，NBの売り上げ拡大を見込めない中で，メーカーは消費者が支持するPBを経営戦略に組み込む必要に迫られている（『日経流通新聞』2008年6月13日付）。

　メーカーと小売業との双方によって取り組まれる協調的な取引関係は，1990年代中盤以降いっそうの進展を見せているわけであるが，こうした両者の協調的な取引関係を表す用語としてこれまで「製販連携」以外にも多様な用語が用

いられて今日にいたっている。例えば、製販同盟、製販統合、製販提携、戦略的提携、パートナーシップ、リレーションシップなどのほか様々である。こうした用語はいずれも流通チャネル内の垂直的な取引関係において、従来のメーカーと小売業との競争による対立的な取引関係から協調的な取引関係を重視する取り組みへと進化していることをとらえて使われているという共通性はあるものの、これらの用語を使用する論者によってその内容は異なる。「効率的な業務改善レベル」のものから「業務の意思決定にまで関わるレベル」のものまであり、どの程度の協調的取り組みをその範囲とするのか、これらの用語を明確に区分するような統一的な見解はいまのところ見当たらない。ただし、流通チャネル内の覇権争いをめぐるメーカー、卸売業、小売業の各段階におけるこれまでの攻防の歴史を振り返ってみた時に、競争と対立によってコンフリクトを引き起こしてきた時代から見れば、こうした協調的取引関係の進展は流通における大きな転換であることには違いない。

　しかし、ここで注意しなければならないことは、製販連携の進展という事実のみを見て、「メーカーと小売企業間に競争がなくなり協調の時代にはいったとみるなら、それは誤りであろう」ということである。製販連携の「本質は利害の一致に基づく協調であり、メーカーと流通企業間で根本的に競争がなくなったわけではない」(佐久間英俊〔1996〕「流通における革新」林正樹・坂本清編著『経営革新へのアプローチ』八千代出版、243頁)。競争は資本主義経済を貫く一般的法則であり、そのうえにたって協調的な取り組みを通じた競争の展開として理解しなければならないのである。つまり、メーカーと小売業との現代的な関係性を理解する場合、対立的関係から協調的関係への移行あるいは転換ととらえることについては、慎重になる必要があるだろう。

　さらに、製販連携は、巷間で言われるようなメーカーと小売業とのWin-Win関係として理解され、「対等」な関係に基づく取引関係ととらえる向きがあるが、そうではなく、メーカーと小売業との双方の間で合意した利害の一致に基づく限りでの協調関係であることを理解しなければならないだろう。なぜなら、「対等」な関係で製販連携を表すならば、大規模小売業と中小メーカーとのPB商品開発などではこうした「対等」な関係が存在しているとは言えず、むしろ

▶▶ *Column* ◀◀

輸入食品と安全性

　厚生労働省の「平成28年度輸入食品監視統計」によると，食品衛生法違反に認定された輸入食品件数は年間773件，違反国には中国（181件，23.4%），アメリカ（90件，11.6%），ベトナム（70件，9.1%），タイ（54件，7.0%），イタリア（37件，4.8%），フランス（28件，3.6%）が名を連ね，違反対象の食品は積み戻しや廃棄，食用外転用などの措置がとられて，水際で国内への流入を防いでいます。しかし，すべての輸入食品の違反を未然に阻止することはできません。検査は全数検査ではなく，届け出のあった約233万件中10%程度の抜き取り検査で行われていますから，実際には発覚した違反件数の10倍程度の違反食品があるとも言われ，その多くは監視の目をすり抜けて国内流通に流れ込んでおり，重大事件となって明るみに出ることによって初めて，われわれはその実態を知ることになるのです。

　近年，相次ぐ食品にかかわる事件の発生によって日本の「食の安全・安心」が揺らいでいます。食品に対する過度とも言える不安感が不信感に変わり，生産国によっては買い控えに走る消費者も増えています。

　低価格を謳って消費者の注目を集めるPBの中には，海外メーカーに生産委託をしているケースも少なくありません。小売業にとっては国内よりも海外メーカーに生産委託する方が安価に仕入れることができるという事情があります。国内最大の小売チェーンであるイオングループも海外メーカーにPBを生産委託する企業の1つです。イオンでは中国に約20社の食品の契約工場がありますが，委託先工場のチェック体制の強化によって品質の安全と安定化を図っています。新商品開発時には，土壌や水質，周辺環境などを徹底的に調査したうえで生産工場との契約を行います。契約後もチェック体制は継続され，「トップバリュ・グリーンアイ」ブランドの「有機グリーンアスパラ」などの冷凍野菜を生産する農場では，野菜の生育状況，隣接する畑の農薬散布状況や生産品目，農業用水の水質，肥料や毎日の管理状況などを監視し，年間2回，担当者が品質管理のために現地を訪れて，店頭に並ぶまでの商品管理の徹底化を図っています（『日経流通新聞』2008年6月30日付を参照）。安全・安心を求める消費者を満足させるためには，商品開発に携わる企業はたとえ小売業であったとしても生産を丸投げするのではなく，徹底した生産・品質管理が必要なのです。

大規模小売業による中小メーカーの支配・統制関係が成立している。また，大規模小売業と大規模メーカーとの協調的な取り組みにおいても，「対等」な関係と定義することにより，なにが，どこまで，どのように「対等」であるのかはどこまで突き詰めても証明されえない。「対等」という表現では説明できないのである。それゆえ，本章では，製販連携をメーカーと小売業との利害の一致に基づく協調関係と理解する。

［付記］　本稿は，堂野崎衛（2012）「日本的流通システムの進化とチャネル関係の変容」奥山忠信・張英莉『現代社会における組織と企業行動』埼玉学園大学研究叢書第7巻，社会評論社，83-104頁をベースに，大幅に加筆修正したものである。

[推薦図書]

矢作敏行編（2014）『デュアル・ブランド戦略――NB and/or PB』白桃書房
　　小売業とメーカーの両者の視点から，NBとPBの競争と共存関係を模索するデュアル・ブランド戦略について豊富な事例を基に分析している。

崔相鐵・石井淳蔵編（2009）『シリーズ流通体系2　流通チャネルの再編』中央経済社
　　寡占メーカー支配型の流通システムの終焉と大手小売企業主導による流通システムへの再編をもたらした構造的要因を明らかにし，各消費財業界の取引制度改革に焦点を当て，チャネル論の新たなパラダイムを提示している。

石原武政・石井淳蔵（1996）『製販統合――変わる日本の商システム』日本経済新聞社
　　「戦略的提携」や「製販同盟」と呼ばれる取引関係の変化が生産と流通との間の社会的分業関係にどのような変化をもたらすのかを分析している。

[設　問]

1．製販連携に関する最近の事例をふまえ，メーカーと小売業のそれぞれが締結前と締結後にどのように変化したのか検討してみましょう。
2．各小売業におけるPB開発に対する考え方の類似点と相違点をまとめてみましょう。

（堂野崎衛）

第5章

マーケティング・チャネルと卸売商業の変容

　一般的に流通経路（流通チャネル）はメーカー→卸売→小売→消費者として示されます。メーカー企業が自らの製品を販売するために流通経路を確保，管理，もしくは支配することは経営におけるマーケティング行動の重要な1つです。それらの一連の行動をマーケティング論ではマーケティング・チャネル政策と呼んでいます。マーケティングを行う企業にとって，販売のための流通経路をどう構築するかは，大きな課題です。卸売商業や卸売機能をマーケティングの中でどう位置づけるか。それは具体的に直面する問題でもあります。そこでこの章では，マーケティング行動と卸売商業の関係を現代的に考えたいと思います。さらに言えば，今日の高度な情報通信技術（ICT）の発展とともに変化しているマーケティング・チャネルにおいて，卸売商業はどう変容しているか，その動態を理論的にとらえるのが本章の狙いです。

1　卸売商業とは

　まず卸売商業を規定し，そしてその機能を把握することから始めよう。一般的には，卸売商業は商品流通においてメーカーと小売商業の間に介在する商業として位置づけられている。では，その卸売商業は市場社会でどのような機能を果たしているのであろうか。大きくは以下の3点が挙げられよう。
　①流通費用の社会的な節減
　②市場における危険分散機能
　③需給調整機能

［1］　卸売商業による流通費用の社会的節減
　最初の社会的流通費用の節減機能は，卸売商業に限らず小売商業も含めた商業そのものがまず社会経済的に存在するための機能とも言える。そしてその機

111

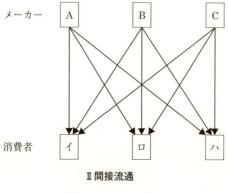

図 5-1 直接流通と間接流通

I 直接流通

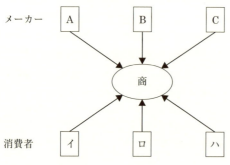

II 間接流通

能を果たすのは，以下の売買集中の原理と呼ばれるものが根拠となっている。図 5-1 にある直接流通と商業が介在する間接流通によって説明しよう。

Ⅰの直接流通は商業が存在しない場合である。そこで示される取引流通の矢印は 9 本であるのに対し，Ⅱの商業が介在する間接流通の取引流通の矢印は 6 本である。つまり，商業が介在することで取引数が減少する。このメーカー 3 社，消費者 3 人の世界を 1 つの「社会」と考えるならば，Ⅰの直接流通に比較してⅡの間接流通は，商業が「社会的」に流通費用を節減していることになる。ここから，商業の独自的性格として「売買集中」の原理が導かれる。Ⅱに示される A, B, C のそれぞれの製品を商業が品揃えをし，消費者に売る。つまり，商業が売買を集中することによって，流通費用が節減されるのである。もちろんこれは，卸売商業にも小売商業にも共通した商業の基本的機能である。

2 卸売商業による危険分散機能

次に 卸売商業の危険分散機能を考えてみよう。卸売商業や小売業の「危険」とはなんであろうか。製品を製造するのではなく販売によって，利潤を得る商業にあっては，販売という「商品実現」が最大の仕事である。さらに「商品実現」の回転を速めることが商業利潤を高めることにつながるのは言うまでもない。したがって，商品回転を高めるのを阻害するのは，やはり「売れ残

り」というリスクであろう。さらに，逆に「品切れ」も商業にとってはリスクである。売れるはずの商品の販売機会を失うという意味から，リスクと言える。別の角度から，この「売れ残り」と「品切れ」が生じるということは，それは的確な「品揃え」が遂行されていないとも言える。

したがって，この「売れ残り」と「品切れ」をしない「品揃え」を実現すべく適正な在庫が重要になる。商業にあってはどれくらいの在庫が「売れ残り」と「品切れ」を防ぐことができるか。この問題は商業にとってまさに利潤を左右する。特に，このことは無数に分散し，不確定な購買行動を示す消費者を相手にする小売商業にとっては，「品切れ」や「売れ残り」は直接的に生じるより深刻なリスクである。そこで，卸売業がその小売業のリスクを代理的に回避する機能を発揮する。そのことを理解するために分かりやすい保険理論を応用して説明しよう。

単純な火災保険を例に，いま500万円の価値を持つ家屋が5軒ある地域で考える。もしこの地域のある1軒が火災で全焼し，すぐに建て直すとすれば500万円が必要であることは言うまでもない。したがって，いつ火事になるか分からないリスクに備えるとすれば，いつも現金をそれぞれの家が500万円用意しておく必要があろう。

しかし，その地域一帯の年間火災発生が5軒に1軒，つまり年間火災発生率を5分の1として考えてみたい。したがって，その地域の人々5軒が，それぞれ年間に100万円ずつの火災保険に加入すれば，危険が分散される。つまりは，火災リスクのために個々の家でそれぞれが500万円の現金を備えておく必要がなくなる。いつ起こるか分からない火災に備えてそれぞれの家が500万円を準備しておくとすれば，この地域では，5軒×500万＝2500万円が必要となる。だが，この5軒の家が相互援助的に年間に100万ずつ火災に備えて拠出しプールすれば，その合計500万円を火事になった家に火災保険として適用し，支給できる。

つまり，火災保険が無い場合は500万円をそれぞれの家で火災というリスクに備えていたのが，火災保険のおかげでこの地域では5軒それぞれが100万円で火災に備えることができる。この原理は，卸売商業の危険分散機能のそれと

同じだと言える。ここでの5軒の家を小売業と仮定し、火災保険会社を卸売商業として次の例えでさらに考えてみよう。

以下の**図5−2・A**のように5つの小売業がそれぞれ500の在庫を持っているとしよう。そこでの総在庫は2500である。

Aの場合の小売商は、売れたらその商品をその都度、自らメーカーを探して仕入れをしていると仮定しよう。その意味から、Aの場合には、小売商業とメーカーを矢印では結んでいない。つまり、小売業がある消費者の注文をうけて、分散しているメーカーの中からその商品をその都度探して仕入れて売るというイメージから、図5−2の下方のBのような矢印を結んでいない。一方**図5−2・B**の場合は、各小売業は100の在庫を持っていると仮定している。また、メーカーと卸売を矢印で結んでいるように、卸売も、メーカーと一定の関係を持っていると仮定している。そして、先に示した火災保険の例のように、小売Bにおいて急にある商品が売れ出した場合、品切れをしないようにすぐ、小売Bは卸売から仕入れることができる。つまり、急に売れ行きを示すことは、品切れを起こす危険性（リスク）を意味する。先の火災保険から言えば、そのリスクとは火災と同じだと言える。また、売れ残りもやはり小売業にとっては、リスクである。つまり、過剰に在庫を抱えることになり、そのための費用が利益を圧迫する。しかしながら、売れ残るかもしれないというリスクを小売業はいつも負っている。したがって、より少ない在庫で、品切れをしないことが望まれる。そのトレードオフ的な課業（タスク）が常に小売業には存在している。そこで、卸売業がそのリスクを代位的に集中して担って、各小売業の危険を分散的に負担している。それがまさに、卸売業の危険分散機能である。

英語で卸売商業をWholesaleというが、そのWholeは全体という意味が込められていると言える。つまり、先の図5−2・Bの卸売は、個々の小売における商品の売れ行きになどについての情報を全体（whole）的に見ているということであろう。その意味からも、卸売商業は優れて情報的産業でもある。その需要供給に関する情報について、集約機能が3番目の卸売商業の社会的機能でもある。

第5章 マーケティング・チャネルと卸売商業の変容

図5-2 卸売業の危険負担

A. 卸売が存在しない場合のイメージ
（○はメーカー，□は消費者）

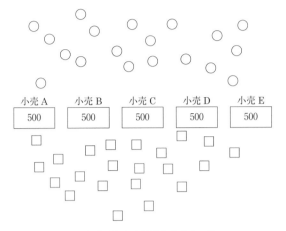

B. 卸売が存在する場合のイメージ
（○はメーカー，□は消費者）

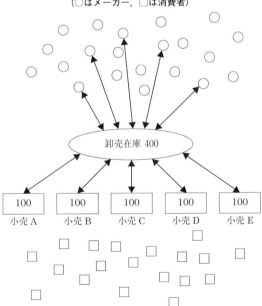

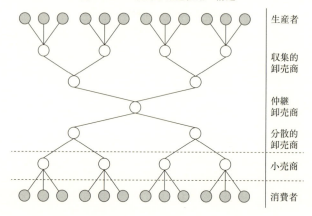

図5-3　一般的な流通経路の構造

3　卸売商業の需給調整機能

　卸売商業の大きな社会経済的機能の3つめとして需給調整機能がある。下記の流通構造を示した図5-3を見てもらいたい。そこでは，3種類（収集的卸売・仲継卸売・分散的卸売）の卸売商業が示される。それぞれについては，改めて説明するが，ここで注目したいのが，中心にある仲継卸売商業についてである。この卸売商業を実例として挙げれば，魚市場における東京の築地市場などであろう。これらの市場はまさに仲継ぎ的な卸売機能を果たしている。

　ここで言う仲継ぎの役割を端的に言えば，以下のようなものになろう。分散的な消費者の需要情報が小売業などを通じて上流に流れてくる。一方，生産側の情報が下流に流れてくる。その二つの情報を集約する。その拠点となるのがこの仲継卸商の大きな機能と言える。つまり，消費者から発せられる消費ニーズに関する情報と，供給側から発せられる生産量の情報が，突き合わされ，どこかで調整されなければならない。その調整拠点と言うべきものが仲継卸売商業と言える。先の東京・築地の魚市場を例に考えるとすれば，全国各地の生産地から魚が集められ，「セリ」を行い価格が決定される。そしてその築地市場の価格が魚市場全体の需要と供給のシグナルとなり，需給調整がなされる。

　したがって，そのシグナルが適正に機能することにより，生産者は，生産量の調整する。消費者は価格というシグナルを見て購買量・消費量などを考慮し，

財の需給調整がより迅速に行われることになり，過剰生産などの社会的コストが低減されることになる。

　以上のような卸売商業の経済社会的機能を規定したうえで，次にマーケティング・チャネルの理論的把握のために流通経路構造と卸売商業の関係を理解しておきたい。

2　流通経路の構成と卸売商業

[1]　流通経路の構造について

　マーケティングを行う企業は，どのような販売経路で商品を売るかを戦略的に決定しなければならない。つまり，流通経路政策をどうするかは企業のマーケティングにおいて大きな課題である。その流通経路の構造について卸売商業を軸に考えてみたい。そこで，商業部門が小売商業と卸売商業に段階的になぜ分化するのかという問題を考えることから始めたい。やはりその「段階分化」は，卸売の「危険分散」・「需給調整機能」と大きく関連しているのである。先に流通機構の基本的構成を示した図5-3を見てもらいたい。ここでも「売れ残り」・「品切れ」が「リスク」となり重要な鍵になる。

　具体的な鮮魚という商品を例にして，先の流通機構を考えてみたい。消費者に小売業が対応するいわゆる「下流」を起点にイメージしてゆこう。消費者は購買に関して空間的，時間的にも分散的行動をとる。その分散性が高まれば高まるほど，小売業の「売れ残り」や「品揃え」の危険性は増す。したがって，そこでは図5-3にあるように小売業の上流に「分散的卸売業」が要請される。その分散的卸売業も直接的に生産者と接触するには多くの費用と労力が要することは想像できる。そこで，先に述べたように情報センター的役割を果たす仲継的な卸売業が生まれる。さらに上流の収集的卸は，その仲継卸の情報などをもとに，分散的な生産者（生産地）から魚を調達し品揃えをする。消費者の分散性ほどには高いとは言えないまでにしても，漁業生産者も分散的である。したがって，仲継卸売と生産者の間に収集的な機能を果たす卸売商業が存在する。

　以上の流通機構の段階分化を考える上で，キーワードはやはり「分散性」と

「危険性」であろう。しかもその「分散性」と「危険性」は表裏一体と言うべき関係である。つまり，上記の流通機構の各段階は，その「分散性」「危険性」に対処するための段階的分化と言える。

2 商業機能とマーケティング・チャネル

　寡占的メーカーが行うマーケティング・チャネル政策の目的は，基本的に流通経路を自社製品の販売のために支配し管理することである。そこでは当然，寡占的製造業と卸売商業の衝突と協調が生まれることは容易に想像できる。そこで次にその衝突と協調を理論的かつ現実的に考えたい。まずマーケティング・チャネル論の基本的規定を確認することから始めたい。

　マーケティング・チャネルをかつて橋本勲が以下のように4つに類型化した（橋本勲〔1973〕『現代マーケティング論』新評論，第11章）。

　チャネル政策は4つの類型がある。

　①開放的チャネル政策

　②選択的チャネル政策

　③専属的チャネル政策

　④資本統合的チャネル政策

　①開放的チャネル政策から簡単に説明しておこう。例としては，日用品などのチャネル政策である。つまり，卸売商業や小売商業を差別や選択をせず，売ってくれる流通業者には自社の製品をすべてに取り扱わせる政策である。多くが単価の安いコンビニエンスストアにあるような最寄品の流通に採用されている。したがって，メーカーは小売店などに対して「**リベート**」などで，自社の製品を店頭に有利に配置することなどを交渉する。

　②選択的チャネル政策は，自社の製品を取り扱う協力的な卸売商業や小売商業を一定の基準で選択する。これはブランド化粧品会社の化粧品流通などに多いチャネル政策である。買回品などに多く見られる。

　③専属的チャネルは，いわゆる流通系列化と呼ばれる部類である。これは，

リベート：序章参照。ある種の日本型取引の一種と言われる。

一定の販売地域に特定の流通業者だけに専売権を与える方法である。テリトリー制に基づくチャネル政策と言える。

　以上の３つが一般的なチャネル政策として分類されるが，そのほかにさらに，橋本勲は４番目のチャネル政策として，資本統合的チャネル政策を示している。

　④資本統合的チャネル政策は，商業をいわば「排除」する方法とも言える。前の３つのチャネル政策においては，いずれも流通業者が一応「独立」を保っていることが前提となっていた。しかし，メーカーの流通における系列支配がさらに徹底すると，メーカーは流通業者に資本を投下するなどし，管理を強め自前の流通経路構築を目指す。具体的な例としては，日本における自動車のマーケティング・チャネルに多く見られる。そのようなチャネル政策を橋本は資本統合的流通政策（integrated distribution policy）と呼んでいる。

　上記の橋本の４つの類型のいずれにおいても，寡占的メーカーが流通経路を管理し支配するためには，そこにおける卸売商業と小売商業に対する戦略が重要なものとなる。特に，最後の資本統合的チャネル政策は，商業そのものを排除しようとする動きである。それは寡占的メーカーが流通経路を支配するという意味ではまさに最高の形態だと言えよう。

　つまり，マーケティング・チャネルにおいては，寡占メーカー対商業の対立が常にある。しかし，その対立は複雑な様相を呈する。そこで，その対立を分析することは，マーケティング・チャネルにおける商業の存在をより理解することにつながる。

　さらに言えば，今日の自動車流通を見ることによって，「営利的」「個別的」「私的」な強さを持つ寡占的製造企業と，「生活的」「社会的」な要素を持たざるをえない小売業などの商業との対立が潜んでいることが見てとれる。消費者は資本の論理による営利的行動ではなく非営利的な「生活原理」で行動している。小売業はまさにその消費者と直接的に接触しているし，その小売業の動向に卸売商業は連動している。流通経路には寡占メーカーの「営利的」「私的」な側面と商業の持つ「生活的」「社会的」な側面の対立構造が潜んでいる。別言すれば，流通過程における寡占メーカーと商業の対立は２つの要素（資本の論理と生活の論理）の衝突が底流にあると言えよう。

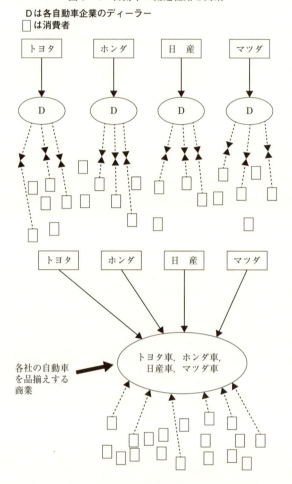

図5-4 自動車の流通経路と商業

上記の図5-4の上方部分が現在の自動車流通の略図と言える。各自動車メーカーがディーラーに資本投下などを行い，専属の流通経路で販売している。消費者は自動車を各ディーラーを窓口にしてそのディーラーの営業部員から購入するのが多いのが実情であろう。そこでは，例えば，トヨタ車と日産車のどちらかを買おうと思っている消費者は，それぞれのディーラーに出かけ，それぞれの営業部員から，それぞれの自動車の長所などを聞いて判断するのである。

一方，図5-4の下方に示すような各自動車メーカーの製品をプールし，「売

買集中」をしている自動車販売商業者が存在するとしたら，消費者の購買行動は大きく変化するであろう。つまり，本来的な商業としての自動車販売業者である。トヨタ車もホンダ車も日産車もマツダ車も一堂に集め，それぞれ消費者がその場で比較しながら購買できる商業の想定である。そこでの営業部員は，各社の自動車の長所や短所を中立的に熟知し，それらの情報を消費者に与えながら販売するのである。そのような売買を集中し，消費者が比較検討しながら購買できる自動車販売業者が生まれたら，自動車流通を変えるに違いない。

　その自動車販売業者はまさに理論的には商業らしい商業と言える。売買集中を発展的に考えれば，量的な集中でなく，「質的」にも集中がなされる。そこで商業は商品を比較して提示することになる。しかし現実には，そのような自動車販売を行う卸売業も小売業も現在の日本では存在しない。それだけ，自動車流通においては，寡占的メーカーの強さを物語っているとも言える。さらには，自動車という耐久消費財の性格がそのような流通経路を形成しているひとつの要因にもなっている。やはり，消費者のために各社の自動車を比較して販売する商業者が存在しないと言うより，そのような商業者が生まれないように各自動車メーカーが「圧力」を陰に陽に行使していると言える。しかしながら，社会的には各メーカーの自動車を比較しながら販売する商業者を潜在的には消費者は求めているし，そのような商業が出現することを消費者は期待していると言えよう。ここにマーケティング・チャネルにおけるメーカーと商業者の「**コンフリクト**」の原点を見ることができよう。

　先の橋本が分類した4つの流通系列化を見ても，それぞれの底流には「コンフリクト」がある。さらに別言すれば，基本的に寡占的メーカーは「商業排除」や何らかの形で流通経路を管理・支配したいのである。その典型的な例が実質的に「商業排除」を行っている自動車の販売流通における系列化であろう。つまり，その日本における自動車の流通系列化は「商業排除」が目に見えるマーケティング・チャネルと言える。しかしながら，橋本が示したほかの3つの

コンフリクト：第4章参照。流通チャネル内ではメーカーと商業者の対立と協調が常に何らかの形で存在すると言える。

マーケティング・チャネルは「商業排除」は見える形ではないが，その内容は複雑である。

　風呂勉は，流通過程における寡占企業と商業との関係を次のように的確に述べている。

　「……もし，商人の価値実現操作の社会的性格を極力追放し，それを個別に支配することによって自らの製品の差別化された価値実現をはかることができるならば，産業資本家にとっては，なにもあえて商人の存在そのものを拒否する必要はない。少なくとも産業資本家の主観的意識にとってみれば，そうすることは，一方では自己製品の差別化された価値実現を確保し，他方では商人を市場危険の緩衝帯として利用することであるから，商人依存からの決別よりもはるかに現実的で高等な打開策である。……商業資本の系列化とは，このように，個別の産業資本家が個別の商人に対して個別の支配関係を設定し，自己製品の個別化された価値実現操作をはかることである」（風呂勉〔1968〕『マーケティング・チャネル行動論』千倉書房，142-143 頁）。

　風呂は，マーケティング・チャネルを現実的にとらえていると言える。ここでも，メーカーと商業の対立が根底にある。やはり，底には「私的」なものと「社会的」なものの対立があると言えよう。この点を少し詳しく考えてみよう。寡占メーカーが自己の製品を売り込むために，流通経路を管理したりするのはまさに，風呂の言う「個別」的であり，まさに「私的」要素が強い企業行動である。先の図 5-2・Bで自動車の流通経路を比較した際に，各自動車を品揃えする商業を想定した。それらの商業はまさに，各社の自動車を比較検討して購買したいという社会的な消費者のニーズに応えている。したがって，その商業活動により理論的には「売買集中」がなされ，社会的流通費用の低減になる。一方，図 5-2・Aの寡占的メーカーの資本統合的チャネルにおいては利益志向的行動が小売業（ディーラー）まで通底する。その行動の原理はまさに「資本の論理」である。しかし商業は様々な商品を「集中」している。そこでの「様々」というのがある意味では「社会性」である。われわれ消費者は，様々なメーカーの商品を品揃えしているから商店に出向く。その消費者を引きつける力は，その商業の独自的で社会的な強さである。したがって，メーカーもそ

第5章　マーケティング・チャネルと卸売商業の変容

の商業の持つ「強さ」を無視できない。だから，風呂が言うように，その社会的な「強さ」を利用しながら，自己の「私的な」製品を売ってもらうのである。それが，風呂の言う高等な戦略の中味とも言えるだろう。

　以上のような，マーケティング・チャネルにおける寡占的メーカーと商業との対立をふまえたうえで，さらにここでわれわれが注目したいのは，寡占的メーカーと大規模小売業の提携に見られる卸売機能である。具体的には，洗剤などの寡占的メーカーである花王の販社の設立などについてである。これらの動きは後で詳しく見るが，やはりこれはメーカーである花王の卸売機能強化とも言える。それが，花王などのマーケティングの流通経路政策の要となっている。つまりは，なぜ寡占的企業である花王などが，流通に進出し卸売機能を高めるのか。そのことをさらに考えてみよう。

　まず言えるのは大型家電量販店が家電メーカーと販売における提携を結んだとしても，先に示した需給調整機能などの卸売機能そのものは排除できないのである。その機能は誰かが担わなければ流通や販売に支障をきたす。さらに戦略的に言えば，それらの卸売機能をどう自社に有利に取り込むかが企業経営上においてもマーケティング戦略においても重要になるということであろう。やはり，卸売機能の中核たる需給調整機能を現代的なマーケティング戦略の次元で考えることが重要であると思われる。

3　マーケティング戦略と卸売の需給調整機能の変容

1　卸売機能の変容

　今日における寡占的メーカーと大規模小売業の関係は，情報通信技術の高度化と相まって様々に変容している。例えばよく知られている，国際的な日用品メーカーのP&Gと国際的流通業であるウォルマートによる提携を取り上げよう。**ウォルマート**の例は，まさに製販同盟である。このような動きは，小売業

ウォルマート：アメリカのアーカンソー州に本部を置く世界最大の売り上げを誇るスーパーチェーンであり，メキシコ，イギリス，カナダ，中国，日本など国際的に出店を展開している。

図5-5 ウォルマートの情報戦略のイメージ

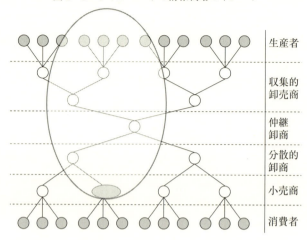

とメーカーの間にある卸売機能が変容していることが窺い知ることができよう。そこではいわば卸売商業が挟み撃ちにあっている。

 その卸売機能の変容について，ウォルマートの需給調整戦略を歴史的に見ることから始めよう。なお，卸売商業を検討する本章においてなぜ小売業であるウォルマートに注目するのかあらためて述べておきたい。それは，ウォルマートという大規模小売商業が，情報通信技術を駆使し，後方統合と言うべき卸売機能を取り込み，より小売機能を高度化しているからである。

 そのことを図式的に言えば，先の図5-4を思い出してもらいたい。そして，ウォルマートの後方統合戦略は図5-5のようにイメージできよう。下記の小売商部分の網つきの楕円がウォルマートであるとすれば，さらに太線で囲まれた円形に囲まれた部分が，ウォルマートの後方統合のための情報戦略を示していると言える。

 上記の図5-5を念頭に，ウォルマートの今日までの情報戦略を歴史的にまず概観してみたい。

 なによりも，流通業界において注目を浴びたのが，ウォルマートが1983年に2400万ドルを出資して，通信衛星を自前で打ち上げるという大胆な投資を行ったことである。現在でも膨大な情報量を処理するシステムを持ち，その規

模はアメリカ国防省の情報システムにも匹敵するとも言われている。1987年には日用品のグローバル企業であるP&Gと「製販同盟」を結ぶ。これは、ウォルマートの店舗における売れ行き情報をメーカーであるP&Gと共有することなどにより、より適切な商品仕入を行うためのものであり、いわば卸売機能の需給調整機能を戦略的に高度化するものと言える。この両社の「製販同盟」は様々な影響を他社の流通戦略に与えた。そして、さらに、この情報システムを発展させ1991年にはリテール・リンク（データウェアハウス）構築に着手する。

　このリテール・リンクは、注目すべき小売業のICT戦略である。これは、メーカーなどの取引業者（サプライヤー）に在庫と販売量の情報などを提供するシステムである。サプライヤーは競争相手がウォルマートに納入している製品の価格については、見られないにしても在庫や売れ行きなどの情報は見ることができるのである。もちろん、ウォルマートからサプライヤーとして認められなければならない。その認定されたサプライヤーに対しては商品の仕入情報をオープンにする。つまり、このリテール・リンクの範囲は、先の図5-5から言えば、ウォルマートを核とした円の範囲内にある生産者や収集卸商を含むものと言える。したがって、幅広く生産者や卸売商業をネットワークとして結びつけ、ウォルマートの需給調整システムに参加させる仕組みと言える。そこには、当然サプライヤー間で納入競争をはじめとして様々な競争が生じ、結果として需給調整が迅速化される。つまりは、この「リテール・リンク」は消費需要と生産量をより同期化するシステムであると言える。

　そして、その「リテール・リンク」のシステムを1998年にはウェブベースで使用できるようにした。したがって、その年にはそのシステムに1万社のサプライヤーが参加し直接的に多くのサプライヤーのアクセスがより容易になった。しかも、そのシステムは戦略的にも発展している。例えば、「どの店でどのような商品がどれだけ売れたか」という情報を過去2年間にわたって「リテール・リンク」に参加している業者は情報を知ることができるし、共有するのである。さらに、ある製品のカテゴリーでウォルマートに最も利益をもたらすサプライヤーは、自社のデータだけではなくウォルマートにある同じ商品部門

の競争相手についての情報も提供を受けることができるという。さらに，その情報システムでウォルマートに買い物に来る消費者の買い物かごの中身まで分析する，戦略的ないわゆる「マーケット・バスケット分析」を行うまでになっている。

　また今日においては，ウォルマートは国際的な出店展開とともにこの「リテール・リンク」を国際的な規模で拡大している。やはり，この「リテール・リンク」システムの基礎となったのは，P&Gとの先駆的な「製販同盟」であると言われている。いずれにしても，この「リテール・リンク」はウォルマートという小売業が卸売機能を取り込む後方統合の動きと言えよう。つまり，そこでは自立的な旧来の卸売商業の需給調整機能分野に大規模小売業であるウォルマートが進出していると考えることができる。

　次に，ウォルマートの後方統合の逆と言うべき日本の花王の戦略を見てみたい。つまり，メーカーが卸売機能を取り込む，前方統合という例である。それは，日本最大の日用品メーカーである花王の販社戦略である。

　花王は1890年に石鹸を発売して以来，様々な日用品を市場に送り出している。その商品は多岐にわたっている。化粧品，飲料品，洗剤などの分野でそれぞれに多様な製品を販売していることで知られている。一般的に，その製品の種類の多さからなる日用品販売は消費財特有の性格からも，先に見たように「長い」流通経路で消費者に売られる。したがって，花王にあってはその「長い」流通経路をどう管理・支配するかは，マーケティングにおいて重要な戦略的課題になる。つまり，長い流通経路はそこに介在する卸売商業などの流通業者の多さから見ても，その管理や支配には特有の難しさが存在すると言える。衣料用洗剤，食器用洗剤，住宅用洗剤，石鹸，シャンプー・リンス，化粧品，健康食品，介護用品など多様な商品を製造する花王にあっては，様々な消費者が小口・少量で多頻度に購入する商品である。まさに人的にも時間的にも場所的にも分散的に買われる日用品であり，そのような商品は一般的に流通経路が長くなる傾向を示すことは言うまでもない。

　つまり，花王は自社製品の流通経路を管理や支配するには，多くの難題を持っていると言える。そこで，メーカーとしての花王はまず卸売機能を遂行す

る販売会社（花王製品専門販売会社）を前方統合的に 1966 年に設立したのである。その花王の販売会社は販社と呼ばれ当初は地域の日用雑貨を取り扱う卸売商業などと共同で出資して徐々に増え，一時は全国に 140 社も数えたという。そして 1990 年代前半においては合併などを通して全国をブロック別に分け 8 社の販社に集約された。そのブロック別販社体制も 1999 年 4 月には「花王販売」という全国をカバーする 1 社に統合される。しかしその統合においても，北海道支社，東北支社，東京本店，北関東・甲信越支社，中部支社，近畿支社，中国四国支社，九州支社という支社体制を作り，地域に密着した国内の卸売活動を続ける。つまり，花王というメーカーが自己の商品のための卸売機能を統一的にするため設立したのが，「花王販売」という会社である。

　トヨタ自動車などのディーラーはいわば卸売商業と小売商業を兼ねていると言える。しかしながら，この「花王販売」は卸売商業の機能を果たすとはいえ，小売商業機能は直接的には持っていない。なぜ，花王が直接的に小売店を持たないかは，販売する財の性質にも関連していると言える。洗剤などの日用品はまさに多種多様な製品の種類があるうえに，消費者は多頻度かつ小口で購入する。したがって，もしトヨタ自動車のような自社の製品だけしか売らない商店を花王も設立するとすれば，日本全国津々浦々にコンビニエンスストアに匹敵するような店舗数を配置しなければならないであろう。その資本投下や運営コストは莫大なものになろう。しかも，花王製品だけ売っている日用品の小売店が顧客を吸引する力は，他社の商品も品揃えしている小売店に比較して一般的に劣らざるをえない。

　花王のような多様な日用品のメーカーが流通経路を小売店まで構築するのはやはり経済的にも経営的にも困難であろう。したがって，メーカーである花王が流通経路の下流に乗り出すのは現実的には卸売機能を果たす販社までが限界だと言えよう。とはいえ，花王が販社によって，取引のある小売商業と直接的に接する機会が多くなることは言うまでもない。それを通して，小売店での需要動向などを知ることができるし，小売店へのサポートを的確に迅速に行うとともに，小売店への圧力をかけることもできる。

②　マーケティング戦略としての「ミニチュア市場」

　メーカーの卸売部門への前方統合的な進出の例として花王の戦略と，さらにはウォルマートの卸売部門への後方統合的な戦略を典型的な2つの実例として見た。いわば本来の自立的な卸売商業が上流と下流から挟み撃ちにあっていると言える。それらの現実の把握も重要なものであるが，ここでわれわれがやはり注目すべきは，メーカーも小売商業もなぜこうも懸命に卸売機能を果たそうとするかである。あらためてその点を最後に考えてみたい。

　やはり，商品を販売する企業にとって，どう需給を調整するかという課題から逃れることはできない。したがって，迅速にその卸売機能における需給調整ができる仕組み作りが大きな戦略的課題となっている。

　先に見たように，商業の「売買集中」によって流通費用は社会的に節減された。それは，まさに生産者と消費者の間に介在することにより，生産者は買い手を，消費者は売り手を，直接に探す場合と比較して，容易に販売と購買が行われることを示した。田村正紀は，その商業の持つ需給調整機能により「交渉の効率化」が進み，さらには取引条件の交渉を円滑に行える機会が生まれることに注目している。そしてこのことから，「ミニチュア市場としての商業者」を論じている。

　田村はまず，取引が円滑に行く機会を生むことについて次のように述べている。

　「この機会は，まず第一に，商業者が一種のミニチュア市場として機能することに基づいている。この機能は，商業者がその周囲市場の供給状態と需給状態の情報を，内部組織的に整合できることから生じる。商業者はそれ自身が組織的に内部化されたミニチュア市場である。このミニチュア市場では，外部市場の諸条件がイメージとして投影されている」（田村正紀〔2001〕『流通原理』千倉書房，84頁）。

　ここでの，商業者を卸売商業と置き換えてもよいと思う。さらに言えば，そのミニチュア市場の軸となるのが仲継卸売商業と言えよう。つまり，仲継卸売商業は，需要の状態をふまえ販売の可能性に関する情報を知ることのできる立場であるとともに，一方では生産側の供給情報も知りえる立場でもある。した

がって，この仲継卸売という調整地点において小売価格などその商品の全体に影響を与える価格が形成される可能性が大きいのである。つまり，仲継卸売は，生産者側の販売と分散的卸売商業の購買の接点にあり，販売側からの要請と購買側からの要請からなる2つの役割を調整的に同時に担っている。

そこで田村は，下記のように述べている。

「この二重の役割を持つことによって，商業者それ自体が，縮約され内部化され一種のミニチュア市場になる。この意味で商業者は，その組織内部に擬似的なミクロ競争市場を創造している。商業者の生産者への購買価格と消費者への販売価格は，商業者の商業粗利益の獲得だけではなく，このミニチュア市場での需給を整合させる価格になる傾向がある。このように，商業者の仲介は，擬似的なミニチュア市場を内部組織的に形成する。これによって価格形成を行い，生産者と消費者の価格探索を，直接取引の場合よりもはるかに円滑にし，両者の取引費用の節減に貢献するのである」（田村，前掲書，84-85頁）。

このミニチュア市場論の視点から先の花王とウォルマートの戦略をとらえ直すと興味深い。

つまり，花王もウォルマートも戦略的に「ミニチュア市場」を作っていると言える。「市場」というものは，一般的には個々の自立的な経済主体から形成される社会的なものであるが，花王やウォルマートの「ミニチュア市場」は私的な企業の内部に形成されるものであると言える。

ウォルマートの「リテール・リンク」は，より多くの企業が参加することによって，その需給調整は高度のものになる。つまり，オープンな「リテール・リンク」はより社会的に開かれたものになる。そこでは，様々な，幅広い納入業者の状況や情報がウォルマートに集まる。一方，国際的に店舗展開しているウォルマートの小売店舗から得られる消費者の需要情報と突き合わすことにより，迅速で価格の安い商品の仕入が可能になるなど，需給調整を戦略的に企業経営に組み込んでいると言える。先の引用で田村が「ミニチュア市場では，外部市場の諸条件がイメージとして投影されている」と述べている箇所があるが，ウォルマートは，イメージではなく，実際にウォルマートが内部的に作った「リテール・リンク」という「ミニチュア市場」にサプライヤー（納入業者）

を参加させている。そこに，ウォルマートの戦略としての卓越さがあると言えよう。つまり，ウォルマートは，社会的な「市場機能」を私的に取り込もうとしているのであろう。

　やはり，商品を販売しようとする企業はメーカーであれ流通業者であれ，田村が言うように，なにがしかの「ミニチュア市場」をイメージせざるをえない。さらに言えば，メーカーも卸売商業も小売商業もなにがしかの「擬似的な仲継卸売市場」をイメージするものだとも言えよう。つまり，現実的にもイメージとしても販売と購買の「突き合わせ」をどう調整するか。しかも，それを戦略的に行わなければならないということである。それは，その調整機能を持つことにより具体的にはその流通チャネルの価格決定力を持つことにもつながり，さらにはチャネル・リーダーの地位を得る可能性が大きくなる。したがって，その「仲継卸売機能」を持つ戦略を，花王は「販社」戦略により自社製品の価格安定と価格管理への戦略にも展開させていると言える。

4　マーケティング戦略における卸売機能の課題

　以上のように，卸売商業とマーケティングの関連を，卸売商業の持つ「需給調整機能」を中心に論じてきたが，最後にまとめと卸売商業のこれからの課題を述べておきたい。

　メーカーや小売商業が卸売機能を取り込むことができるのは，やはり巨大資本である寡占的な企業だからできるのである。その点は見逃してはならないであろう。しかも，それらの寡占的な企業の流通活動がひいては中小の企業に大きな影響を与えている。資本主義的市場体制においてこの寡占的企業の流通支配は続くであろう。現象的には，これまで見た花王やウォルマートなどと同様の動きが今日において様々に生じている。しかし，それらの動きを，これまで見た卸売の仲継機能（需給調整機能）の強化としてとらえることが可能であり，その視点から見ることによって，それらの動きも理論的に把握できよう。一般の消費者には，小売業と比較して卸売業の動向は見えにくい。しかし，流通における卸売機能の変化を需要と供給の調整拠点をめぐる覇権争いとして見るこ

第5章　マーケティング・チャネルと卸売商業の変容

とによって，流通やマーケティングの見えない部分が明らかになろう。つまり，その覇権を手に入れることはより利潤を得ることにほかならないのである。その覇権を握るのはある流通経路ではメーカーであるかもしれない。いや卸売かもしれない。例えば，セブン-イレブンは小売業であっても，様々な納入業者に対して優位に立っていると言われる場合が多い。それは，まさにセブン-イレブンが，POSシステムなどを駆使して内部的に「調整拠点」を作り，その「覇権」を持っているからだと言える。その意味からも，セブン-イレブンは，小売業でありながら，卸売商業的な「ミニチュア市場」を戦略的に現実化している。この点にこそ今日においてセブン-イレブンがコンビニ業界で隆盛を保ち続けている大きな要因があると言えよう。

　結論的に言えば，「擬似的な仲継卸売機能」をどう組織作りに活かすか。つまり，イメージだけではなく現実的な仲継卸売機能を果たす仕組み作りである。そこにはICTなどを活用し，物流などのハード的なロジスティック戦略も伴う戦略となろう。それが，今日の企業の大きな流通戦略の1つであると言える。

　また確かに，情報化してゆくICT社会とあいまって，セブン-イレブンのPOSシステムやウォルマートなどの「リテール・リンク」に見られるような流通活動がよりICT的に高度化してゆくであろう。しかし，そこには戦略的に問題がないわけではない。その点を最後に考えてみたい。

　問題なのは，そのネットワークの社会的な「開放性」と「閉鎖性」である。それは，「リテール・リンク」などのBtoBネットワークの課題であろう。

　現代における経済主体の間の取引や調整の方法や制度としては①市場取引，②内部組織的取引，③ネットワーク的取引の3つに区分できよう。つまり，「リテール・リンク」などはまさに③のネットワーク的取引と言えよう。

　ネットワーク（連結性）の経済的機能を求めての行動は，それが組織間の提携ということを媒介項として含んでいるだけに，市場構造の効果としては，開

POSシステム：Point of salesの頭文字からなる略語。日本語では販売時点情報管理と訳している。これは，コンビニエンスストアなどのレジに具体的に見られる情報システムである。かっては，商品の棚卸などを，月末に店員が手作業で在庫の確認を帳簿などに付けて確認していた。今日では，販売しながら在庫，売上げなど様々な情報が把握できる情報システムのことを言う。

▶▶ *Column* ◀◀

延期と投機

　生産と販売を行う場合，どれくらいの生産をするか，さらにはどれくらいの仕入をするかを意思決定する場合，まさに需要と供給の状況の把握が必要であることは言うまでもありません。流通業で言えばどれくらいの在庫をどこにどう配置するかが課題となります。さらにメーカーにあってはどれくらいの生産量を生産するかそのタイミングが経営的にも重要になります。この問題に対して，アメリカのマーケティング学者オルダースンが延期と投機という概念を打ち出しました。

　延期というのは，それらの生産量や販売量をより消費者の購買時点に近い時点で決定する場合を言い，投機は逆によりその消費者の購買時点から遠い時点で生産量などを見込みで決定する場合を言います。このことを説明する具体的な例としてある研究者が分かりやすい例として挙げるのが寿司です。つまり，寿司屋などで昔ながらに客がカウンターに座ってその都度注文して，それを受けて板前さんが作るのは延期的であり，コンビニなどにある寿司弁当は投機的であると言えます。その中間がいわゆる回転寿司です。その３つの形態はそれぞれの特徴を生かした生産と流通と言えます。

放性を強める面と閉鎖性を強める面の両方の要因を生みながら，ダイナミズムを生んでいる，と言える（宮沢健一〔1988〕『業際化と情報化』有斐閣，72-81頁）。

　「リテール・リンク」などのように幅広くサプライヤーに対しオープンに参加を求めることより，情報を「共有」するメリットを高めることができる。しかし，参加企業の中でもライバル的な企業へは，ウォルマートとの詳細な取引情報を知られたくないであろう。また，先に述べたように優秀なサプライヤーには高度な情報をウォルマートは提供している。そこには，そのサプライヤーとウォルマートとの間だけの情報の「占有」が生じる。その「占有」には究極的には「企業秘密」や「営業秘密」という資本主義経済を支える原理にまでかかわる問題を含んでいる。

　中でも注目すべきは小売業の世界的なネットワーク化である。小売業とサプライヤー向けの電子商取引（B to B）のグローバルなネットワークが形成されている。その１つが米国のシアーズ，ローバックなどを中心としたGNX（グ

ローバル・ネット・エクスチェンジ）という世界的な取引ネットワークがある。これらの動きも「共有」と「占有」という問題点を，同様に抱えていると言える。

　生産側の幅広い供給情報と消費者側の幅広い需要情報を突き合わせて需給調整を行う卸売機能は，そこでの「幅広さ」がその機能を高める要点となる。だが，幅広く収集することはもちろんコストがかかるし，それはまさに非営利的な社会的な要素を多く含まざるをえない。つまり，社会的な供給情報と需要情報をいかに私的で営利的な情報として「占有」して利潤につなげるか。それが今日の卸売機能における需給整合の要点であり課題でもあろう。さらには，それぞれの国々の消費文化などの違いなどで様々な社会的問題が生じるとともに，多様な生活文化が画一的になる傾向が強まる恐れもある。

[推薦図書]
大阪市立大学商学部編（2002）『ビジネス・エッセンシャルズ〈5〉流通』有斐閣
　　本章で展開した商業理論の「売買集中」の原理などがより体系的かつ現実的に論じられており，今日の流通とマーケティングの関係を考えるうえで必読の書と言える。
阿部真也（2009）『流通情報革命──リアルとバーチャルの多元市場』ミネルヴァ書房
　　流通機構の発展過程と情報通信技術の発達が理論的かつ体系的に論じられている。特にネットによる商取引の問題点と意義が世界的な視野から論じられている。
渡辺達郎ほか著（2008）『流通論をつかむ』有斐閣
　　近年の流通の動向と現実的な街作りや環境問題なども射程に入れて，これからの流通を展望している。
江上哲（2013）『ブランド戦略から学ぶマーケティング』ミネルヴァ書房
　　トヨタ自動車などの販売チャネルの特徴などをブランド戦略や日本的消費社会の問題とともに論じている。

[設　問]
1．本章で示した商業の3つの機能をより現実的に考えてみましょう。例えば，コンビニエンスストアのPOSシステムや大型ショッピングセンターなどをより商

業理論的に位置づけてみましょう。

2．地方自治体のホームページにある卸売商業や小売商業のデータから，各都市の商業の現実的な数値を比較し，自分の住む地域の流通機能の特徴を身近な例で実証的に知ってみましょう。比較項目は W/R（卸売商業売上と小売商業売上），人的販売効率，店舗密度などが分析できます。

（江上　哲）

第6章

総合商社のグローバル戦略
——資源ブーム終焉の衝撃——

　総合商社は 21 世紀に入って以来，歴史的な好業績を謳歌してきましたが，資源ブームの終焉とともに一転して赤字決算が続出し，曲がり角を迎えています。「商社夏の時代」において資源ビジネスが主要な収益源であったということは広く知られていますが，最近の局面は総合商社がたどり着いたビジネスモデルに対して根本的見直しを迫るものなのでしょうか。この章では「21 世紀型総合商社」の成果と課題を歴史的な視座から考えます。

1　「夏の終わり」

　総合商社は 21 世紀において好調な業績を挙げてきた。三菱商事を例にとれば，その連結純利益は 1980～99 年度は平均 367 億円であったが，2000～13 年度は平均 2953 億円へと跳ね上がり，06 年度以降はたびたび 4000 億円を超えた。世界経済を収縮させ，名だたる有力企業を赤字決算に追い込んだ**リーマンショック**の際にも，第 5 位の丸紅でさえ 1000 億円近い連結純利益を確保した（いずれもアメリカ会計基準）。ところが 14 年度には住友商事が 732 億円の連結純損失（国際会計基準）を出した。次いで 15 年度には三菱商事・三井物産が 60 年代末に連結決算を発表し始めて以来初の最終赤字に沈み，上位 2 社とは対照的に伊藤忠商事が初の業界第 1 位の座についた。

　総合商社の業績の下振れは資源価格下落という外部環境の急激な変化を直接の原因としている。しかし，同じ環境下で好業績を挙げている商社もあり，各社の業績はまだら模様である。この十数年において，総合商社各社はどのよう

リーマンショック：2008 年秋に起こった世界的金融危機のこと。アメリカの投資銀行リーマン・ブラザーズの経営破綻をきっかけに深刻化したことからこの名で呼ばれる。日本でも大幅な景気後退が生じた。

な経営戦略をとってきたか，企業間格差に注目しながら検討することが必要である。

2　総合商社とは何か

1　今日の総合商社

　総合商社は世界中で様々な事業を展開するグローバル企業である。この業態の創発後100年以上にわたって日本の巨大企業を主要顧客とし，これを起点または終点とする商品取引の仲介業務を中心に成長してきたが，近年では事業投資を中核に据えたビジネスモデルに転換してきている。このため「総合商社」を英訳する際に，単純な貿易・中間流通企業ではないという意味で，「general trading company」ではなく「sogo shosha」を使うことが多くなっている。かつては「6大／10大総合商社」が知られ，現在では三菱商事，三井物産，伊藤忠商事，丸紅，住友商事の上位5社，またはそれらに豊田通商と双日の下位2社を加えた7社が総合商社として広く認識されている*。

　　* 　銀行法，保険業法のような根拠法がないため，総合商社の公式の定義は存在しない。
　　　商社の業界団体である（一社）日本貿易会には「貿易商社」43社が正会員として加盟
　　　しているが，同会の正副会長は慣例的に上記7社から選出される（2015年3月現在）。

　従来，総合商社に対しては次のような特徴づけがなされてきた。すなわち，①取扱商品の総合性，②取引地域の総合性，③**取引形態**の総合性，④機能の総合性，⑤取引規模の巨大性，⑥国内外に多数の子会社・関連会社を持つ企業グループ，⑦取引仲介ビジネスを中心とする，⑧ビジネスの大半が日本発である，⑨**企業集団**の中核商社として集団内取引を媒介する，などである。田中彰（2012）『戦後日本の資源ビジネス』名古屋大学出版会（16頁）ではこれを「20

6大／10大総合商社：1970〜90年代に，三菱商事，三井物産，住友商事，丸紅，伊藤忠商事，日商岩井を「6大総合商社」，さらにニチメン，トーメン，兼松，安宅産業を加えて「10大総合商社」と呼び習わした。「10大総合商社」は77年に安宅産業が伊藤忠に吸収合併された後は「9大総合商社」となり，90年代末の業界再編により，2006年に現在の7社に集約された。
取引形態：国内取引，輸入取引，輸出取引，海外取引（外国内取引および外国間取引）の4種類。仕入と販売をセットでとらえ，国内／海外仕入と国内／海外販売の組み合わせによって区別する。

世紀型総合商社」と呼んだ。これらの諸特徴のうちには現在でも存続している
ものもあるが，近年のビジネスモデル進化をふまえて，体系的に定義しなおさ
れる必要がある。上記のうち①②④⑥⑦に関する変化点に即して言えば，今日
の「21世紀型総合商社」は以下のような特徴を持っている。

　①取扱商品・サービスの総合性

　かつては「ラーメンからミサイルまで」，近年では「ミネラルウォーターか
ら人工衛星まで」と称されるように，取扱商品の多様性の点で「専門商社」と
は一線を画す。多くの商社が「エネルギー」，「金属」，「化学品」，「機械」，「生
活産業」などの事業部門を持っている。またかつては取引仲介の付随業務で
あった情報，金融，保険などの機能が事業化され，事業部門として独立してい
る場合もある。

　②グローバルな事業展開

　総合商社は日本で最も多国籍化が進んだ企業群である。例えば三菱商事は約
90か国に200超の拠点を持つ（三菱商事・会社紹介パンフレット『総合商社の，
つぎへ』2015年3月）。住友商事の2012年度の**基礎収益**の地域別内訳は，国内
40％，先進国25％（欧州7％，大洋州1％，北米17％），新興国35％（中南米10
％，アジア16％，中国1％，その他8％）と，広範囲に分散している（住友商事・
個人投資家向け会社説明会資料，2014年3月。それでもなお国内事業の収益が4割
に達することは特筆されてよい）。かつては日本を起点または終点とする取引
（国内取引，輸入取引，輸出取引）が中心であったが，近年は海外取引（現地取引
および三国間取引）の比重が増えるとともに，世界各地で多彩な事業を展開し
ている。

企業集団：銀行・商社・重化学工業製造企業を中心とする多数の企業が資本関係や取引関係を通じて
　産業横断的に結びついたもの。三菱系，三井系，住友系，芙蓉系，三和系，第一勧銀系の6大企業
　集団がよく知られる。親・子関係型の「企業グループ」と異なり，特定の親会社が存在しないこと
　を特徴とする。
基礎収益：「基礎収益＝（売上総利益＋販売および一般管理費（貸倒引当金繰入額を除く）＋利息収支
　＋受取配当金）×（1－税率）＋持分法による投資利益」。総合商社が本業での稼ぐ力を表すものと
　して重視している，商社業界独自の経営指標。

③機能の総合性

総合商社は時代とともに機能を多様化させてきた。一例として，日本貿易会は商取引機能，情報・調査機能，市場開拓機能，事業開発・経営機能，リスクマネジメント機能，ロジスティクス機能（物流），金融機能，オーガナイザー機能（大型プロジェクト）の8つを挙げている（日本貿易会ウェブサイト〔http://www.jftc.or.jp/shosha/function/index.html　2015年3月閲覧〕）。これらの諸機能は，中核的機能である商取引機能に付随し，それを補完・強化するものとして外延的に発展してきたものである*。当初は商取引の際の取引仲介手数料から費用を回収するものであったが，可能なものから順次事業化され，顧客から直接に機能の対価（報酬）を獲得するものが増えている。

* 商社機能論に関する先駆的研究である商社機能研究会編（1981）『新・総合商社論』東洋経済新報社は，取引機能，金融機能，情報機能を中核機能，資源開発機能，産業オルガナイズ機能，ソフトウェア・システム化機能を外延的機能とする見地を示している。

④巨大な企業グループ

総合商社が製造業・サービス産業を含む多数の子会社・関連会社を持つことは戦前期の「物産・商事」以来の特徴であったが，もともとそれらは本体の取引仲介業務を支援・補完する役割を担っていた。今日では，国内外の事業子会社・関連会社は連結子会社または持分法適用会社として直接に連結業績に貢献することを期待されている。なお，各地域・国における本体の分身として機能する統括分社のことをこの業界では「現地法人」と呼び，「事業会社」とは区別している。現在，三菱商事の連結対象会社は600を超え，本体の従業員数6000人弱に対して連結では7万人を超える（三菱商事，2015.3）。

⑤事業投資とトレードを両輪とする

近年の総合商社のビジネスモデル進化の核心は次の点にある。売上高ではなく利益（具体的には連結純利益）をKPI（重要業績評価指標）とし，そのための手段としてリスクをとった事業投資を国内外で展開する。事業投資は通常，子会社や持分法適用会社の形態をとり，したがって総合商社本体は巨大な企業グループの持株会社としての性格を持つ。

この面に着目すれば，総合商社のビジネスモデルは投資銀行やベンチャー

キャピタルなどの投資会社に接近していると言える。しかし決定的に異なるのは，総合商社は投資先の事業の経営に自ら参画するとともに，そこで商取引（トレード）をも展開することである。逆に言えば，トレードを通じてすでに熟知している事業を選んで投資をしている，あるいはトレードを維持することで投資先の事業内容を詳細に把握しようとする。

　事業投資とトレードを組み合わせるということ自体は高度成長期から見られた現象であるが，かつてはトレードからの利益（取引仲介手数料＝口銭）に主眼があったのに対して現在は事業収益が主目的になっており，また収益の規模は以前とは比較にならない。このことは，高度成長期とは比較にならないリスクをとることを意味し，したがって各社一様にリスクマネジメントのための機構を発達させている（後述）。

　「20世紀型総合商社」の特徴のうちその他の点の現状について以下に簡単に記しておこう。③取引形態という概念は取引仲介業務を前提としたものである。現在でも取引形態は総合的であるが，そのことをあえて論じる意義が小さくなっている。⑤取引規模（売上高）は現在でも巨大であるが，総合商社の規模の巨大性は売上高だけでなく，組織や収益なども含めて総合的に理解するべきである。⑧日本企業を介さない事業は近年とみに比重を増している。ただし，取引先が日本企業であろうが外国企業であろうがまったく無差別かと言えば現状ではそこまでは言えないようである。⑨企業集団との結合は，高度成長期において6大総合商社が取扱商品を総合化し，売上高を巨大化するうえで大きな役割を果たした。しかし，現在では特筆すべき重要性はおおむね消滅している（田中彰〔2013〕「六大企業集団の無機能化」『同志社商学』第64巻第5号）。

［2］　総合商社の収益モデルと組織革新

　田中隆之（2012）『総合商社の研究』東洋経済新報社は総合商社の収益の源泉を，Aコミッション（口銭＝取引仲介手数料），Bマージン（売買差益），C付加価値を高めた販売（工賃など），D金利収入，E配当収入，Fフィー（サービス手数料）の6パターンに整理している。積極的な事業投資と分社化の結果，本体の単体決算上はEの比重が高まっている。ただしそのことは総合商社の

「投資会社化」をただちに意味するわけではない。連結決算を見た場合，単体決算における配当収入は子会社にとってはE以外である場合が大きく，事業投資の成果はC〜Fの形態をとりうるからである*。田中は2010年度の総合商社5社の連結収益全体に占めるA（およびF）の割合を11%と試算し，それ以外の部分はEだけでなくB〜Dにもよると主張している。つまり，単なる事業投資会社ではなく，多様な製造業・サービス業にも進出している「総合事業運営・事業投資会社」（田中隆之，2012, 240頁）なのである。

> * この点は現在の総合商社のビジネスモデルを理解するうえで決定的に重要である。田中彰（2012, 104頁）はこの点の認識が不十分であり，連結決算の「受取配当金＋持分法投資損益」を事業投資収益としてとらえていた。

旺盛な事業投資を通じて利益を追求するビジネスモデルを確立するうえで決定的な意味を持ったのが，リスク資産マネジメントおよび事業ポートフォリオ・マネジメントという組織革新であった。

図6-1は総合商社5社の連結純利益の推移である。この約10年間，ひと昔前とは格段に異なる高利益を享受してきたことが一見して明らかである。1980年代以降90年代半ばまでは低収益の「商社冬の時代」，2000年代半ば以降は高収益の「商社夏の時代」である。14〜15年度にいたって連結純損失に陥る商社が続出していることについては後述するとして，ここでは2つの時期の間，1990年代半ばから2000年代初頭まで，複数の総合商社が巨額損失を頻発した「商社危機」の局面があった事実に注目したい。

19世紀後半以来，総合商社のKPIは売上高であった。特に高度成長期以降は後発総合商社の参入により激烈な売上高競争を展開した。その帰結はなりふりかまわない利幅の薄い取引の増大であり，収益性の低下であった。1980〜90年代の「商社冬の時代」脱却のために各社はいっせいに事業投資を強化したが，当初はそれに対応するリスク管理の手法が未確立であった。このため三菱商事・三井物産の最上位2社を除く商社は巨額損失を頻発し，伊藤忠・丸紅・住友商事の中位3社は復活したが，下位商社は経営破綻や合併によって再編された。これが1990年代の「商社危機」局面の本質である。

「商社夏の時代」はこのような危機後の組織革新を経て初めて実現した。そ

第6章　総合商社のグローバル戦略

図6-1　総合商社5社の連結純利益の推移

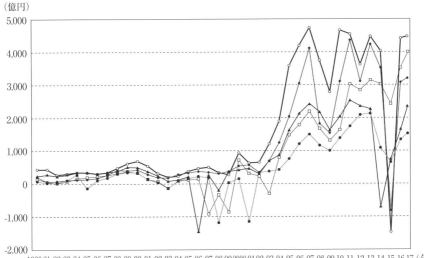

(注)　住友商事は2010年度以降，丸紅は13年度以降，他の3社は14年度以降国際会計基準。17年度は各社直近の見通し。
(出所)　ブレーントラスト社『大手商社の比較経営分析』各年版および各社決算報告資料により筆者作成。

の第1のポイントは，投資規模を期待収益と対比させた**リスク・リターン指標**に基づくリスク資産マネジメントである。すなわち，**リスク資産**の大きさに対して期待収益が一定基準よりも小さいならば投資を引き揚げ，逆に大きいなら追加投資をするというものである。

第2のポイントは経営組織を小規模な自律的ビジネスユニットに分割し，それぞれにミッションを与える事業ポートフォリオ・マネジメントである。ロー

リスク・リターン指標：リスク資産に対する期待収益の大きさを指標化したもの。具体的な定式も名称も各社各様であり，引き算式と割り算式とに大別される。2008年時点では三菱商事，三井物産，丸紅が引き算式，その他4社は割り算式である。
リスク資産：ここでは事業投資残高のこと。例えば商社がある外食チェーンを10億円で買収した時，その後の経営に成功して10億円以上に評価されることもあるが，逆に経営に失敗すると10億円を下回る価格で売却することになるかもしれない。資産の元本が保証されないという意味で，商社が投資した事業はリスク資産である。

リスク・ローリターンのものからハイリスク・ハイリターンのものまで多様な
ビジネスユニットからなる事業ポートフォリオによって，全体としてリスクを
分散するとともに，ビジネスユニットごとにリスク・リターン指標を含む業績
評価指標によって評価し，不断に資産の入替を行う。

3 今日の総合商社における資源ビジネスの位置づけ

1 資源価格の変動と総合商社の業績

　近年の総合商社の事業投資先として注目されているのが資源ビジネスである。
各社が出資する資源分野の連結対象事業会社の損益は取込損益として総合商社
の連結決算に組み込まれる。取込損益の性格は，その会社の事業の性格によっ
て異なることになる。

　資源ビジネスの投資案件を間接的に管理する再投資会社の場合には投資収益
（E）だが，実際に採掘・選鉱・製錬などを行う資源事業運営会社の場合には事
業収益（C）となる。事例を挙げると，三菱商事に最大の取込利益をもたらし
てきたオーストラリアの石炭事業投資子会社 MDP（Mitsubishi Development Pty
Ltd）は前者であり，同社のカナダ鉄鉱石事業会社 IOC（Iron Ore Company of
Canada）は後者である。

　このほか資源トレーディング会社がある。実需に基づかない商品市場での
ディーリングから生じる利益は基本的には投資収益（E）に分類されるが，リ
ピート的またはスポット的な実需取引に従事している場合にはコミッション
（A）またはマージン（B）となる。それらを兼営する場合もあり，判別は簡単
ではなくなる。三菱商事の例で言えば，ロンドン金属取引所（LME）のリング
メンバーであるイギリス子会社トライランド・メタルズ社（Triland Metals
Ltd.）は前者だが，金属資源トレーディングにかかわる本体の業務をスピンオ
フしたシンガポール子会社「RtM 本社」(Mitsubishi Corporation RtM International
Pte. Ltd.）は後者となる＊。

　　＊　三菱商事の「RtM 本社」が行うのは総合商社の本体業務そのものであり，本来の「事
　　　業投資」の事例ではない。

資源価格上昇局面では，資源事業運営会社は直接にその恩恵を受けて高収益を挙げ，資源事業投資会社には高い配当や取込利益をもたらす。資源取引が活発になればディーリング会社もおおむね高収益を挙げる。これらが取込利益の増大として総合商社の連結純利益に貢献する。しかし，資源価格下落局面では取込利益は縮小し，著しい場合は取込損失となる。事業そのものの評価が取得価格を下回れば**減損**として処理しなければならなくなる。

実際に資源価格の動向を見てみると（図6-2），2000年代半ば以降，全般的に歴史的な高水準であったことが確認できる。ただし商品ごとの違いもある。非鉱物資源（食料，木材・繊維・ゴム・皮革）よりも鉱物資源（エネルギー，金属）で価格高騰がより顕著であった。また鉱種別に見れば，2008年のリーマンショック前後で全般的に価格が落ち込んでいるものの，鉄鉱石・錫・銅などがそれ以後さらに高騰しているのに対して天然ガスやウランは沈静化または低迷している。ウラン価格の低下は福島第一原発事故後の「原発離れ」に伴う需要減少の，天然ガス価格の低迷はシェールガスブームによる供給過剰の結果であると考えられる。ここで注目すべきは，2011年前半をピークに多くの鉱種で価格が下落局面に移行していること，14年以降，価格下落に拍車がかかっていることである。今次の「資源ブーム」はひとまず終息に向かっていると言える。現在の資源価格下落をより長期的な循環の一コマとしてとらえようとするのが「**コモディティ・スーパーサイクル**」論である。

[2] **総合商社各社のセグメント別純損益の動向**

現在の総合商社業界では鉱物資源，すなわちエネルギーおよび金属資源を通常「資源分野」として取り扱っている。エネルギーについては三菱商事が古く

減損：資産の収益性が低下して投資額の回収が見込めなくなった場合の取得価格と将来キャッシュフローとの差額。減損が発生した場合は損失として計上すること（減損処理）が現在の一般的な会計原則となっている。

コモディティ・スーパーサイクル：国際商品の相場変動に見られる数十年周期の循環のこと。Jacks, David S.（2013），"From boom to bust," *NBER Working Paper*, #18874 によれば，2010年代は1910年代，50年代，70年代に続くスーパーサイクルのピーク（large commodity price booms）に当たる。「コモディティ」には食料・繊維など非鉱物資源も含むが，その変動は鉱物資源よりも緩やかであった（図6-2）。

図6-2 国際商品相場の変動

(注) 「食料」(PFANDB) は食料7品目・飲料3品目（ただし，1990年までは飲料3品目のみ PBEVE），「木材・繊維・ゴム・皮革」(PRAWM) は5品目，「金属」(PMETA) は銅・アルミ・鉄鉱石・錫・ニッケル・亜鉛・鉛・ウランの8品目，「エネルギー」(PNRG) は原油・天然ガス・石炭の3品目（ただし，1991年9月までは原油3市場の単純平均 POILAPSP）。
(出所) IMF, *Primary Commodity Prices* より筆者作成。

から燃料部門を持っていたが，多くの商社では独立した事業部門となったのは比較的最近である。金属については，高度成長期には多くの商社で鉄鋼部門と非鉄金属部門に組織され，それぞれ原料（＝資源）と製品とを一括していたが，1990年代に主に製品部門の縮小によって「金属部門」へと統合されていった。2010年代に業界内で「資源・非資源」という事業分野の区分が重視されるようになったことを反映して，金属部門全体の業績から鉄鋼製品を除いた「金属資源」の内訳を公表するようになってきた*。

* ただし，鉄鋼製品を除いたとしても非鉄金属製品は依然として金属部門に含まれている。またエネルギー部門にはガソリンのような石油製品が含まれている。このように製品と資源とが厳密に区分されているわけではないことに注意を要する。なお，上位5社のうちでも住友商事ではエネルギー・金属資源と化学品が「資源・化学品部門」に一括されており，他社との比較が困難である。

第6章　総合商社のグローバル戦略

表6-1に総合商社5社のセグメント別連結純損益の近年の動向を一覧する。

三菱商事・三井物産の2社は1990年代の「商社危機」の時期を含めて2014年度まで過去に一度も赤字決算を経験せず，業界をリードしてきた。両社は5社のうちでも資源分野の収益がひときわ大きい。なお，三菱商事は非資源分野収益においても5社中最大規模であり，総合的な強さを持つのに対して，三井物産は非資源分野収益が5社中で圧倒的に小さく，エネルギーと金属資源に極端に依存していたことが分かる。

これに対して伊藤忠商事・丸紅・住友商事の中位3社は資源分野よりも非資源分野の収益が大きいことを基調としていた。特に伊藤忠は非資源分野で三菱商事を凌駕するにいたったことが最近の躍進につながっている。三菱商事の非資源分野が機械・生活産業を中心にしているのに対して，伊藤忠は機械よりも生活産業（食料および繊維）に強みを持つことが大きな特徴である。

資源価格が下落局面に入った2011年以後の数年間にわたって総合商社各社の純利益は，乱高下と企業間格差を伴いつつ総じて高水準を維持していた。しかし14年度に潮目が変わる。

まず住友商事が2014年度に3100億円の減損を計上した。その内訳は，アメリカタイトオイル開発プロジェクト1992億円，ブラジル鉄鉱石事業623億円，アメリカシェールガス事業311億円，豪州石炭事業244億円，などとなっている（住友商事アニュアルレポート2015年版）。続いて15年度，三井物産はチリ銅事業1180億円，豪州LNG事業403億円，ブラジル資源事業会社ヴァレパール社（Valepar S.A.）331億円など合計2844億円の減損損失を計上（三井物産決算説明資料，2016年5月11日），三菱商事がチリ銅事業2710億円，豪州LNG事業400億円，豪州鉄鉱石290億円など合計4260億円もの巨額減損を計上した（三菱商事決算説明資料，2016年5月10日）。3社以外でも14年度以降，資源分野を中心に減損処理が相次いでいるが，21世紀の総合商社の収益モデルをリードしてきた最上位2社が最終赤字に転落した事実は衝撃的であった。

半面，総合商社「中位」に位置していた伊藤忠商事が2011年度に住友商事を抜いて第3位に浮上し，その後も業績好調を維持して15年度に初めて総合商社業界第1位となった。その対照性を解明するヒントは各社が行ってきた投

表6-1　総合商社5社のセグメント別連結純損益　（単位：億円）

三菱商事	当期純損益	資源	非資源	資源比率(%)	エネルギー事業	金属(資源分野)	金属(非資源分野)	機械	化学品	生活産業	その他	全社・消去等
2011*	4,538	2,927	1,631	64.2	1,206	1,721		545	371	566	149	-20
2012	3,600	1,701	1,943	46.7	1,424	277	92	556	226	675	394	-44
2013*	4,448	1,716	2,590	39.9	1,479	237	175	871	328	683	533	142
2013	3,614	1,154	2,368	32.8	1,186	-32	112	988	217	592	459	92
2014	4,006	854	3,145	21.4	823	31	108	913	314	1,205	605	7
2015	-1,494	-3,686	2,371	280.3	-98	-3,588	-19	622	305	735	728	-179

三井物産	当期純損益	資源	非資源	資源比率(%)	エネルギー	金属(鉄鋼製品除く)	鉄鋼製品	機械・インフラ	化学品	生活産業	次世代・機能推進	海外	全社・消去等
2011*	4,345	3,894	211	94.9	1,881	2,013	95	177	91	155	-307	668	-428
2012*	3,079	2,561	294	89.7	1,646	915	-38	170	-15	130	47	390	-166
2013*	4,222	2,926	846	77.6	1,970	956	181	266	158	192	49	538	-88
2013	3,501	3,040	595	83.6	1,893	1,147	217	173	145	177	-117		-134
2014	3,065	2,101	883	70.4	1,202	899	92	520	156	8	107		114
2015	-834	-1,573	733	187.3	-30	-1,543	19	237	438	-131	170		6

伊藤忠商事	当期純利益	資源	非資源	資源比率(%)	エネルギー	金属(資源)	金属(非資源)	機械	化学品	食料+繊維	住生活・情報	全社・消去等
2011*	3,005	1,622	1,466	52.5	201	1,421		231	177	682	376	-83
2012*	2,803	755	1,912	28.3	58	697	128	321	173	769	521	136
2013*	3,103	536	2,469	17.8	22	514	227	434	145	900	763	98
2013	2,453	235	2,076	10.2	-5	240	205	359	126	748	638	142
2014	3,006	-236	3,172	-8.0	-149	-87	199	546	173	1,464	790	70
2015	2,404	18	1,993	0.9	367	-349	182	484	187	400	740	392

丸紅	当期純利益	資源	非資源	資源比率(%)	エネルギー	金属(鉄鋼製品除く)	鉄鋼製品	機械グループ	化学品	食料	生活産業グループ	海外	全社・消去等
2011*	1,721	810	789	50.7	409	401	92	418	75	140	64	161	-39
2012*	2,057	565	1,185	32.3	279	286	157	574	68	171	215	198	109
2012	1,301	125	1,015	11.0	45	80	118	485	52	178	182	129	32
2013	2,109	400	1,252	24.2	365	35	168	608	64	183	229	253	204
2014	1,056	-421	1,049	-67.0	-173	-248	127	479	45	111	287	296	132
2015	623	-1,509	1,839	-457.3	-851	-658	69	902	310	269	289		-296

住友商事	当期純損益	資源	非資源	資源比率(%)	資源・化学品	金属	輸送機・建機	メディア・生活関連	環境・インフラ	海外	全社・消去等
2011	2,507	908	1,177	43.5	908	153	405	511	108	489	-67
2012	2,325	469	1,413	24.9	469	152	448	689	124	485	-42
2013	2,231	236	1,488	13.7	236	266	476	555	191	413	93
2014	-732	-1,910	1,531	504.0	-1,910	325	406	571	229	-227	-126
2015	745	-1,516	1,758	-626.4	-1,516	120	734	648	256	211	292

（注）　セグメントは各社直近の分類を基本とする。組織変更や集計方針の変更があった年度を横線で示している。三菱商事と伊藤忠商事の2011年度の金属資源には鉄鋼製品を含む。住友商事では金属資源は「金属」ではなく「資源・化学品」に属する。年度欄の「＊」は米国会計基準、それ以外は国際会計基準。
（出所）　各社アニュアルレポートおよび決算発表資料より筆者作成。入手可能なデータからの推計を一部に含む。

第6章　総合商社のグローバル戦略

資の内容にあるはずである。そこで，次の節では総合商社業界の「盟主交替」を演出した三菱商事と伊藤忠を取り上げて，両社の投資行動とパフォーマンスの違いについて検討することとする。

4　資源ブーム終焉後の事業ポートフォリオ・マネジメント：三菱商事と伊藤忠商事を中心に

1　投資計画・実績の比較

①三菱商事

　総合商社の投資計画は**中期経営計画**に示されている。三菱商事の「中期計画2012」は資源価格下落局面に入る前の2010年7月に発表された。そこでは10～12年度の3か年の投資計画として，全体で2.0～2.5兆円の新規投資を行い，そのうち半分程度の1.0～1.2兆円を金属・エネルギーの資源分野に当てることをうたっている。3年間の投資実績は全体で2.6兆円，資源分野に1.5兆円余とやや膨らんだ（**表6-2（a）**）。

　2013年5月に発表された「経営戦略2015」では，資産の入替を加速させること，具体的な金額は挙げず，新規投資規模は「中期計画2012」と同程度とすることを示した。また「2015」期間では投資分野の区分を資源・非資源の2つに整理するとともに，資産入替をふまえたネット投資を重視するようになった。「2012」計画時点では資産入替や減価償却は考慮外であったが，期間終了後の13年度決算説明時（14年5月）にこれらを考慮に入れたネット投資の3年間累計金額が1.6兆円であり，同期間の連結純利益総額1.3兆円より大きかったことを示し，進行中の中計期間には3か年のネット投資累計額（計画では0.5～1.0兆円）を連結純利益累計額（同1.1兆円以上）が上回ることを方針とした（**表6-2（b）**）。15年度末までの3か年累計新規投資は全体で2.45兆円，そのうち資源分野に0.83兆円の投資をしている。資源価格がすでに下落局面

中期経営計画：2～3か年を単位とする経営計画。総合商社業界では抜本的経営改革を目指して1986年に伊藤忠・三井物産・三菱商事の3社が策定して以来，通例となった。

147

表6-2　三菱商事の投資計画と実績

(a) 2010～12年度：「中期計画2012　継続的企業価値の創出に向けて」期間　　　　　　　（単位：億円）

セグメント等	投資計画 （3か年分）	投資実績				連結純利益 （3か年累計）
		2010年度	2011年度	2012年度	累計	
全社戦略地域	0.1～0.2兆円	－	(170)	(280)	(450)	n.a.
全社戦略分野	約0.3兆円	420	460	720	1,600	n.a.
金属資源・エネルギー資源	1.0～1.2兆円	1,650	9,300	4,250	15,200	7,883
その他	0.6～0.8兆円	1,630	3,600	4,330	9,560	n.a.
新規投資計	2.0～2.5兆円	3,700	13,360	9,300	26,360	12,783
減価償却・入替	（当初計画になし）				1.0兆円	
ネット投資	（当初計画になし）				1.6兆円	12,783

(b) 2013～15年度：「経営戦略2015　2020年を見据えて」期間

セグメント等		投資計画 （3か年分）	投資実績				連結純利益 （3か年累計）
			2013年度	2014年度	2015年度	累計	
新規投資	資　源		3,300	2,200	2,800	8,300	-1,794
	非資源		4,700	5,400	6,100	16,200	8,000
	合　計	2.0～2.5兆円	8,000	7,600	8,900	24,500	6,126
資産入替	資産売却		5,100	5,200	n.a.	n.a.	
	減価償却		1,700	2,000	n.a.	n.a.	
	合　計	1.5兆円	6,800	7,200	3,700	17,700	
ネット投資		0.5～1.0兆円	1,200	400	5,200	6,800	6,126

(注)　連結純利益は計画におよそ対応するセグメントの3か年累計額。
　　(a) 全社戦略地域は中国・インド・ブラジル（投資実績は分野別と重複），全社戦略分野はインフラ・地球規模。
　　(b)「資産売却」には売却に伴い発生した売却損益を含まない。2015年度の資産入替合計額は非公表につき，「売却及び回収」の額を代入した。
(出所)　三菱商事中期経営計画説明資料，決算説明資料より筆者作成。

に入っており，非資源分野の強化が業界共通の課題となっていたことを反映して，非資源分野には資源分野の2倍近い1.62兆円の新規投資をしている（三菱商事決算説明資料，2016年5月10日）。中計方針に対応する3か年のネット投資累計額は公表されていないが，新規投資の抑制と資産入替の進行により，「2012」期間よりも大幅にスリム化したと推定される。

②伊藤忠商事

　伊藤忠商事の中期経営計画は2か年を単位としている。2011～12年度を対象とする「Brand-new Deal 2012」が資源価格ピークアウト直前の11年5月

に発表されている。同計画では事業分野を 4 分類し，全体で 8000 億円，資源分野に約半分の 3500〜4500 億円の新規投資を行うとしていた。2 年間の新規投資実績は全体で 9700 億円，資源分野がちょうど半分の 4850 億円であった。なお当初計画では目標を示していないが，EXIT（＝資産売却）をふまえたネット投資の実績は 7300 億円であった（**表 6-3（a）**）。

2013 年 5 月に発表された「Brand-new Deal 2014」においてはネット投資の目標を 0.8 兆円と定め，新規投資額の上限は 1 兆円とした。また，投資事業分野は 3 区分に整理し，分野ごとの投資額は示さずに「非資源：資源＝2：1」と非資源分野重視の姿勢を鮮明にした。中期経営計画の副題は「非資源 No.1 商社を目指して」である。実績は新規投資が資源分野 2050 億円，非資源分野 6750 億円と当初計画以上に非資源分野に傾斜した。全社の新規投資累計は 8800 億円，EXIT と減価償却を加えたネット投資は 3900 億円である（**表 6-3（b）**）。

2015 年 5 月には 15〜17 年度の 3 か年を対象とする「Brand-new Deal 2017」が発表された。そこでは CITIC Limited（中国中信集団有限公司）への出資約 6000 億円を土台とする「**CITIC／CPG とのシナジー投資**」を大きな柱に挙げ，実質営業キャッシュフローに EXIT によるキャッシュインを加え，そこから CITIC を除く実質投資額を差し引いた実質的なフリーキャッシュフローが継続的に 1000 億円以上黒字化することを目標に掲げた。15 年度の決算発表によると，累計新規投資は資源分野約 500 億円，非資源分野約 1950 億円，および以上の既存セグメントと区別して CITIC に約 6000 億円，合計約 8450 億円である。ここから EXIT 約 2800 億円を差し引いたネット投資は約 5650 億円であり，同額の実質投資キャッシュフロー赤字となるが，決算発表では「CITIC を除く実質投資キャッシュフロー」が約 350 億円の黒字となることを強調している（伊藤忠商事決算説明資料，2016 年 5 月 6 日）。

③比較考察

両社とも 2012 年度末が中期経営計画の切り替え時期に当たっている。その

CITIC／CPG：CITIC Limited は中国政府主導で設立された，金融事業を中心とする中国最大のコングロマリット。CPG（Charoen Pokphand Group Company Limited）は農業・食料を中心に展開するタイ最大の財閥にしてアジア有数の大手コングロマリット。

表6-3 伊藤忠商事の投資計画と実績

(a) 2011～12年度：「Brand-new Deal 2012／稼ぐ！ 削る！ 防ぐ！」期間　　（単位：億円）

セグメント等	投資計画 （2か年分）	投資実績			連結純利益 （2か年累計）
		2011年度	2012年度	累　計	
資源エネルギー関連	3,500～4,500	3,800	1,050	4,850	2,377
生活消費関連	1,000～2,000	1,300	1,350	2,650	2,529
機械関連	1,000～2,000	700	800	1,500	552
化学品・建設他	500～1,500	400	300	700	350
新規投資計	8,000	6,200	3,500	9,700	5,808
EXIT	（当初計画になし）	−1,100	−1,300	−2,400	
ネット投資	（当初計画になし）	5,100	2,200	7,300	5,808

(b) 2013～14年度：「Brand-new Deal 2014／非資源No.1商社を目指して」期間

セグメント等	投資計画 （2か年分）	投資実績			連結純利益 （2か年累計）
		2013年度	2014年度	累　計	
生活消費関連	非資源:資源	2,150	3,100	5,250	3,640
基礎産業関連	＝2:1	700	800	1,500	1,608
資源関連		1,450	600	2,050	−1
新規投資計	10,000	4,300	4,500	8,800	5,459
EXIT	−2,000	−1,100	−800	−1,900	
ネット投資	8,000	3,200	3,700	6,900	
減価償却	（当初計画になし）	−1,700	−1,300	−3,000	
ネット投資＋減価償却	（当初計画になし）	1,500	2,400	3,900	5,459

(注)　連結純利益は計画におよそ対応するセグメントの2か年累計額。
(出所)　伊藤忠商事中期経営計画・決算説明資料より筆者作成。

前後で，①資産入替が強調されるようになり，グロス（新規投資）からネット（新規投資マイナス資産売却）へと投資計画の着目点が変わったこと，②投資分野として資源・非資源の対立的区分へと整理・大綱化し，非資源分野の強化を追求するようになったことは両社で共通している。しかし，実際の投資行動とその効果には大きな違いが現れた。

　以下では一定期間内の事業投資の効果を測定する指標としてグロスおよびネットのROI*を用いることにする。

　*　以下の試算で用いる連結純利益には過去の投資に対する利益が含まれているので，厳密にはROIを算出できない。資料制約のもとでの便宜的・一次的接近である。

グロスの ROI として新規投資に対する連結純利益の比率を算出すると，三菱商事全社では「2012」期間の 48% から「2015」期間に 25% へと低下。同社の資源分野は「2012」期間では 52% と全社平均よりわずかに高水準だが，「2015」期間はマイナスに転落した。伊藤忠商事全社では「2012」期間 60%，「2014」期間 62% と三菱商事よりも高位で安定している。資源分野については「2012」期間 49%，「2014」期間 0% と全社平均より落ちるが，かろうじて損失を回避している。

　分子の新規投資をネット投資に置きかえたネットの ROI は三菱商事全社で「2012」期間に 80%，「2015」期間は不明だが，38% 程度と推定され，低下している。伊藤忠全社では「2012」期間に 80%*，「2014」期間は 140% に及ぶ。ネット ROI の分母の面で，伊藤忠の資産売却（EXIT）が単年度で 1000〜2000 億円であるのに対して三菱商事は 5000 億円程度とかなり積極的であったが，やはり分子の面での巨額減損の有無が最終的な企業間格差となって現れたことになる。

＊　伊藤忠商事の定義ではネット投資に減価償却を加味していない。それを加味すれば，「2012」期間のネット ROI はさらに大きくなるはずである。

② 投資案件の事例

①三菱商事のチリ銅事業投資

　三菱商事の最大の減損要因となったチリ銅事業のケースを見てみよう。問題になっているのは 2011 年 11 月に英資源メジャー，アングロアメリカン社（Anglo American plc）から 53.9 億米ドルで取得した AAS 社（Anglo American Sur）株式 24.5% である（三菱商事，前掲プレスリリース）。11 年度の資源分野への投資 9300 億円の過半，「2012」期間の新規投資総額の 5 分の 1 程度がこの案件に充てられ，同期間の目玉投資プロジェクトであったことになる。当時，三菱商事の海外銅事業は同じチリにある世界最大の銅鉱山エスコンディーダ（持分

ROI（Return On Investment，**投資利益率**）：利益を投下資本で割った比率。企業全体，セグメント，個別プロジェクトなど様々な単位で投資の効率を評価する材料として用いられる。

8.25%）をはじめペルー，インドネシアにも展開しており，権益ベースの年間生産能力は全体で約 29 万トン，そのうち AAS は 11 万トンにすぎなかった（三菱商事決算説明資料，2012 年 2 月 1 日より算出）。それでもこのプロジェクトだけが減損を発生したのは，銅価格ピークに近い時期の投資であり，「高値づかみ」であったためである*。一番手商社である三菱商事は資源ブームのはるか以前，2015 年現在よりも資源価格が低かった時期に多くの資源権益を獲得しており，それらは現在においても収益を挙げ続けている。

　＊　「当時の銅価格は 1 ポンド 4 ドルだった。足元では 2 ドル程度まで下落しており，中長期見通しを 3 ドルに引き下げたため減損に追い込まれた」（『日本経済新聞　電子版』2016 年 3 月 28 日）。また，大竹剛（2016. 3. 31）「巨額減損の三菱・三井，市場関係者から不満──資源バブル下の『高値づかみ』は正当化されるか」日経ビジネスオンラインは，三菱商事のチリ銅事業への投資をめぐる経緯の詳細を伝えている。それによれば，AAS 株の取得価格は三井物産も絡んだ争奪戦によってつり上がり，当時から高すぎるとの指摘があった。三井物産の 15 年度のチリ銅事業減損も 12 年 8 月に三菱商事から譲渡された AAS 株の目減りによるものである。

②伊藤忠商事の CITIC プロジェクト

　資源ブーム終焉後の伊藤忠商事の投資戦略・グローバル戦略を特徴づけるのは中国 CITIC・タイ CPG との戦略的業務・資本提携である。同プロジェクトは伊藤忠・CITIC 間の包括戦略提携（2011 年 4 月）と伊藤忠・CPG 間の戦略的業務・資本提携（14 年 7 月）が合流し，15 年 1 月に 3 社間提携へと発展したものである。伊藤忠と CPG の折半出資による共同出資会社（CTB）が CITIC に約 20% の資本参加を行い，中国・アジア市場で幅広い分野でのシナジーを追求する（伊藤忠商事プレスリリース，2015 年 1 月 20 日など）。この枠組みに基づいて 6050 億円の CITIC 関連投資がなされた。CITIC Limited は 15 年 8 月に伊藤忠の持分法適用会社となり，伊藤忠は 15 年度第 3 四半期に 200 億円の関連収益（取込利益と CPG 貸付の金利収支など）を計上した。四半期ごとの期待利益は 150〜200 億円であるという（以上伊藤忠商事，アナリスト向け質疑応答要旨，2016 年 2 月 4 日実施）。

　CITIC プロジェクトは中華圏の膨大な人口に，日本企業としては前人未踏の深さでリーチしようとするものであり，大胆な経営戦略でたびたび業界関係者

を驚かせてきた伊藤忠商事らしいと言える。しかし，約6000億円という巨額の投資に対して，前述の期待収益ではROIは10〜13％程度にとどまり，決して効率がよいとは言えない。その成果はいまだ端緒的であり，今後の展開にゆだねられる部分が大きい。

5　暫定的な結論

資源ブームの終焉は「21世紀型総合商社」のビジネスモデルにどのようなインパクトをもたらした（もたらす）だろうか。局面転換は急激であり，検討の材料となるべき情報は十分ではない。本格的な検討は今後の課題とし，ここでは中長期的展望に立っていくつかのヒントを提供したい。

第1に，「21世紀型総合商社」の眼目は事業投資とトレードを両輪とする「総合事業運営・事業投資会社」なのであって，資源ビジネスはあくまでその1つの事業分野にすぎない。総合商社は資源企業ではない。総合商社のビジネスモデル進化の時期にたまたま資源ブームが重なったために有力な収益源となってきたのである。

第2に，実際に総合商社に巨額の収益をもたらしたのは資源ブーム入り以後の投資よりも，それ以前の投資である場合が大きい。三菱商事のブルネイLNGやオーストラリアの石炭事業，三井物産のオーストラリアの鉄鉱石・石炭事業など，両社の底堅い収益力を支えてきた投資案件は高度成長期にさかのぼる。資源価格が高騰し，乱高下するもとで，中長期的な権益保有の観点と短期的な収益性を両立した投資を行うことはもとより容易なことではなかったのである。

第3に，「21世紀型総合商社」の組織革新の原点はリスク資産マネジメントと事業ポートフォリオ・マネジメントにあり，それを根本的に放棄する必要はない。ただし，資源ビジネスは投資規模が概して大きく，巨額案件になればなるほどその投資判断は現場ビジネスユニットレベルよりも相応の上層レベルでなされることが多かったはずである。それだけに，通常の投資規律を逸脱した「トップの判断」になりがちであったと推察される。中下位商社の場合に，上位商社にキャッチアップするために無理筋の投資判断をしなかったか，上位商

▶▶ *Column* ◀◀

グレンコアと総合商社

2015 年 9 月，スイスに本社を置くグレンコア社（Glencore plc）の株価が 1 日で29％ も急落。日米欧の株価がつられて下落し，「グレンコア・ショック」と呼ばれました。同社は 1974 年に設立し，金属・エネルギー・食料などを取り扱う資源商社でしたが，87 年以降，採掘や製錬・加工に進出し，2013 年に同じくスイスに本社を置くエクストラータ社（Xstrata plc）を買収するにいたり，資源メジャーへと転換しました。ところが 14 年後半からの資源価格急落の局面で業績が急激に悪化したわけです。

世界に類を見ないと言われる日本の総合商社ですが，資源ビジネスに限定してみれば，トレーディングから出発して上流（開発・生産）部門へと進出する成長経路や資源価格下落局面での業績下振れの点でグレンコアとは類似性があり，今後の総合商社の進路を占ううえで参考になります。

急速な上流部門投資拡大に伴う事業リスクの増大という点では共通ですが，ここでは総合商社が同社と異なる点を 3 点挙げておきます。1 つ目は総合商社が非資源部門を持ち，資源部門と並ぶ柱にしようとしていること，2 つ目は資源部門での事業投資に当たっては鉱山などの経営権を握るマジョリティ出資を極力控え，「資源企業化」しないようにしていることです。これらの原則を守ることは現在のグレンコアのような資源メジャーと比較して総合商社の事業リスクを小さく限定し，また資源価格下落というシステミック・リスクをヘッジしうることを意味します。3 つ目は，事業内容の透明性です。多くの資源商社は株式非公開であり，経営内容の詳細が分かりません。グレンコアは 11 年に株式上場しましたが，トレーディングの内容はいまだ不透明であるため，ヘッジファンドなど投資家の疑心暗鬼を招いて売り浴びせられた側面があると言われます（『日本経済新聞 電子版』2015 年 11 月 17日）。総合商社の経営の透明性は同社よりもはるかに高いですが，今一度，教訓化しておきたい点です。

社の場合に，ある程度の減損が出ても資源ブーム以前に獲得した資産の収益力がカバーしうることに対して過信はなかったか。これらの点に関する検証とノウハウ蓄積を続けることによってのみ，総合商社の資源ビジネス，ひいては「21 世紀型総合商社」のビジネスモデルはより持続可能なものへと洗練されていくと思われる。

［追記］　本稿は 2016 年 7 月 20 日に最終版として脱稿したものである。校正の際に図の
　　　　データを更新したが，それ以外は必要最小限の修正にとどめた。

推薦図書

島田克美（1990）『商社商権論』東洋経済新報社
　　「商権」のメカニズムの分析によって，商社の行動原理の一般性と特殊性を明
　　らかにした「20 世紀型総合商社」原論。
**田中彰（2012）『戦後日本の資源ビジネス――原料調達システムと総合商社の比較
経営史』名古屋大学出版会**
　　資源調達システムの長期的国際比較とともに，資源ビジネスの性質変化を通じ
　　て総合商社の経営進化を論じる。
田中隆之（2012）『総合商社の研究――その源流，成立，展開』東洋経済新報社
　　歴史・現状・国際比較に関する学術研究の蓄積と現場の知識を総動員した総合
　　商社学入門書の決定版。

設　問

1．総合商社がウェブなどで紹介している海外事業を具体的に取り上げて，どんな
　企業とパートナーを組み，どんなビジネスを展開しているか調べましょう。
2．日本経済にとって，総合商社はどのような役割を果たしているでしょうか。

（田中　彰）

第7章

流通の変容と SCM の進展

　　今日の日本経済は長期的な低迷が終わりつつある中，とりわけ，企業間の
取引に関連して多くの変化が起きています。ここで取り上げる SCM は，効
率的な企業運営が叫ばれる中で注目されている経営管理の手法と言えます。
近年日本では，この SCM という経営手法によって企業間取引にとっては多
くの効果が期待できるとされてきました。しかし現実の経済，とりわけ流通
環境は，複雑，かつ多様な事情を抱え込んでいるため，一部の分野を除けば，
企業成果が現れていないと言えます。本章では，このような SCM が，どの
ような現象として起きているのかを考察し，SCM が今後，どう展望される
のかを考えたいと思います。

1　SCM とは

　　近年における先進主要国での金融政策の変更やデフレ経済の経過は，世界規
模での経済循環の障害として作用しつつある。こういった経済状況は，多くの
分野において，一企業単体での活動が必ずしも効率的な経営をなしえていない
状態を生み出し，企業同士のパートナーシップやコラボレーションが不可欠な
経営環境となっているのは周知のとおりである。

　　企業間取引を中心に考えるならば，既存の経営管理のあり方に対し，ローコ
スト経営や品質管理に重点が置かれる傾向にある。サプライチェーン・マネジ
メント（Supply Chain Management, 以下 SCM）は，流通にかかわる費用の削
減，リードタイムや在庫調整，さらには品質管理などを徹底するために企業同
士の取引の枠を超え，企業同士がサプライチェーンを構築，その最適化を目指
す経営手法である。すなわち，流通システム全体を「Win-Lose（勝つか負ける
か）の関係ではなく，**Win-Win（共存共栄）の関係**」（阿部真也〔2009〕『流通情

157

報革命——リアルとバーチャルの多元市場』ミネルヴァ書房，62頁）として構築していくことになる。

　しかしながら現状は，SCM に対する認識の違いがある中で，研究対象や研究分野における SCM の認識に格差があるうえ，自動車業界や家電業界，食品業界など，業界によっては商品種類や取扱品目の違い，原材料調達のグローバル化の程度の違い，さらには，企業同士の関係性の違いもあり，SCM のとらえ方さえ，一致していない。端的に言えば，「自動車」はメーカーが主導するグローバルな SCM であり，「家電」は一部ではあるが，「食品」のようにメーカーが主導する SCM から徐々に小売（販売）側が主導的役割を行使する SCMへとシフトしてきている。すなわち，多様な実態があることで SCM の仕組みも異なってくることになる。

　そのため本章では，日本における SCM が欧米主要国よりも定着が遅れている現状を認識しつつ，これまでどのような形成過程を経て，現代にいたったのか，そしてどのような課題があり，どう展望されるのかを，流通の変化という観点から考察する。

2　SCM の登場と進展

1　SCM のとらえ方とロジスティクス

　そもそも SCM のサプライチェーンとは，資材の調達から最終消費者までの「部品の調達・生産・販売・物流といった業務の流れを，一つの大きな '供給のチェーン（鎖）' としてとらえたもの」（藤野直明〔1999〕『サプライチェーン経営入門〔日経文庫〕』日本経済新聞社，16頁）である。つまり供給に携わる企業を連結することで，関連企業同士が鎖でつながれている状態を意味している。

Win-Win（共存共栄）の関係：ウィンウィン関係とは，2つの主体間で何らかの契約，あるいは取引関係（提携関係）にあるとき，相互の利潤や利得を考慮し，相互に利害が一致する関係を意味する言葉である。欧米ではよく使われる言葉であり，近年，日本においても使われるようになった。注意すべきは，主体間の利益が同等なのではなく，それぞれの主体の利得，または契約条件の一致などを包括的に意味する点にある。

周知のように，それらを可能にした要因の1つが「情報化の進展」であった。

　近年，情報通信技術（ICT＝Information and Communication Technology）の飛躍的な進歩が続き，われわれの生活は大きく変わり，企業のあり方も変化してきた。経営に関するすべての事項がデータとして蓄積される現代では，運営や管理の簡素化が飛躍的に進み，より膨大な情報を管理，選別，分析，そしてフィードバックできるようになった。SCMという経営手法は，このような情報通信技術の進歩がベースとなり，その影響を強く受けた結果，生じたものである。

　経済循環の主体として，メーカー，卸売業，そして小売業らは，互いが競争関係を展開する。とりわけ，日本においては大規模なメーカーらが販売価格や利益確保，およびその維持を行うために，卸売業や小売業を管理・統制下に置き，「流通系列化」を組織してきた経緯がある。それは多様な競争形態を維持しつつ，企業としての自己利潤追求の一環として，一方的な戦略の押しつけを行使してきたに過ぎないものであった。

　しかしながら，そのような企業間における関係性が近年，多くの部面で見直されるようになり，SCMが注目されるようになったのである。それは，それまでの「競争（対立）的」関係から，「協調（協力）的」関係へのシフトを前提にした企業間関係の変容を意味している。

　さて，サプライチェーンを管理する形態については様々な実態ゆえに一般化して示すことは不可能に近いのだが，Spekmanらの研究（1998）を参考に簡素に示せば図7-1のようになる。すなわち，SCMとは，原材料調達から最終顧客（小売業者または最終消費者）までのチャネル上の諸活動を，一気通貫的に管理・統制することであり，その際，サプライチェーンを「効率的に連結するのになくてはならない」（Bowersox D. J., Closs D. J. and Cooper M. B.〔2010〕*Supply chain logistics management*（*3rd ed*.），McGraw-Hill/Irwin, p.4）ものが，「ロジスティクス」（Logistics）となる。

　ロジスティクスの語源は軍事用語の「兵站（学・術）」から由来しており，原材料調達時点から消費地点までにわたる，商品およびサービスに関わる活動の効率的かつ効果的な流れを計画し，実施および管理するプロセスを意味して

図 7-1 SCM の略図

(出所) Spekman. R. E. Kamauff Jr. J. W. and Myhr. N. (1998) "An empirical investigation into supply chain management : A perspective on partnerships (research note)," in *International Journal of Physical Distribution & Logistics Management*, Vol.28 (8), p.632, Figure 1 を修正・加筆のうえ筆者作成。

いる。財の流れをコントロールする段階においては，「包装」，「荷役」，「輸送」，「保管」，「流通加工」などが必要となり，それらを統合，もしくは結合する概念となる。すなわち，それまで別々に活動していた物流管理を，円滑な物財の流れ，かつ効率的な流れとして管理する手法であり，配送コストの削減から**リードタイム**の短縮にいたる物流のトータルな管理形態を具体化したものである。

欧米では「ビジネス・ロジスティクス」などと表記される場合もあるのだが，それは戦時中に後方支援部隊が武器・弾薬・食料・衣服などを適時に適量を適切なタイミングで最前線にいる部隊へ供給するという兵站の考え方を，ビジネスの世界に適用させたからである。いまでも実際の軍事作戦上の配給システムはこの手法が多く用いられており，近年，このロジスティクスの手法がビジネス界で多分に活用されることで，多くの関連企業の物流戦略が見直されてきたのである。

ただし，それぞれの物流機能に対しては，自社で消化できる部分とそうでない部分が生じる。そのため，自社ではまかなえない，あるいはコストがかかりすぎると判断された部面に関しては，**3PL**（サード・パーティー・ロジスティク

リードタイム（Lead Time）：ある商品が生産され，流通フローを通って小売店頭に並ぶとすると，店頭での商品の発注から納品までの全体の時間を意味し，生産や在庫，そして配送の時間をも含めてとらえる概念である。あらゆる生産物を対象に，各メーカーから各小売業者にいたる一連の流れの中で，おもに物流機能の最適化として，リードタイムの短縮化が重要な課題となる。

ス）と呼ばれる物流・ロジスティクスの専門業者への外部委託によって，可能な限り，自社に負担のない効率的な物流を目指すこととなる。すでに欧米企業ではスタンダードなシステムとして定着しているこの 3 PL は，近年，日本においても多方面に導入されつつある。これらを基礎とし，メーカーをとりまく原材料供給業者から最終顧客までの一連の流れ（プロセス）をトータルに管理・統制するのが SCM となる。

2 SCM 登場の背景

　日本に SCM が導入されるようになったのは，およそ 1990 年代後半以降と言われているが，欧米ではそれよりも 10 年以上早い段階で導入がなされ，例えばイギリスにおいては，すでに 1980 年代後半からサプライチェーンの革新は始まっており（IGD〔1999〕*Retail Logistics*, IGD Business Publication, p.3），特に食品業界においては浸透している状況である。

　既述のように，SCM のベースとなるロジスティクスは，モノの流れを管理する意味を含み，物流機能の統合概念として登場したことを確認したが，ここでは Bowersox の研究（Bowersox, D. J.〔1992〕*Logistics Excellence*, Digital Press, pp.4-6）と Fernie の研究（Fernie, J.〔1997〕"Retail change and Retail Logistics in the United Kingdom : Past Trends and Future Prospects," in *The Service Industries Journal*, 17 (3), p.383）を参考に，SCM 登場の背景について検討する。それはおおよそ以下のような要因によるものであったと考えられる。

　①規制緩和の進展
　②情報処理の高速化
　③企業の合併による集中化と上位業者への集中化

---

3 PL（3 rd Party Logistics, サード・パーティー・ロジスティクス）：第 3 者物流などと称される。輸送や保管などの物流管理を荷主などの主体から一括して請け負う仕組みをいう。欧米では一般的に行われている手法であり，近年，日本やアジア諸国においても活発化している。3 PL 専門業者は，高度な情報機能のほか，物流施設や資金力を保有し，世界中の多くの拠点にてその活動をグローバルに広げつつある。

④グローバリゼーションの進展

⑤消費者の変化（多様化）

　①は，ロジスティクスが要請される最大の要件であるとされ，例えば，アメリカの場合，1980年代からあらゆる規制に対する緩和政策が検討され，海運，保険，郵便などの多くの事業分野の緩和策は具体化されなかったのだが，とりわけ，航空，トラック業などに対する改正に向けた努力が当時より続けられ，規制緩和に向かった（榊原胖夫・加藤一誠〔2011〕『アメリカ経済の歩み』文眞堂，129頁）。

　②は，情報の高速転送といった情報技術の高度化を意味する。とりわけ，バーコード管理の標準化が国際社会にもたらしてきた影響は，計り知れない。

　また③は，企業および経済構造の変化の結果として，企業が合併を経験して事業規模が拡大すると，企業構造の変化とそれに対応するための自社物流の的確性が従来以上に厳しく求められるようになったことを意味している。

　④は人件費などのコスト管理上の理由から海外生産が主要なものとなったことで，異なる多国間にわたっての製品供給や販売業務を効率的に支援することが必要になり，その意味において物流能力を最大限発揮することが求められてきたことが含まれている。

　最後の⑤は，購買行動が複雑，かつ多様になり，より個別化が進む消費者ニーズへの対応として，これまでの物流戦略についての見直しの必要性が高まったことで，より高度で効率的な物流戦略の手段としてロジスティクスが注目されるようになったことを意味している。

　ロジスティクス・マネジメントに関連して Christopher（1998）は，「マーケットと営業活動とを結びつけるものとして」（Christopher, M.〔1998〕*Logistics and Supply Chain Management : Strategies for Reducing Cost and Improving Service (second edition)*, Financial Times Pitman Publishing, London, p.13.／田中浩二監訳〔2000〕『ロジスティクス・マネジメント戦略　e-ビジネスのためのサプライチェーン構築手法』株式会社ピアソン・エデュケーション，11頁）ロジスティクスをとらえる必要があるとし，図7-2を示した。業務を行う範囲は原材料の購買作

第7章 流通の変容とSCMの進展

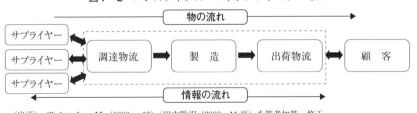

図7-2 ロジスティクス・マネジメント・プロセス

(出所) Christopher, M. (1998, p.13)／田中監訳（2000, 11頁）を筆者加筆・修正。

業から最終製品の配送までとなる。ロジスティクス管理をベースにSCMを構築していくことの重要性が認識されてきたことを意味するものであろう。

また，SCMに関してChristopher (1998) は当時，新しく登場した考えではあるがロジスティクス理論の延長上にあることを認識すべきであるとした。さらにロジスティクス管理は，主に企業組織内の流れを最適化することに関係しているが，SCMは組織内のみの内部的な統合だけでなく，そこには改めて企業間の全体的な統合が重要視される必要があるとしている（Christopher〔1998, p.16〕／田中監訳〔2000, 14頁〕）。

3 日本におけるSCM登場の背景

1960年代以降から高度経済成長を経験してきた日本は，欧米諸国とは異なる，継続的で安定的な経済成長を果たした。ところが流通環境は，景気の変動に左右されやすい特殊性ゆえに，多くの変化を経験しつつ，とりわけ，小売業においては激しい業態間競争が続いてきた。

日本における最初の近代的な小売業であった百貨店は，特に三越が長きにわたって小売業売上高トップに位置し，長く日本の経済を支えつつ，巨大組織として発展してきたのであったが，1972年，総合スーパーであったダイエーがトップの座に就くことになった（矢作敏行〔2006〕「チェーンストア——経営革新の連続的展開」石原武政・矢作敏行編著『日本の流通100年』有斐閣，238頁）。このことは，セルフサービス販売が定着したことを前提に，消費者自身の価格への意識が高まったことをあらわす結果であった。

また，翌年の1973年に生じたオイルショックの影響により，人々の買い物

に対する意識が大きく変化する中，流通環境も著しい変化が生じた。1980年代になるとそれまで好調であった食品スーパーマーケットの低迷とともに，コンビニエンスストア（以下，コンビニ）の急激な成長と拡大があった。消費社会がますます成熟するようになると，個別消費の拡大からスポーツメーカーの「アルペン」や釣り具の「上州屋」などの専門店も多様化した。各業界では，ますます商品の取扱量が増大していった時期でもあった。

1985年には日米貿易摩擦の延長上にあった「プラザ合意」を経ることにより，輸出産業の急激な落ち込みを経験することになる。流通に関連しては，先進主要国にはない特殊な「日本型流通システム」に対して，障壁と感じた欧米各国からの相次ぐ要請の中，政治的圧力もあって規制緩和がもたらされることになった。その後に生じたバブル経済は大きな転換を迎えるきっかけとなる。とりわけ，「日本型流通システムの根幹をなすメーカーの建値制が不可能となり，同時に流通系列化，リベート制，特約店制，返品制といった日本的取引慣行の維持が困難」（加藤司〔2006〕『日本的流通システムの動態』千倉書房，88頁）な状況となることで，バブル経済を契機に社会および流通環境は大きく変化することとなった。

消費者の低価格志向の拡大にも影響を受けた格好で1990年代中盤以降にはディスカウントストアが発展することになるのだが，メーカーの価格維持政策の崩壊とともに，小売業の低価格乱売が進行するケースが一般化しつつ，日本型流通システムのあり方も変化することとなった。そして，人々は所得の上昇とともに，「1970～80年代から多様化・個性化を始め，それに応じて生産の側で多品種少量生産体制への移行」（山口重克〔2005〕「ITの進展による経済と社会の変容」山口重克・福田豊・佐久間英俊編『ITによる流通変容の理論と現状』御茶ノ水書房，6頁）が始まったことで，徐々に生産システムのあり方もより熟慮される体制が整っていくことになる。マーケティングの観点からすれば企業の生産体制は，消費者ニーズの変化に対応する形で多品種少量生産体制に切り替えて進めてきたと言えるが，ディスカウンターの台頭による低価格乱売体制に対応しなければならないメーカーの苦悩は，とりわけ，その辺りからコスト構造の抜本的な見直しをもたらすことになった。それは生産から小売販売までの

第**7**章　流通の変容と SCM の進展

時間やコストの問題を改善しなければならない事態の発生とともに，そのための物流活動における各機能の集約化や効果を高めていく必然性がでてきたからである。大量生産体制から多品種少量生産体制への変化，もしくは移行は，まさに多様化・個別化する消費者ニーズの急速な変化に対応する企業側の取り組みの結果であった。

　ところで，企業にとってのコスト構造の根幹は，見込生産をするか，受注生産をするかという戦略的な選択が必要となるのであるが，とりわけ，モノの流れをトータルに考える SCM にとっては，物流コストの削減は重要な要素として作用することになる。その理由は全体コストの中でも多くを占めている物流コストの節減が，「売上高の大幅拡大と同等の効果がある」（林克彦〔2003〕「ロジスティクス・マネジメント」斎藤実・矢野裕児・林克彦『現代企業のロジスティクス』中央経済社，20 頁）からであり，物流コストの削減とともに，生産における見込み予測と，販売における実需をいかに縮めていくのかが SCM の核心となり，課題となる。

　例えば，味の素やカゴメ，日清オイリオグループなど大手食品メーカー 6 社は，「競争は商品で，物流は共同で」というスローガンのもと，物流改革を進めている（『日経産業新聞』2017 年 7 月 6 日付）。それは「幹線輸送」「共同配送」「製配販連携」の 3 つの課題に取り組み，物流にかかわるもろもろの課題を克服するのが目的である。特に「幹線輸送」については鉄道ラウンド輸送と混載輸送を中心に，「共同配送」については在庫拠点の集約化と配送車両の共同利用，そして「製配販活動」は伝票の統一と定曜日配送が具体的な目標となり，効率性を重視した共同取り組みを実践している。

　このように企業の生産システムは，「トータルな生産コスト，在庫コスト，物流コストの徹底した削減」（諸上茂登〔2003〕「グローバル・ビジネスとグローバル SCM」山下洋史・諸上茂登・村田潔編著『グローバル SCM』有斐閣，42 頁）が図られなければならず，その意味でのトータルコスト管理が必然となる。

3　SCM はだれによってコントロールされているのか

1　メーカー主導による SCM

　これまで日本の流通機構においては，メーカーによる流通チャネルの管理，もしくは統制が強力に作用してきた。川上から川下を統制することで，垂直統合を強化し，最終的な価格決定権を保持するものとして，長く日本型流通システムを特徴づけてきたものであった。ほかの先進主要国と比べて日本のメーカーの市場支配力が強いと言われる所以はそこにある。

　ところが，既述のように日本企業はバブル経済を転機に，卸売業者や小売業者に対する大規模メーカーによるチャネル上のパワー関係は変化することになる。近年，メーカーがチャネル・リーダーとして関係企業に対して一方的な統制を促す分野は減少し，「部品部材業者，製造業者，卸売業者，小売業者が対等な関係で戦略提携を結ばざるをえない」（大石芳裕〔2006〕「SCM」加藤義忠監修『現代流通事典』白桃書房，164頁）状況が広がりつつある。

　例えば，大規模家電メーカーの「流通系列化」が見直されている理由は，第1に，家電量販店の巨大化に起因していることが大きい。それは，大規模メーカーにとって，「かつて『正規の販売経路』として認められなかった専門量販店，さらには統制不可能であった DS（ディスカウント・ストア）さえもが，正規の取引契約を結んで」（加藤，2006，28頁）きた経緯があったためである。第2に，2000年代中頃から生じてきた家電の通信販売の拡大であり，インターネットを通じた消費者の購買増が影響している。ちなみにネット通販に関しては，インターネットを介した多くの販売業者へのアクセスにより，ますます「一物多価」の側面が強くなっているが，最も適当な価格提案をめぐる業者同士の「攻防」とともに，最も安い価格で購入したいという消費者間の「購買競争」が生じていることで，他方ではインターネット活用の出来，不出来によって最終的な購入価格に格差が生じてしまっている現状がある。

　さて，チャネル・リーダーとしてのメーカー主導の流通システムが，現在，弱体化して崩壊に向かっているといった議論が一部でなされているが，必ずし

もそうではない。とりわけ，グローバルな展開をするメーカーの場合，これまで生産拠点のほとんどを海外に移転させてきた。そのことによって人件費や地価の安さ，さらには原材料調達の容易さなどによるコスト削減が可能となり，国内で生産活動をするよりも効率的に運営ができるとされたからである。グローバルな展開を試みる企業にとっては「調達」を海外の生産拠点より実現するわけであるが，その場合の SCM は，国内の「調達」に比して人材教育や資材の品質管理など，より強固な流通システムの管理が必要となる。そのため結果的にはメーカーによる強力な管理統制は不可欠となる。例えば，自動車メーカーのスズキは，品質管理やマーケティング技術の知識移転をグローバルに進め，本部から各工場国への標準化移転を積極的に進めてきた（富山栄子〔2009〕「スズキ」大石芳裕編『日本企業のグローバル・マーケティング』白桃書房，219-221頁）経緯がある。

　グローバルな展開をする企業にとっての SCM の条件については，大石が次の 3 点を挙げている（大石芳裕〔2003〕「グローバル SCM の事例——東芝 PC の挑戦」山下洋史・諸上茂登・村田潔編著『グローバル SCM』有斐閣，136-137 頁）。第1 は，「正確な需要予測」であり，どれだけ売れるかという量的側面だけでなく，どのような製品が売れるのか，といった質的側面を含むものとして対応が必要となる。第 2 は，「柔軟で効率的な生産体制」であり，正確な需要予測に対する精度の高い生産システムの構築が不可欠となる。そして第 3 は，「ベンダーと協力した効率的部品調達」であり，多くの部品が国内と海外でそれぞれ生産される関係で，高度な調達戦略が必要になることを意味している。このようにメーカーによる SCM の構築は，生産性を高めるだけでなく，調達のパイプラインをどのようにコントロールするかが重要な責務となる。

　ただし，多くの調達・製造機構をチェーン化する大規模メーカーによる SCM は，サプライチェーン内の組立部門や販社部門，そして部品製造部門などによって編成され，自社の製品作りに焦点が置かれることで，企業間関係は閉鎖的なものとなる。その代表的な例が自動車メーカーと各系列販売店の関係である。

　パートナーシップの観点から SCM をとらえた場合，メーカー主導の SCM

は後述する小売業主導のSCMとは異なる点が多い。例えば，家電メーカーの松下（現パナソニック）は「一方でメーカーへのロイヤルティの高い系列店と情報を共有化しその経営管理機能を吸収することで系列化を強化し，他方で，量販店との協調的関係を構築してきた」（尾崎久仁博〔1998〕『流通パートナーシップ論』中央経済社，215-216頁）経緯がある。ただし尾崎（1998）も指摘するように，パートナーシップの実態はパートナーシップと言えるものではなく，「従来の系列化発想から抜けきることができず」（尾崎，1998，216頁），一方的な統制を目指すものであった。近年の家電量販店の巨大化に対する家電メーカーの場合もそうであるが，売上げはメーカーが卸す小売店の手腕によって左右されていく，いわば相互に規定的な関係にある。多品種少量生産が一般的になりつつある現代において，小売店の販売力が強力であればなおメーカー側にとっても売上げが望めるが，そうでない零細な小売店に対しては卸す数量さえも悩みとなる。近年の家電量販店の巨大化は，メーカーによる系列化をより困難にさせてきた側面はあるものの，一方でメーカーが自社製品の生産にかかわる供給業者を強烈にコントロールしつつ，大量販売できる量販店のチャネルを部分的に拡大させたことで，グローバルな生産システムを有する強力なSCMへの取り組みを促進させた側面もある。もちろん，グローバルに展開するメーカーであれば，多様なシステム作りや人材教育，現地の取引業者とのパートナーシップの構築など，強力なメーカーの統制力を活用し，さらに生産性を高めていくSCMを目指すこととなる。

　このようにグローバル市場におけるパートナーシップは，とりわけ，企業間のパワーバランスに基礎的条件が含まれているのであるが，SCMの統制の強弱や質的利得のレベルは，巨大メーカーが主導するシンプルなものから，新たな連携や提携を創造するマルチプルなものへとシフトしていくようである。

［2］　小売業主導によるSCM

　近年，小売業主導や消費者主導など，流通の変化に着目した議論の中で，「主導性」を強調する議論がある。これは生産と消費のパイプ役としての流通が著しく変化したことで，生産と販売をめぐる諸活動の主導性が変化してきた

ことを意味するのであるが，実際にはそれ以上に「買い手」主導が市場原理を
凌駕して作用していることを内包している。

　マーケティング的には，いわば「売れるものを作る」ことで販売の高度化を
目指すことになるはずなのだが，それだけでは生産と消費の矛盾を解決できて
いるわけではなく，近年はそのように作られた商品のうち「何を売るか」では
なく，「何をどう売るか」，もしくは「何をどう売ってファンを増やすか」とい
う，販売側の提案力いかんで売れ行きが変化する実態が増えつつある。このこ
とは，小売業の形成するSCMが既述のメーカー主導のSCMとは異なり，自
社製品の販売のみではなく，PB商品の企画や販売を含め，多くのメーカー製
品の品揃えによる広範囲な販売を行うことで，もろもろの情報収集が可能にな
り，販売の論理を部分的に超えて主体性を持つようになったからである。すな
わち，近年，小売業の大規模化や業態革新を基礎に，多くの消費財流通システ
ムにおいて「いわゆるチャネル・リーダーとしての位置を，メーカーや卸売業
者に取ってかわり，小売業者が占めるようになってきた事態」（木立真直
〔2006〕「小売主導型流通システムの進化と展開方向――戦後食品流通の展開過程と
小売革新を踏まえて」木立真直・辰馬信男編著『流通の理論・歴史・現状分析』中
央大学出版部，133頁）が生じてきたのである。

　小売業主導のSCMを展開している世界のトップ小売業には，ウォルマート
（Wal-Mart，米），カルフール（Carrefour，仏），そしてテスコ（Tesco，英）など
があるが，過去2000年代に入り，こういった外資系小売業の日本国内市場へ
の参入が大店立地法の施行による規制緩和を境に加速した時期もあった。ところ
ろが2005年にはカルフールが，2011年にはテスコがそれぞれ撤退することに
なり，日本型流通システムの特殊性を露呈する結果をもたらした。撤退の要因
はいくつか考えられるが，日本型流通システムの特徴として，卸売構造の多段
階性や分散性への対応が難しかったことや，メーカーとの取引困難性などが考
えられ，日本市場での外資系小売業の発展可能性の低さを指摘する議論も一部
ではなされてきた。

　しかしながら，H&MやZARAといったファスト・ファッションブランドの
相次ぐ日本市場への参入が，それまで革新性をうたっていたユニクロの成長を

鈍らせてきた（『日本経済新聞』2012年9月6日付）こともあり，外資系小売業が日本市場でミスマッチだと判断することは早計と言わざるをえない。これらの企業は，いわゆる SPA（Speciality Store Retailer of Private Label Apparel）業態を含む小売業主導の SCM を展開する代表的な企業であるものの，品揃えの豊富さやブランド力を武器に躍進を続けているからである。

　そのほかにもセブン-イレブン・ジャパンやイオンなどが，日本の小売業として小売業主導の SCM を展開する代表的な企業として挙げられるのだが，加藤の言うように日本における SCM の完成度が高い業界はコンビニ（加藤，2006，91頁）である。コンビニはピンポイントの需要予測と鮮度・品質管理が行われ，特に劣化の早い惣菜やお弁当に対する品質管理が高次元でなされる業態である。また，周知のように店舗展開の**ドミナント戦略**によって配送効率をより高めつつ，集中的に出店することで供給体制を最大限に高めた業態でもある。

　販売時点における消費者の情報を最もよく入手しうる小売業者は，木立の言うように「情報を起点に川上の生産者にいたるサプライ・チェーンを統合的に制御するとき，消費者に最大の価値を提供しうる」（木立，2006，134頁）主体であると同時に，いわば柔軟性を保持する主体でもある。近年，コンビニが PB 商品の生産委託を念頭に生産段階への関与の場面を増やしているのだが，中でも製造力強化のため，国内最大級のパン工場を確保したセブン-イレブンの躍進が続いている（『日経流通新聞』2012年7月25日付）。また，セブン-イレブンの場合，業界で最大の売上高規模を誇る「弁当・惣菜」の生産に関連して，約80社ものベンダーで組織する「日本デリカフーズ協同組合」を構成，毎週，開発会議を開き，メンバーの169工場の93％はセブン-イレブン専用のもので，中食部門の強化を図ってきた（前掲新聞）。強力な SCM 体制下での中食部門の強化策である。

ドミナント戦略（**Dominant Strategy**）：日本ではおもにコンビニエンスストアが展開する戦略で，一定の地域に集中的に店舗を展開することによって，その地域の消費者の獲得を目指し，商品の配送効率を最大限にしようとする戦略である。ただし，競合他社が同じ戦略を行うことによって同質的な戦略におちいり，収益そのものの悪化に結びつく場合があるが，同一地域に多店舗展開することで，結果としてストアブランド力の向上にもつながる戦略と言える。

第**7**章　流通の変容と SCM の進展

　ICT の発展とともに進化した SCM であるが，とりわけ小売業主導の SCM の利点は，メーカーサイドでは把握しきれない消費者の購買情報や行動を把握できることにある。多数のアイテムの品揃え形成を基礎とする販売サイドでの実需の把握は，多くのメーカーや卸売業者との取引を通じた情報を仕入れることで，相対的に優れた情報力を保持することになる。そのため，何を欲しているのかといった消費者ニーズへの対応もそうであるが，何がよく購入されるのかを把握し，関連する商品をいかに消費者に提案していくのかについての重要性が高まりつつあると言えよう。その意味において卸売業との連携は，質的側面が問われることになる。

　卸売業に関連しては，生き残りをかけた躍進は続いており，その躍進の方法の一つが「**リテール・サポート**」であった。小売業をサポートすることで，自らの価値を高めていく卸売業であるが，「複数のメーカーと複数の小売業の情報の結節点としての卸売業の位置的パワー」（加藤，2006, 55 頁）に，差別化を求めてきた。実際，日本のスーパーには，在庫管理について供給業者に任せている企業が多く，物流拠点を賃借，運営委託している場合が全体で 86.5% に及ぶ（斎藤・矢野・林，2003, 39 頁）時期もあった。小売業が物流機能全般について依存している傾向が強いため，卸売業の在庫保有による需給調整とともに，小売業への所有権移転を「できるだけ遅らせる取引慣行が定着」（三村優美子〔2004〕「消費財流通変化とサプライチェーン・マネジメント」黒田充編著『サプライチェーン・マネジメント――企業間連携の理論と実際』朝倉書店，41-42 頁）するようになる。それが進行すると，多頻度小口配送が蔓延することとなり，欧米の小売業と比較して，相対的に頻繁な仕入活動が不可欠な状況となる。

　こういった状況の中，日本の流通システムの特性に合わせた物流問題の解決策として製配販提携の動きが加速してきた。それは，第 1 に，すでに見たよう

リテール・サポート（Retail Support）：小売店頭では多くの商品を品揃えしているが，それらの商品に関する情報の提示や数量調整，商品の提案など，卸売業者による小売店の支援活動を意味している。それはお互いにとっての繁栄を目指すものであり，相互に協力する関係が必要であるが，近年においては単なる支援だけでなく，消費者情報の収集や商品供給の効率化や提案など，幅広いサービスを提供するといった高度なサポート体制が求められている。

に，大手メーカーらによる共通のインフラを整備する試みであり，第2に，特定の大規模小売業との共同取り組みの推進である（三村，2004，42-43頁）。また，第3には，異なる分野での共同配送化も進行しつつある。

例えば，日清食品とサントリーホールディングスは2017年6月から商品の共同配送を始めている（『日経産業新聞』2017年5月5日付）。特に酒類，清涼飲料水，カップめんなどをトラックに混載し，小売店や卸売会社の配送センターへの混載輸送を実現している。その背景として「重さ」と「季節性」という新たな着眼点があるとするが，第1に，荷台の上部の空きスペースに軽めの荷物を積載することで効率的な輸送を目指し，即席めんなどの「軽量荷物」がベストであるととらえたこと，第2に，飲料などは特に夏場の最盛期にはドライバー不足が発生することがあるので，荷物の平準化と通年契約を果たすことで解決にいたるようである。いわゆる空になったトラックの無駄をできるだけ削減し，隙間を埋めることで積載率の向上を果たし，需要変動への対応力を上げているのである。

他方，イオンの場合，中間流通機能を自らが担う方向を選択しており，従来，依存してきた部分を内部化し，コストカットに踏み切った（斎藤・矢野・林，2003，39頁）。このことはメーカーとの直接取引を拡大しつつ，自らが在庫に対するリスクをクリアにしていこうという試みである。これとの関連でイオンは，首都圏での店舗網の拡大を続けており，それに伴った物流センターの整備も進め，効率的な集中出店を達成してきた（『日経流通新聞』2012年11月26日付）。大規模小売業の躍進が続き，中間流通排除が進めば，卸売業にとってますます厳しい状況が続くことになるのは言うまでもないが，いま1つは，メーカーと小売業とのパワーバランスが変化し，小売側がパワーを強めることで「一括受注・一括配送を推し進めるために」（加藤司・崔相鐵〔2009〕「深化する日本の流通システム」崔相鐵・石井淳蔵編著『流通チャネルの再編』中央経済社，13頁）大規模小売業の意に沿う形で卸売業の再編が進められる側面も考えられる。

小売業主導のSCMのポイントは，小売業者の強力なコーディネーションのもとで「効率的な分業編成を構築し，それら主体間における互酬的な利益分配に基づく協同的な関係性」（木立，2006，138頁）としてSCMを構築していく点

にある。

③ SCM にとってのリーダーシップ

　その意味において企業の効率的な経営管理手法の1つとして注目されている
SCM は，大石が指摘するように，「トップマネジメントの確固たる信念，企業
内外の情報共有化，精度の高い需要予測，柔軟な生産体制，部品部材業者との
協力体制，効率的なロジスティクス・システム」（大石，2006，165 頁）が，そ
の達成や成果を出すカギとなる。それにはサプライチェーン全体をコントロー
ルし，目標を達成するための強力なリーダーが必要になるとともに，そのリー
ダーを中心に関係企業が鎖でつながったように，協力的なネットワークを構築
することが必要となる。SCM の議論で取り上げられる Win–Win 関係は，いわ
ば企業同士の関係において，お互いの競争的，あるいは敵対的関係から転換し，
双方の利得を一致させることで，双方の関係を協力的な関係に持っていくこと
を意味する。

　ところが，Win–Win 関係を目指してサプライチェーンで結ばれたパートナ
ーシップ関係は「情報共有にもかかわらず，市場関係を前提とする限り需給の
不均衡を拡大していくメカニズムを排除できない」（加藤，2006，29 頁）側面が
あるので，分業体制の中では異なる経済主体で利害が一致しないことから，強
力なリーダーの指揮が不可欠となる。だからこそ，Win–Win 関係は，自社の
弱点（あるいは欠点）をパートナーによっておぎなうことを目指し，そこで自
己の利益を最大限確保することが前提となる。それは，「企業相互の関係性と
協調性を重視する，リレーションシップ（関係性）・マーケティング論の展開
がその基底に」（阿部，2009，61 頁）あることになる。

　ただし，SCM に関するいくらかの研究において強調される「消費者起点」
という着目点は，マーケティング的要素をはらむ展開であり，消費者を「起
点」とすること自体，理念的性格の強いもの（前掲書，62 頁）として理解され
ることもある。すなわち，本質的に利潤追求の性格が強い企業同士が Win–Win
の関係を目指す過程においては，互いの利益を重視する行動が優先的になされ
るため，消費者を起点とするとは考えにくいからである。したがって Win–Win

の関係性は，理念として，もしくは漠然とした形で消費者に起点を置くのではなく，企業相互の関係性と自社利益の最大化にもとめなければならない。

4　SCM におけるパートナーシップの意義と重要性

　このように見ると，1976 年秋から本格的に始動したセブン−イレブンのロジスティクス改革であった，「取引の集約化と配送の共同化」（『コンビニエンス・ストア・システムの革新性』日本経済新聞社，111 頁）は，それまでの各供給業者の物流を一本化するといった革新的な企業行動であった。小売主導の SCM の基本的な仕組みは，すでにセブン−イレブンによって確立できていたのかもしれない。当時の卸売業界にとって「過酷な要求，無理難題」（矢作，1996，110 頁）であった状況のもと，批判を浴びながら改革に踏み切ったセブン−イレブンの目指す方向性は，既述の強力なリーダーシップあっての結果であった。ここに主導性の意味が含まれていると言えよう。

　また，セブン−イレブンによる海外の新規市場の開拓は劇的に進行し，海外店舗数が 4 万 2000 店を超えた（2017 年 3 月末現在）。世界で最も店舗数が多く，16 の国・地域に進出しているセブン−イレブンは，コンビニのグローバル・スタンダードな存在となりつつあり，候補地選定から商品の開発・製造，そして配送などのノウハウを提供している。実際にインドネシアのような国では，食品を多く取り扱うコンビニに対する規制が宗教上の理由により厳しい状況であるが，他方，製造委託先のわらべや日洋などの努力によって鮮度管理がなされた商品が，中国市場などにおいて売上げを伸ばしている（『日本経済新聞』2012 年 9 月 12 日付）。

　本章では流通の変化から SCM を検討してきたのだが，生産と販売を結びつける流通の抱える諸問題に対して，主導性の議論を中心に展開した。ただ，そのどちらが有効かという議論ではなく，メーカーにはメーカーとしてのサプライチェーンの仕組みと，小売業は小売業としてのサプライチェーンの仕組みがあり，いずれにおいても SCM の基礎になるリレーションシップ，もしくはパートナーシップによる企業同士の関係性がますます重要性を増してきたことに

第7章 流通の変容とSCMの進展

は変わりない状況を考察した。このような関係性の維持は，国内市場以上に，海外市場においてはより困難となるのだが，SCMの主導性の議論では，どちらが舵をとるのか，ということよりも実際は，どういった商品をどのような形で生産し，最終的な販売に結びつけるのかによってその展開は大きく異なるようになる。当然にそれらは企業間において，互いのベストな利益分配に基づくWin-Winの関係を目指してこそ，達成されるリレーションシップの創造であるし，パートナーシップへの「段階的な移行」（尾崎，1998, 220頁）でもある。

　既述のように，日本におけるSCMの遅れを指摘する部面もあるが，日本でのパートナーシップへの段階的な移行がスムーズにいかなかった理由に関しては，明確な規定は難しい。しかしながら，日本的，もしくは日本型流通システムの商慣習について言えば，第1に，「多様な問屋＝卸商主導の伝統的流通機構」（石井寛治〔2005〕「外圧への権力的・商人的対応〈1859-1886〉」石井寛治編『近代日本流通史』東京堂出版，27頁）が第1次世界大戦以降からメーカー主導へと切り替わるようになり，現代のような流通環境へとシフトしてきた経緯がある。それゆえ，日本におけるSCMに関する成熟度の低さは，高度経済成長期にあまりにも強力に作用したメーカー支配の構図が，ある意味バランスの偏った形で継承されてきたことに起因していると考えられる。第2に，多頻度小口配送が一般的になるにつれ，それがいわゆる「店舗の鮮度」に直結することで店舗利用者のニーズをある程度満たしてきたとはいえ，結果的には「かぎりない小口化」（三村，2004, 31頁）による供給業者への圧迫の拡大によって，パートナーシップ関係に支障をもたらしてきたのは自明である。

　近年，ますます複雑，かつ多様に変化する流通環境においては，消費者が高度化・成熟化することへいかに企業が対応していくのかが問われていると言えるが，ベストな企業間関係は，互いのバランスをどのように維持し，いかにWin-WinとなるSCM構築に向けたパートナーシップを確立していくのかがカギとなる。その意味において，SCMのパートナーシップは，同業他社間での関係性だけでなく，異業種間での協力的関係性がますます必要になっていくものと思われる。

▶▶ *Column* ◀◀

小売店の品揃え

　われわれの身近に存在するスーパーなどは，多くの商品をメーカー別に，種類別に並べることで，われわれ消費者の比較購買をサポートしています。この比較購買によって，1つの品目，例えば，しょうゆならしょうゆ，カップめんならカップめんといったように，多くのメーカー商品の中から自分の好きな商品を選択できます。このことは，われわれ消費者にとってはより適切な商品の選択ができるという，いわば，消費者への利点を提供していることになります。

　情報端末が整備された今日の小売店頭では，売れ行きの良い商品とそうでない商品の動向がリアルタイムで把握でき，その情報は，小売店を経営する小売業者の本部に直接に伝達される場合が多く，したがって売れ行きの良くない商品は，コスト面から販売を見直されることになります。ところが，全面的に売れ行きの良くない商品を排除してしまうと，今度はたまたまその商品がほしかった消費者に不便をあたえることになりかねません。このような試行錯誤を経て，今日の小売店頭の商品陳列が完成していると言えます。

　ところが，近年，一部のスーパーなどでは，売れ行きの良くない商品を排除することもありますが，最初から1つの品目に対して1つ，または2つのメーカーに絞り込んで大量に仕入れることで，取引原価そのものを大幅に下げ，徹底した低価格を実現しています。それは低価格な商品を志向する消費者にとっては魅力的なことと言えますが，しかし，その反面，多くの商品の中で比較購買をしたい消費者にとっては，それができません。

　2つのうち，どちらがよいのかという事よりも，そもそも「消費者の利点」とは何かを考える必要があります。高品質をもとめたり，低価格を望んだりと，われわれ消費者のニーズは多様化しています。このようなニーズに対してどのような対応をしていくのかは，各小売業者にとっての終わりなき課題と言えるでしょう。

[推薦図書]

石原武政・矢作敏行編（2004）『日本の流通100年』有斐閣
　日本の流通を歴史の変化から多面的な視点を用いて分析した著作である。

木立真直・佐久間英俊・吉村純一編著（2017）『流通経済の動態と理論展開』同文館出版
　現代の流通・マーケティングの理論研究を網羅した著作である。

大石芳裕（2017）『実践的グローバル・マーケティング』ミネルヴァ書房

第7章　流通の変容とSCMの進展

　　海外で事業展開する企業のマーケティング戦略を調査，分析した著作である。

設　問

1．SCMの実践例はどのようなものがあるか，企業の事例をインターネットで検索し，どのような企業が活躍しているのか確認してみましょう。
2．日本におけるSCM導入の後進性はどのような点にあるのでしょうか。グループでディスカッションしてみましょう。

（金　度渕）

第8章

1990年代以降の日本市場における小売国際化

グローバル化がわれわれの生活を豊かにするのか否かは，現代の経済を考えるうえできわめて重要な論点です。日本の流通においても，1990年代以降グローバル化が大きく進展しています。この流通におけるグローバル化が果たしてわれわれの生活を豊かにしているのでしょうか。本章では，流通におけるグローバル化に関する理論である小売国際化論を整理したうえで，日本市場における商品調達行動の国際化と，出店行動の国際化に関して考察を行い，日本の流通への影響を明らかにします。

1　小売国際化とは何か

　本章の課題は，1990年代以降活発化した日本の小売業におけるグローバル化が日本の流通に与えた影響について明らかにすることである。

　われわれ消費者は，ジュースや菓子をセブン-イレブンで，家電製品をヤマダ電機で，服をユニクロで，といったように，日常に消費する商品の大半を（ネットを含む）小売店舗で購入している。このように，われわれの生活は，「他者が作ったもの」＝商品と同等かそれ以上に「それを販売している他者」＝流通に依存しているのである。

　その小売業を含む流通も，他分野と同様に1990年頃からグローバル化の波にさらされるようになった。流通におけるグローバル化は，われわれの生活にどのような影響を与えているのであろうか。

［1］　小売国際化の定義と3つの側面

　小売国際化（internationalization of retailing）の主要な論者の1人であるアレクサンダー（Alexander and Doherty, 2009）は，国際的な小売活動（international retailing）を，「規制や経済発展，社会状況，文化環境，流通構造などの面で相互に異なる市場における小売活動（retail operation）のマネジメント」としたうえで，小売国際化を「規制や経済，社会，文化，小売構造などの境界を越えるという方法で国際環境の中で小売業者を確立する国際統合の水準を小売組織にもたらす小売技術の移転あるいは国際的取引関係の確立」と定義している（Nicholas Alexander and Anne-Marie Doherty〔2009〕 *International Retailing*, Oxford University Press, pp.11-12）。

　小売国際化の具体的な現象として，一般に①商品調達行動の国際化，②出店行動の国際化，③小売技術（知識）の国際移転の3つが挙げられる。流通の役割は，生産と消費の懸隔*を架橋することである。その活動は，仕入活動と販売活動から構成されている。すなわち，小売国際化を，経済的機能の側面から見ると，小売企業によって国境を越えて行われる仕入活動（商品調達行動の国際化）と販売活動（出店行動の国際化）となる。この2つに加えて，一般的に，企業主体ではなく技術あるいは知識に注目する観点から，小売技術あるいは知識の国際移転が挙げられる。小売技術あるいは知識の国際移転とは，業態や店舗運営，商品開発などの経営ノウハウの移転である。フランチャイジングによる移転，および海外進出を重ねることによる企業内部における知識の移転などが含まれる（向山雅夫〔1996〕『ピュア・グローバルへの着地――もの作りの深化プロセス探求』千倉書房，62-65頁；川端基夫〔2000〕『小売業の海外進出と戦略――国際立地の理論と実態』新評論，18-23頁）。

　　*　相互に独立した生産者同士が参画する商品経済社会（市場経済）において生じる，①人格あるいは所有の不一致，②場所の不一致，③時間の不一致，④価値の不一致，⑤情報の不一致である（大阪市立大学商学部〔2002〕『ビジネス・エッセンシャルズ〈5〉流通』有斐閣，12-13頁）。

［2］　小売国際化論の発展

　小売国際化に関する研究は，製造業を対象とした国際化に関する研究に比べて遅れていた。その要因の1つは，製造業における国際化が，小売業の国際化よりも進展していたことが挙げられる。そのため，小売国際化の研究は，先行する製造業の国際化の概念を応用するなど影響を受けながら行われることに

なった。以下では，Alexander and Doherty（2009）を参考にして小売国際化を対象とした研究の発展について概括する*。

> * 本項の学説の整理は，欧米の研究が中心になっており，日本における研究については触れられていない。しかし，日本でも向山（1996）を嚆矢として小売国際化の研究が行われている。ほかに代表的な著作としては，川端基夫（1999）『アジア市場幻想論――市場のフィルター構造とは何か』新評論，および川端（2000），矢作敏行（2007）『小売国際化プロセス――理論とケースで考える』有斐閣などがある。

①実態の把握

小売国際化独自の研究は，ホランダー（Hollander, 1970）の研究から始まったと言われている。ホランダーは，国際展開している小売企業の考察を通じて，国際小売企業を5つに分類した。それは，①奢侈品取扱業者（dealers in luxury goods），②総合小売企業（general merchandise dealers），③貿易会社（trading companies），④専門店チェーン（specialized chains），⑤訪問販売と自動販売（direct selling and automatic vending）である（Hollander, S. C.〔1970〕*Multinational Retailing*, East Lansing, MI: Michigan State University）。ホランダーの研究以降，小売国際化の実態を参入形態や動機に応じて分類し，把握する研究が進んだ。

②類型化の試み

1980年代後半以降，実態の把握から，小売企業の国際化戦略の類型化が試みられるようになった。代表的な研究として，トレッドゴールド（Treadgold, 1988）やサーモン＝トージマン（Salmon and Tordjman, 1989），ペレグリーニ（Luca Pellegrini〔1991〕"The Internationalization of Retailing and 1992 Europe," *Journal of Marketing Channels*, Vol.1, No.2）などが挙げられる。

トレッドゴールドは，小売企業の参入戦略と，地理的展開度に応じて類型化を行った。参入戦略は，高コスト・高コントロール（自生的成長，M&A），低コスト・低コントロール（フランチャイジング），その中間として中コスト・中コントロール（合併）を分けた。地理的展開度は，その度合に応じて「集中的国際化」，「分散的国際化」，「多国籍」および「グローバル」に分けている。そして，図8-1のように，参入戦略と地理的展開度を2つの軸としたマトリクス上で，小売企業群を①「用心深い国際派」，②「大胆な国際派」，③「攻撃的

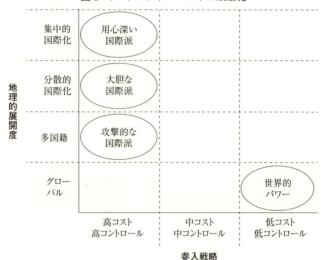

図 8-1 トレッドゴールドの類型化

(出所) Treadgold (1988, p.10, 図 10) に基づき筆者作成。

な国際派」そして④「世界的パワー」の4つに分類している (Treadgold, A. [1988] "Retailing without Frontiers," *Retail and Distribution Management*, Vol.16, No.6)。

　サーモン＝トージマンは，小売企業が進出先市場に参入した後の行動に注目した。すなわち，現地の状況に適応する必要性（適応化）と，すべての市場で普遍的なアプローチを保つことによる活動上の優位性（標準化）を調和させることを論点とした。標準化戦略に成功すれば，極端に言えば本国市場が拡大することと同様であり，チェーンストアの多店舗展開と同様に規模の経済性などの効果を発揮することができる。反対に，適応化とは，海外市場の諸条件にあわせて，業態や品揃え，システムを修正・変更し展開することである。それに応じて，①グローバル戦略 (global strategy), ②多国籍戦略 (multinational strategy), ③投資戦略 (investment strategy) の3つに分類した（表8-1）。2人は，特に，グローバル戦略と多国籍戦略に注目した (Salmon, W. and Tordjman, A. [1989] "The Internationalization of Retailing", *International Journal of Retailing*, Vol.4, No.2)。この論点は，標準化／適応化問題として小売国際化の中心的課題

第**8**章　1990 年代以降の日本市場における小売国際化

表 8 - 1　グローバル戦略および多国籍戦略，投資戦略

	グローバル戦略	多国籍戦略	投資戦略
定　義	・同一フォーマット（規格）を世界中に複製する	・フォーマットを地域の条件に適応させる	・海外の既存の小売企業を部分的あるいは全体的に買収するための資金移転
業　態	・専門店チェーン	・ハイパーマーケット，百貨店，バライティ・ストア	・小売業／非小売業事業者
マーケティング	・グローバルな細分化戦略とポジショニング戦略 ・マーケティング・ミックスの標準化 ・同一の品揃え，価格，店舗デザイン，サービス，価格	・コンセプトの複製と内容の適応化 ・マーケティング・ミックスの適応化 ・店舗の内装，価格戦略，サービス戦略の類似した世界的な規定 ・品揃え戦略と広告戦略の調整	
組　織	・デザイン機能と生産過程，流通システムの垂直統合	・マルチドメスティック・アプローチ	・海外事業のポートフォリオ
マネジメント	・集権的管理 ・優れた情報システム ・急速な成長能力 ・規模の経済性の発揮 ・わずかなノウハウの移転	・分権的管理 ・本社との頻繁な情報伝達 ・平均的な成長能力 ・規模の経済性の不活性 ・重要なノウハウの移転	・部分的な管理 ・急速な国際拡張 ・低リスク ・技能の移転

（出所）　Salmon and Tordjman（1989, p.12, 表 8）に基づき筆者作成。

の 1 つとなったが，最近の研究では，純粋な標準化戦略は困難であり，多少の適応化が必要であることが認識されている。

　③分析モデルの構築

　1990 年代後半から，資源ベースの経営戦略論の影響などにより小売企業の内部資源と国際化との関連が考察されるとともに，小売国際化の過程全体の分析モデルの構築が始まった。初期の代表的な研究として，シンプソン＝ソープ（Eithel M. Simpson and Dayle I. Thorpe〔1995〕"A Conceptual Model of Strategic Considerations for International Retail Expansion," *The Service Industries Journal*, Vol.15, No.4）の PLIN モデルや，スターンキスト（Brenda Sternquist〔1997〕"International expansion of U.S. retailers," *International Journal of Retail &*

Distribution Management, Vol.25) の SIRE モデルなどがある。それが本格化した
のが，アレクサンダー＝マイヤーズ（Alexander and Myers, 2000）の事業モデ
ル（operational model）や，ヴィダ，リーデン＝フェアハースト（Irena Vida, James
Reardon and Ann Fairhurst〔2000〕"Determinants of International Retail Involve-
ment," *Jouranal of International Marketing*, Vol.8, No.4）の IRI モデルなどである。
ここでは，アレクサンダー＝マイヤーズの事業モデルを取り上げる（図 8 - 2）。

　アレクサンダーとマイヤーズは，企業と市場の両方に注目し，国際化プロセ
スを決定する諸要因を特定することを目的としてモデルを設計している。企業
が持っている経営資源である小売コンセプトと小売技術が，変化の推進要因と
なる。そして，リーダーシップや役割の調整，経験，認識と姿勢といった企業
の内部推進要因が，小売コンセプトや小売技術を国際化することを可能にする。
この結果，立地の決定や，参入方法，国際戦略の性格が決定される。企業内部
の諸要因は，国際環境によって影響を受ける。したがって，企業の国際市場に
おける経験の増大に応じて，学習を通じて内部推進要因が影響を受け，変化の
推進要因も変化する（Alexander, N. and Myers, H.〔2000〕"The retail Internation-
alization Process," *International Marketing review*, Vol.17, No.4-5）。

　以上，欧米の研究を中心に小売国際化研究の歴史を概括した。小売国際化研
究は，経営戦略論やマーケティング論などの他分野の業績を援用しながら発展
してきている。すなわち，経営学的なアプローチを基礎に，小売企業の海外進
出の成否について，その主体的，環境的要因を明らかにするものである。そう
した研究では，進出先市場の流通構造や消費特性は，基本的には参入に当たっ
ての与件として認識されるだけであった。しかし，小売国際化の進展によって，
進出先国の流通構造や消費に対する影響が生じることは想像に難くない。小売
国際化が国民生活にどのような影響を与えているのか。こうした問題意識にし
たがって，本章では，小売企業主体の行動に注目するとともに，それが当該国
における流通構造や消費に対していかなる影響を与えているのかについて考察
する。具体的には，日本市場内部における商品調達行動の国際化と，出店行動
の国際化を取り上げて，その実態と影響，課題について考察する。

図8-2 アレクサンダー＝マイヤーズの事業モデル

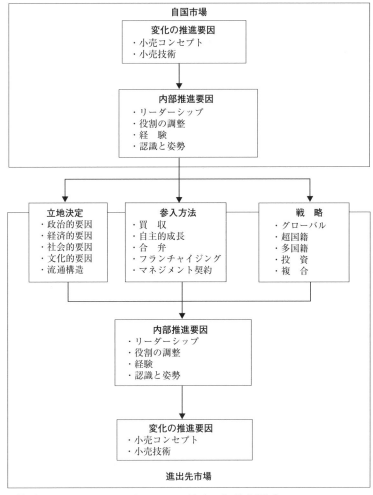

（出所） Alexander and Myers（2000, p.345, 図2）に基づき筆者作成。

2　商品調達行動の国際化：開発輸入の増大

1　開発輸入とは何か

1990年代以降の小売企業の商品調達に関する特徴として，開発輸入の増加

が挙げられる。流通分野において，開発輸入とは，流通企業が自ら企画し，作成した仕様書に基づいて海外メーカーが生産し，その製品を輸入するものと定義される（向山，1996, 96-97頁）。

開発輸入の特徴は，第1に，海外メーカーが生産した既存製品の輸入や，あるいは直接輸入の中でも自社で直接買い付けるだけの買付け輸入の場合も，あくまですでに生産されたものを購入するだけであるのに対して，開発輸入は生産過程にまで踏み込む点にある。それゆえ，小売企業は，商品を開発するという生産にかかわる能力と，設計にあわせて適切に生産する海外製造企業を見つけだすか，あるいは育成する能力が求められる。第2に，海外に委託生産した製品はすべて輸入先国で販売するというものである。それゆえ，開発輸入は，輸出国の単なる余剰分の輸出などではなく，輸出先国が当該市場を標的として海外で一から生産にかかわっているものである。第3に，従来の海外商品の調達が国内では調達できない商品を仕入れることにより品揃えを差別化する点に重点があったのに対し，開発輸入では国内で調達できるものを海外で同程度の品質で生産することで，品質を確保しながらも低価格にすることが可能となり，価格競争力につながる。

こうした開発輸入は，衣食住といった日常生活にかかわる様々な分野で行われている。次項では，食品分野における開発輸入に関して詳細に見ることにする。

[2] **食品分野における開発輸入の増加とその影響**

①食品分野における開発輸入の増加傾向

食品分野は，畜産や野菜，果物，加工食品など様々であるが，ここでは野菜を取り上げる。

野菜の輸入数量は，1985年が約110万トンであったのが，1990年には200万トンに，さらに1995年には340万トンに達するなど大幅に増加している。その内訳をさらに詳しく見ていくと，野菜は，大きく生鮮野菜と加工野菜とに区分され，加工野菜はさらに冷凍野菜，塩蔵野菜，トマト加工品，その他調製野菜，その他（乾燥野菜，酢調製野菜およびその他）に区分される。この区分に

第8章　1990年代以降の日本市場における小売国際化

図8-3　野菜の類別輸入数量の推移

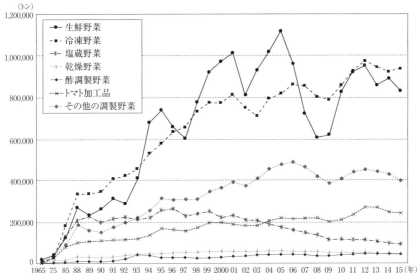

（出所）1991〜2000年までの数値は，野菜供給安定基金（2000）『2000年野菜輸入の動向』農林統計協会，32頁から，2001〜2015年までの数値は，農畜産業振興機構のベジ探HP内の「野菜の輸入動向」に関する統計（http://vegetan.vegenet.jp/2008 yunyuudoukou/4.xls　2009年6月1日閲覧）に基づき筆者作成。

そって数量ベースで変化を示したのが図8-3である。それを見ると，1990年年代を通して，生鮮野菜と冷凍野菜が著しく増加していることが分かる。

1980年代後半から生鮮野菜および冷凍野菜が増加した要因としては，第1に，1985年のプラザ合意を背景として円高になったことがある。それにより輸入野菜の価格が国産野菜の価格を大きく下回るようになった。第2に，同時期に，かんばつなどによって日本国内が不作になって生産量が減少した。そのために需給が逼迫し国産野菜の価格が高騰したのである。すなわち，価格の高騰した国産野菜に対して，安価な海外の野菜へとシフトしたことが考えられる。

しかし，その後，為替相場が円安になり，国内生産が安定したにもかかわらず，輸入野菜の輸入量は一貫して増加している。このことは，輸入野菜の増加の要因が，一過性ではなく，より構造的なものであることを示している。そして，その構造的な要因は，日本企業による開発輸入の取り組みである。それを明らかにするために，さらに輸入野菜の増加を詳細に見ていくと，第1の特徴

として，中国からの輸入が増加していることが挙げられる。中国からの生鮮野菜と加工野菜を合計した輸入量は，1990年に27万トンであったのが，2000年には118万トンにまで増加している。さらに，野菜輸入全体に占める中国からの輸入量も，1991年にそれまで第1位であったアメリカを抜き，2000年には45％にまで達している。第2に，中国からの輸入野菜の主要なものは，ゴボウ，ショウガ，シイタケ，ネギ，ニンニク，冷凍サトイモ，冷凍ホウレンソウである。これらの品目が，日本企業による開発輸入が行われていることを示している。なぜならば，例えば，ゴボウは，もともと中国では食する習慣がなく，このゴボウの品種も「柳川理想」や「元藏」といった日本の品種である（藤島廣二〔2002〕「開発輸入型中国産野菜輸入の増大と国内野菜生産の課題」『日本農業年報』第48号，196頁）。同様に，主要な品目であるネギを見ても，日本で人気の高い下仁田ネギなどの品種である（『日本経済新聞』朝刊2001年8月9日付）。このことは，日本企業が，種子を持ち込み，日本市場に適合した品種の生産が行われていることが分かる。中国からの輸入の約9割は日本企業による開発輸入であると言われている（阮蔚〔2001〕「野菜の中国からの開発輸入」『中国経済』第427号，67頁）。

②大手チェーンストアの取り組み

中国における開発輸入が増大した要因として，海上輸送におけるリーファーコンテナ（温度管理可能なコンテナ），陸上輸送における冷蔵車の普及などの低温輸送設備や，包装資材の改良など鮮度維持を中心に物流技術が発展したなどの条件が整備されたことがある。しかし，それはあくまで条件の整備であり，推進した要因は，チェーンストアなどの戦略である。

図8-4および図8-5は，日本チェーンストア協会が大手チェーンストアを対象に行った調査をもとに作成したものである。図8-4を見ると，輸入品全体の売上高の増加とともに，それを上回る割合で開発輸入品の売上高が増加していることが分かる。さらに，図8-5で食品分野における開発輸入の売上高に占める割合を見ると，1990年に17.9％であったのが，1994年度には35.6％とおおよそ2倍に増加している。特に，直接輸入品売上高に占める割合が，1990年度に42.8％であったのが，1994年度には85.0％にまで大幅に増加して

第8章　1990年代以降の日本市場における小売国際化

図8-4　輸入品の総売上高に占める開発輸入売上高の割合の推移

（出所）　日本チェーンストア協会『チェーンストアにおける製品輸入の実態』1992年および1994〜1996年版に基づき筆者作成。

図8-5　食料品分野における輸入品売上高に占める開発輸入売上高の割合の推移

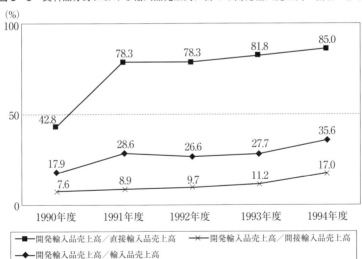

（出所）　日本チェーンストア協会『チェーンストアにおける製品輸入の実態』1992年および1994〜1996年版に基づき筆者作成。

おり，直接輸入品のほとんどが開発輸入の製品であるという状況になっている。これ以降も，大手チェーンストアは積極的に開発輸入に取り組んでおり，例えばジャスコ（現イオン）では，2001年時点で同社が取り扱う輸入野菜70品目のうち半分以上が自社開発輸入品となっている（『日本経済新聞』朝刊2001年8月9日付）。以上のように，チェーンストアにおける食料品の品揃えにおいて，開発輸入品は不可欠な存在となっている。

　ただし，これはすべてのチェーンストアに一律にあてはまるわけではなく，企業の戦略により異なっている（木立真直〔2004〕「食の成熟化と小売・外食企業による青果物調達戦略の方向性」『農産物流通技術年報2004年版』18-19頁）。また， 1 で開発輸入の定義について述べたが，日本のチェーンストアによる開発輸入の多くは，商社や食品メーカーが依頼を受けて生産，調達するものが大部分で，純粋な開発輸入はほとんど見られない（木綿良行〔1998〕「わが国大手小売業による食料品の直接輸入・開発輸入の現状と課題」『IDR研究資料』第135号，27-29頁；『農耕と園芸』2001年9月号，90-91頁）。

　③食品分野における開発輸入の影響と限界

　開発輸入が日本の野菜の流通に与えた影響として，第1に，野菜価格の低下がある。中国産の野菜は，国産野菜の出盛り期と一致しているという特徴がある。さらに，中国産の野菜は，単に国産のものよりも低価格というだけでなく，ほかの海外産のものと比較しても低価格であり，さらに趨勢的に低下傾向にある。日本の国産野菜は，非常に低価格な中国産の野菜と直接競合する状態にさらされ，全体としての野菜価格が低下している（藤島，2002，196-198頁）。第2に，年間を通じて一定の品質の野菜が流通するようになったことである。第3に，卸売市場流通での取引量の減少が挙げられる。

　こうした変化によって，消費者は，一年を通じて一定の品質の野菜や惣菜をスーパーやコンビニなどの店頭で購入することができ，また外食チェーンでも一年中共通のメニューを食べることができるようになった。野菜などにつきものの「季節」という制約がなくなり，食における利便性が向上したと言える。さらに，価格もそれ以前よりも安価になっている。その一方で，輸入野菜と直接競合する日本国内の農家にとっては，利益の減少につながっている。従来国

図8-6 野菜の卸売市場経由率（数量ベース）の推移

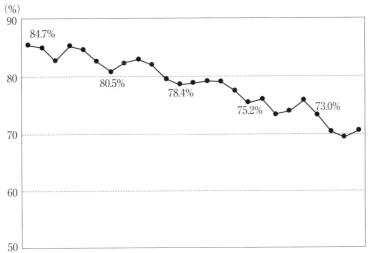

（出所） 農林水産省『食糧需給表』および『青果物卸売市場調査報告』各年版に基づき筆者作成。

内農業は卸売市場を前提とした仕組みとなっており，国内の農家にとって大きな影響を与えることになり，国内の供給・流通体制を切り崩す結果となった。

また，冷凍ホウレンソウや冷凍餃子の問題など2000年以降輸入食品の安全性がたびたび問題となっている。これは，輸入食品に対する検査体制の未整備や不足といった制度的な問題などに加えて，本節 2 ②で述べたように，今日の小売業者による開発輸入は，商社や食品メーカーに委託する形がほとんどであり，国境を横断したサプライチェーン全体の安全を誰が管理するのかという問題が不明確である。このように，開発輸入の増大に対して，企業面でも，制度面でも十分には対応できていないことが指摘できる。また，こうした輸入食品の問題は，消費者のニーズに直接影響を与える。その傾向は，とりわけ生鮮食品に顕著に見られる。図8-6を見ると，セーフガードなどの影響もあるが，2000年代以降それ以前の趨勢に対して乱高下していることが一目瞭然である。このことは，日本の消費者の生鮮食品に対する強いこだわりを示していると言える。

3　出店行動のグローバル化：外資系小売企業の参入の増大

［1］　外資系小売企業の参入動向

　1990年代以降，外資系小売企業の参入が，活発になった。外資系小売企業が参入できるようになった1987年以降の量的な推移は**表8-2**のとおりである。1980年代が10件であるのに対して1990〜1994年までの5年間で14件と1980年代の10年間と同数であり，1990年代全体で見ると43件とおよそ4倍になっており，さらに2000年以降は数が増加している。進出に際しての出資比率を見ると，**表8-3**のように，100％出資での進出が最も多い。年代別に見ると，当初は50％以上100％未満の合弁企業が多かったが，1990年代半ばから100％出資の形態が増加している。

　次に，1990年代に日本市場への外資系小売企業の参入が活発化した要因を見る。小売企業が海外市場へ進出する要因として，**プッシュ要因とプル要因**という2つの要因がある。1990年代以降に日本市場に外資系小売企業が参入した要因として，まずプッシュ要因について見ると，第1に，本国市場における市場の寡占化が進み，成長の限界があるということである。第2に，本国市場において規制が厳しく出店が難しくなっていることが挙げられる。フランスのロワイエ法やラファラン法，ドイツの閉店法などヨーロッパには大規模小売店舗の出店や活動に対する規制が存在する。プル要因について見ると，第1に，日本は所得水準が高く市場規模が大きいことが挙げられる。第2に，大店法の規制緩和や，バブル経済の崩壊による地価の下落など参入障壁が低下した。第3に，日本市場の集中度が低く，寡占的な小売企業が不在で参入障壁が低く見えたということである。

　表8-4は，1990年代以降に参入してきた外資系小売企業の一覧である。そ

プッシュ要因・プル要因：両者とも，小売企業が海外市場へと進出する際の動機に関係する環境的要因である。プッシュ要因とは，小売企業にとって本国市場が魅力的ではなくなる要因であり，市場の成熟や国内規制などが挙げられる。反対に，プル要因は，小売企業にとって進出先市場が魅力的に見える要因であり，市場の未成熟や，企業のグローバル志向などがある。

第**8**章　1990年代以降の日本市場における小売国際化

表8-2　年代別外資系小売企業の設立件数の推移（社数）

	1987 ～ 1989 年	1990 ～ 1994 年	1995 ～ 1999 年	2000 ～ 2004 年	2005 ～ 2009 年	2010 年	不　明	総　計
衣料品	3	3	8	6	2	1	3	26
通信販売	3	0	2	7	1	1	0	14
服飾雑貨	0	0	2	7	3	0	0	12
時計・宝飾品	0	1	2	5	0	0	2	10
キッチン用品・食器	1	3	1	3	1	0	0	9
総合小売	0	0	2	6	1	0	0	9
食・飲料品	0	1	3	1	4	0	0	9
AV ソフトウェア	1	2	1	0	1	0	0	5
アウトドア用品	0	1	2	2	0	0	0	5
日用品	0	0	2	3	0	0	0	5
雑　貨	1	1	1	1	1	0	0	5
インテリア	0	0	0	0	3	0	0	3
化粧品	0	0	0	2	1	0	0	3
オフィス用品	0	0	2	0	0	0	0	2
スポーツ用品	0	0	1	1	0	0	0	2
家　電	1	1	0	0	0	0	0	2
書　籍	0	0	0	2	0	0	0	2
がん具	0	0	0	0	0	0	0	1
寝　具	0	0	0	0	0	0	0	1
工　具	0	0	0	0	0	0	0	1
携帯電話	0	0	0	1	0	0	0	1
総　計	10	14	29	49	18	2	5	127

(注)　1：小売業の分類からさらに外食や自動車販売，医療器具など事務所向けの製品やサービスなどを除外している。

　　　2：一度撤退して，再度進出した企業も新たにカウントされている。

(出所)　東洋経済新報社『外資系企業総覧』各年版に基づき筆者作成。

表8-3　年代別外資系小売企業の出資比率の推移（社数）

出資比率	1987 ～ 1989 年	1990 ～ 1994 年	1995 ～ 1999 年	2000 ～ 2004 年	2005 ～ 2009 年	2010 年	不　明	総　計
50% 未満	0	3	7	12	2	0	0	24
50% 以上100% 未満	6	6	10	15	3	0	3	43
100%	4	5	11	21	10	1	2	54
不　明	0	0	1	1	3	1		6
総　計	10	14	29	49	18	2	5	127

(出所)　表8-2と同じ。

表8-4　1990年以降に日本市場に参入した主な外資系小売企業

進出年	名　称	本　国	業　種
1990年	ヴァージンメガストア	イギリス	AVソフトウェア
	HMV	イギリス	AVソフトウェア
	ザ・ボディショップ	イギリス	化粧品
1991年	トイザらス	アメリカ	がん具
1992年	ディズニーストア	アメリカ	雑　貨
	L.L.ビーン	アメリカ	衣料品
	ザ・ミュージアム・カンパニー	アメリカ	美術品
1993年	エディ・バウアー	アメリカ	衣料品
1994年	ランズエンド	アメリカ	衣料品
	エスプリ	香　港	衣料品
	クレアーズ・ストアーズ	アメリカ	服飾雑貨
	キャンディ・エクスプレス	アメリカ	菓　子
1995年	ウェルセーブ	香　港	総合小売
	GAP	アメリカ	衣料品
1996年	ワーナー・ブラザーズ・スタジオ・ストア	アメリカ	雑　貨
	スポーツオーソリティ	アメリカ	スポーツ用品
	ピア・ワン・インポーツ	アメリカ	雑　貨
1997年	オフィスデポ	アメリカ	オフィス用品
	オフィスマックス	アメリカ	オフィス用品
	フットロッカー	アメリカ	服飾雑貨
	ネクスト	イギリス	衣料品
1998年	ルームズ・トゥー・ゴー	アメリカ	家　具
	JCペニー	アメリカ	インテリア
	ザ・アスリートフット	アメリカ	服飾雑貨
1999年	コストコ	アメリカ	総合小売
	ザ・ブーツカンパニー	イギリス	ドラッグストア
	セフォラ	フランス	化粧品
2000年	カルフール	フランス	総合小売
2002年	ウォルマート	アメリカ	総合小売
	メトロ	ドイツ	総合小売
2003年	テスコ	イギリス	総合小売
2006年	イケア	スウェーデン	家　具
2008年	H&M	スウェーデン	衣料品

（出所）　表8-2と同じ。

の特徴としては，第1に，アメリカ系企業が多いということである。第2に，1990年代には専門業態が，2000年前後からは食品の取り扱いを含めた総合業態が参入していることである。第3に，1990年以前に参入に成功していたのが高級ブランドショップのような企業であるのに対して，1990年代以降に参入してきた企業は，ローコスト・オペレーションを特徴とする低価格戦略の企業であることである。ローコスト・オペレーションの要素としては，効率的な店舗運営と，国際的商品調達力，効率的な物流システムが挙げられる（青木均〔2003〕「流通外資脅威論について」『愛知学院大学論叢商学研究』第44巻，12頁）。

　次項以降では，専門業態の事例として日本トイザらスを，総合業態の事例としてウォルマートを取り上げて，その特徴と日本の流通への影響，日本市場における課題を明らかにする。

[2] **専門業態：日本トイザらス**

①日本トイザらスのビジネスモデル

　日本トイザらスは，1989年に米国トイザらス80%，日本マクドナルド20%の出資比率で設立された。その業態は，がん具のカテゴリーキラーで，基本的なコンセプトは，0～15歳までの年齢層を対象に，「がん具」を幅広い視野からとらえ直し，男・女児がん具，ゲーム機器・ソフト，育児用品，スポーツ用品，子ども衣料などの子ども用品を幅広く提供するというものである*。

　　＊　日本トイザらスの商品構成を売上高構成比（2001年）で見ると，がん具が22.4%，
　　　　ベビー用品（育児用品・乳幼児食品・室外用大型がん具・子ども衣料）が27.1%，スポーツ用品・自転車が8.7%，エンターテインメント（電子がん具・テレビゲーム機およびソフト・ジグソーパズル）が29.5%，その他（教育がん具・絵本・文房具・菓子・節句用品）が11.7%となっている（日本トイザらス〔2001〕『有価証券報告書』）。

　　店舗運営方針として，**EDLP**（エブリデーロープライス，Everyday Low Price），

EDLP：EDLPは，Everyday Low Priceの略称で，ハイロー・プライシングのような特売を行わず，定番商品を低価格で長期間販売する手法である。これによって消費者は①他社との比較（企業間の比較）および，②将来の特売のこと（異時点間での比較）を考慮せずにいつでも安心して購入できるという信頼を獲得する戦略である。同時に，EDLPは，少品種大量販売と平準化によって，オペレーションを効率化し，低コスト化を可能にする。

豊富な品揃え，完全在庫の３つが挙げられている。エブリデーロープライスは，特売をせず，年間を通じて可能な限り上げ下げの少ない価格で他店舗よりも低価格で販売するというものである。具体的にはメーカー希望小売価格の10〜30％程度の値引きを行い販売するというものである。豊富な品揃えとして，１万5000〜１万8000 **SKU** を取り揃える。そのうち海外製品は３割程度である。そして，顧客の期待に確実に応えるために欠品しない完全在庫である。

　店舗運営について，日本トイザらスの標準フォーマットの店舗面積は，3000㎡と非常に大規模である。それにもかかわらず１店舗当たりの正規従業員数は６名と少なく，人件費が抑えられている（公正取引委員会〔1994〕『玩具業界の流通実態調査報告書』16頁）。

　大規模店舗を少数の正規従業員で運営するのを可能にする要因として，第１に，対面販売ではなくセルフ販売方式であることが挙げられる。第２に，例えば，個々の商品には値札をつけず顧客が棚の価格や，店内の「プライスチェッカー」に商品バーコードを当てて価格を確認するようにするなどの仕組み作りがなされている。第３に，本部や自社物流センターによって発注や検品作業などが行われており，店長は店舗別に売上高と販売管理を行い，店舗作業は品出しとコスト管理などだけであり，店舗の役割が限定されていることがある。

　商品の仕入方法の特徴として，第１に，卸売業者を利用せずメーカーと**直接取引**を行っている。第２に，発注に関して，本部が，過去の実績や需要予測，アローワンスなどの取引条件を勘案し，会社全体を１つの在庫単位として，メーカーに対して発注を行う（臼井秀彰〔2002〕「小売業のロジスティクス戦略(23) 日本トイザらス」『流通設計21』10月号，83頁）。各店舗ではなく本部が一括で発注を行うことで，規模の経済性が働き仕入価格を引き下げることができる。第３に，完全買取制をとっている。日本のがん具業界では売れ残り商品を返品することが一般的であるが，日本トイザらスは，返品をしないかわりに，

SKU：Stock Keeping Unit の略称である。直訳すると「在庫保管単位」となり，企業が在庫管理をするための商品単位を指す。
直接取引：流通分野における直接取引とは，生産者と小売業者が直接商品の売買を行うことである。それに対して，一般に日本で見られる卸売業を媒介した取引を，間接取引という。

第**8**章　1990 年代以降の日本市場における小売国際化

仕入価格を低くしている。

　物流システムについて，発注された商品は，卸売業者を介さずメーカーから直接同社の物流センターに納入される*。この在庫の所有権は，すべて日本トイザらすにある。配送は，積載効率を重視し，10 トントラックの荷台が満載になった時点で配車指示が行われ，翌朝 10 時に各店舗に到着するようになっている**。配送頻度が少ないために，発注から店舗配送までのリードタイムが長くなるが，店頭に大量に陳列されている商品がバッファーの機能を果たし，欠品対策となっている（同上，84–87 頁）。

> ＊　物流センターは，DC（Distribution Center）と TC（Transfer Center）の複合型センターである。TC は全体物量の 70% に当たる約 1 万 5000 SKU で，国内メーカーと卸売業の商品を取り扱っている。TC の商品は，納入後仕分けして全店に配送される。DC で，輸入商材や季節商品など残り 30%，約 3000 SKU の商品は取り扱われ，納入後センター在庫として一時保管される（『日経情報ストラテジー』2002 年 8 月号，58–59 頁）。
>
> ＊＊　この積載効率を重視した配送によって，1 ケース当たりの配送コストは 10 円強となり，出荷および設備などの物流コスト全体を含めても 1 ケース当たり 150 円程度である。これは，文具や雑貨，がん具卸の平均物流コストは 250 円以上と言われていることからすると，非常に低コストになっている。

②日本トイザらすが日本の流通・消費に与えた影響

　日本トイザらすは，1991 年 12 月に茨城県に 1 号店を出店以降，年間 10 店舗程度の出店ペースを維持し，順調に売上高を増大させた。1996 年には 51 店舗で売上高が 750 億円に達し，国内がん具小売企業のトップに立っている。この日本トイザらすの躍進は，日本のがん具業界に大きな影響を与えた。

　第 1 に，定価販売が当然であった日本のがん具業界に値引き販売を持ち込み，がん具専門店や百貨店との価格競争を引き起こしたことである。従来日本のがん具流通は，メーカー，卸売業者，小売業者からなる典型的な日本的流通であり，メーカーによって**建値**を設定され，消費者に対してはメーカー希望小売価格での販売が一般的であった。そこに，日本トイザらすが値引き販売を持ち込んだことにより値引き販売が一般化している*。

建値：序章参照。

＊　公正取引委員会によって 1992〜93 年に実施された調査では，「ほとんどメーカー小売
希望価格どおり売っている（いた）」という項目が，その 5 年前には 70.1% であったの
が，29.4% にまで減少している（公正取引委員会〔1994〕『玩具業界の流通実態調査報
告書』18 頁）。また，日本玩具協会の調査では，1992 年以降の 2 年間に，がん具店の商
品 1 点当たりの平均売価は，1992 年の 2494 円から 1994 年の 1857 円へ 25.5% 程度低下
している（『日経流通新聞』2003 年 4 月 22 日付）。

　第 2 に，中小の専門店や卸売業の倒産・廃業をもたらしたということである。
日本トイザらスの参入以降がん具業界において値引き販売が一般的に行われる
ようになったが，卸売業を利用する小売企業は，仕入価格などの取引条件は変
わらないため，利益率が悪化した。それにより，体力のない中小専門店の経営
が行き詰まった。また，大手量販店などが，取引数量を大きくして仕入価格を
下げるために大手の卸売業に取引を集中したために，中小の卸売業が苦境に立
たされた＊。

＊　商業統計の事業所数によると，がん具・娯楽用品小売業は，1991 年に 1 万 5243 店で
あったのが，日本トイザらス参入後の 1994 年には 1 万 4540 店に，2002 年には 1 万 1898
店と 1991 年に比べ 20% 以上減少している。がん具卸（スポーツ用品・娯楽用品・がん
具卸売業）も，1991 年の 5206 店から，2002 年には 4279 店にまで減少している。

　第 3 に，従来がん具店であればがん具だけという業種ごとの縦割りの品揃え
であったのに対して，初期の日本トイザらスが支持されたのが幅広い品揃えで
あったように，一定のコンセプトに基づく幅広い品揃えでワンストップショッ
ピングを可能にする業態を確立したことである。

３　総合業態：ウォルマート

①ウォルマートのビジネスモデル

　ウォルマートの業態は，ディスカウントストア，メンバーシップ制ホールセ
ールクラブ，**スーパーセンター**，ネイバーフッドマーケットの 4 種類である。

スーパーセンター：ウォルマートが 1990 年代初期にディスカウントストア（非食品）とスーパーマ
　ーケット（食品）を統合して開発した業態である。平均的な店舗規模は 1 万 7000 ㎡という大規模
　な店舗に，食料品や衣料品，住居関連品をワンフロアに集め，ワンストップショッピングを可能に
　している。このスーパーセンターが，ウォルマートの 1990 年代の成長を支えた。

第**8**章 1990 年代以降の日本市場における小売国際化

1990 年代以前は非食品を中心としたディスカウントストア業態が中心であったが，1990 年代以降は食品も含めたスーパーセンターという総合業態が中心となっている。

ウォルマートの戦略の根幹をなすのが，EDLP（Everyday Low Price）である。この EDLP は，西友でも参入直後に実施され始めた。品揃えの幅の面では，2003 年から「モジュラープラン」を通じた品目数の削減が取り組まれるようになった*。平準化の側面では，2002 年 12 月からチラシ特売の抑制と，ロールバックが開始された**。

　＊　モジュラープランとは，最適なフェース割りによって各カテゴリーで最大限に販売効率を追求する，という考え方である。利益と効率を重視するため，必然的にアイテムは売れ筋に絞られることになる。調味料やグロサリーではトップブランド，もしくはそれに準ずるものに限定し，それを大量陳列し，日配商品も大幅にアイテムを絞り込んでいる。例えば，二俣川店（神奈川県）では，青果の品揃えが約 20 アイテム（従来の大型店よりの標準よりも 20％ 削減）に，畜産で 170 アイテム（同 30％ 削減），加工食品 4700 アイテム（28％ 削減），日配品で 1600 アイテム（14％ 削減）と，それぞれ従来の大型店舗の標準より 10〜30％ 削減されている（『販売革新』2003 年 8 月号，84 頁）。また，スーパーセンターのパイロット店とされた沼津店（静岡県）での商品数は，食品が約 1 万 SKU，衣料品が約 2 万 SKU，家庭用品が約 3 万 SKU と，合計で 5 万 SKU 程度である（『販売革新』2004 年 5 月号，68 頁）。

　＊＊　ロールバックとは，最低 3 か月続ける長期値下げのことで，1 カテゴリーで 1 アイテムを基本に大量陳列し，期間中競合品の特売は行わず，期間終了後も価格を戻さないというものである。西友は，このロールバックを衣食住 147 品目で開始し，2004 年末時点で，3500 品目にまで増加している（西友『年次報告書 2005』）。

店舗運営に関して，ウォルマートの特徴は，賃金の低い非正規従業員を活用した人件費の削減と，そうした未熟練な非正規従業員を利用しながらも正確なオペレーションを可能とする仕組みである。

西友では，2003 年から希望退職などを通じて正規従業員を減らした（『日経流通新聞』2003 年 4 月 22 日付）。また，2004 年には店舗組織を単純化した（『日本経済新聞』朝刊 2004 年 10 月 7 日付）。これにより，店舗でのパートタイマー比率は 85％ 以上となった。店舗運営の仕組みとして第 1 に，業務手順の標準化がある。2003 年から，リテイル・スタンダードと，ダイロ（DILO＝Day In the

199

Life Of）が導入された＊。第2に，店舗の情報システムとして，スマート・システムがある＊＊。第3に，省力化のための什器がある。食料品ではパレットに載せたまま陳列できる「ストックベース」と呼ばれる車輪付きの什器や，衣料品ではハンガーによる陳列が導入された（『日経流通新聞』2003年3月25日付）。

＊　リテイル・スタンダードとは，全店統一で売場ごとの達成すべき営業基準と評価基準を設定し，その基準に基づいて売場の出来栄えを週単位で自己評価していくものである。ダイロは，1日の作業の流れを時間帯別に一覧にした表で，その作業を実行した人が押印することで作業のブレやダブリをなくそうというものである。これにより，全店が同じ順番で作業をすることが可能になり，作業の内容の変更にもスムーズに対応できる（『日経流通新聞』2003年4月24日付）。リテイル・スタンダードとダイロは，イギリスのアズダが取り組んだベストプラクティスであった。

＊＊　スマート・システムは，新型POSレジ，バックヤードにあるストア・コンピュータ，携帯用情報端末機「テルゾン」から構成される店舗における情報システムである。2003年8月から導入が始まり，2005年末には252店舗にまで導入が広がっている（西友『年次報告書2006』）。

　商品調達について，第1に，ウォルマートは，本国ではメーカーとの直接取引を実施しているが，日本では卸を活用している。

　第2に，ウォルマートは，国際調達網として中国に拠点を持っており，参入した2002年の時点で直接購買だけで約60億ドル，業者を利用した間接調達を含めると120億ドルにもなる。これは，ウォルマートの海外調達の約3分の2に相当する。この中国を拠点とした国際調達網は，イギリスやカナダでの商品調達に利用されており，西友でもこの国際調達網を利用したPBが販売された（『日経流通新聞』2003年1月28日付）＊。

＊　食品部門では，ウォルマートの加工食品PBである「グレートバリュー」が2003年12月に販売されるようになった。グレートバリューは，大容量と低価格を特徴としており，缶入り果汁100％ジュースのホワイトグレープフルーツ1400ｇが198円で，そのほかにミックスナッツ，レギュラーコーヒー，オリーブオイルなどが導入された（『日経流通新聞』2003年8月19日付）。衣料品部門では，ウォルマートPBの「シンプリー・ベーシック」や「アスレチックワークス」などのGOOD，同PBの「クローシング」や

PB：Private Brand の略称。メーカーの商品である NB（ナショナル・ブランド）に対して，小売業者が独自に商品を開発・設計し，メーカーに生産を委託し，小売業者のブランド名を付与した商品を指す。PB とうのは和製英語で，アメリカなどでは，Private Label という。

第8章　1990年代以降の日本市場における小売国際化

「ジョージ」などのBETTER, NBを中心としたBESTの3つの価格帯別の品揃え構成となり，2003年から「シンプリー・ベーシック」が導入されるなどGOODやBETTERに属する商品が重点的に増やされていった。それにより衣料品の単価が25％低下した（『週刊ダイヤモンド』2005年2月12日号，101頁）。

　ウォルマートの物流システムは，自社の情報システムである**リテール・リンク**によるサプライヤーとの情報の共有化，**VMI**，自社物流インフラによる大量配送を特徴としている。

　リテール・リンクは，2003年から導入が始まり，2003年末にはバイヤー研究を終え，同年12月から約100社の取引先の研修が始まり，2004年時点で約600社の取引先が参加している。これは生鮮食品を除く取扱高の90％に相当する（西友『年次報告書2005』）。リテール・リンクの導入に応じてJBPの取り組みも始まっている[*]。

　　* 　JBP（Joint Business Plan）は，従来のバイヤーとメーカーの営業担当が一対一で進めていた商談に，双方の販売促進・物流・システムなどの担当者が加わり，チームを組み，販売数量や陳列・販促手法を協議し，売上高・粗利益・在庫の目標を共有する。その上で，1か月ごとに共同で結果を検証し，半期に1回は役員クラスを交えた会議で取引全体を総括するというものである。販売計画の立案と検証の要となる販売・在庫情報はウォルマートのリテール・リンクを用いる。JBPの連携先は，コカ・コーラやP&Gなど60社（2005年時点）で，食品・日用品など各カテゴリーでシェア上位を占めるメーカーが中心となっている（『日経流通新聞』2005年3月30日付）。

　物流システムに関して，埼玉県に三郷物流センターを建設し，2006年から本格的に稼働させている[*]。

　　* 　三郷物流センターは，常温，15℃，5℃，0℃，マイナス29℃の5つの温度帯に対応し，加工食品の在庫ではフルケース自動倉庫を備えている。東関東の64店舗分の全商品が，西関東では14店舗分の住居用品・衣料品が配送され，さらに6センターを経由

リテール・リンク：リテール・リンクはサプライヤーとの間での情報システムであり，ウォルマートの販売・在庫情報を取引先に公開し，それに基づき商品本部バイヤーと取引先が商談や，JBPを実施する際に使用する意思決定支援システムである。

VMI：VMIとは，Vender Managed Inventoryの略称で，サプライヤーが物流センターの在庫管理を行う手法である。ウォルマートでは，ウォルマートがリテール・リンクを通じてサプライヤーに店舗と物流センターの在庫情報を提供する代わりに，サプライヤーが物流センターの在庫管理を行っている。これによって，受発注の作業が効率化されコストが削減されるとともに，在庫の削減やリードタイムの短縮に効果をもたらしている。

して 181 店舗に住居用品，衣料品，直輸入商品，自社開発商品が配送される。SM から GMS まであわせて 259 店舗をカバーし，店舗からの発注も毎日 24 時間態勢で受け付け，24～48 時間以内に納品する（『食品商業』2007 年 8 月号，99 頁）。

②ウォルマートの問題点

　ウォルマートは 5 か年でそのビジネスモデルを移転し，西友の業績を回復する計画で，取り組みを始めた。しかし，西友の売上高は，2002 年 7455 億 3400 万円から 2006 年 6852 億 6800 万円まで徐々に減少している。また，営業利益は，2002 年 133 億 1100 万円（売上高営業利益率 1.8%）から 2006 年には 17 億 2700 万円（同 0.3%）まで激減している。これは，まずウォルマートのマーチャンダイジングが，日本の消費者に受け入れられなかったことを示している。

　具体的には，第 1 に，品揃えを絞った単品大量陳列の問題である。「モジュラープラン」によって販売効率を重視した棚割で，陳列棚の両エンドに置く主力商品は「一商品一価格」を原則としていた単品大量陳列を基本に店舗全体でも品目数を絞っていた。しかし，「品ぞろえがとぼしくなった」「多様な商品の中から選びたい」という消費者の声が高まった（『日経流通新聞』2005 年 3 月 18 日付）。

　第 2 に，品質の問題である。衣料品や食料品分野で PB が導入されたが，衣料品では，サイズやデザインがほとんど欧米仕様のままであったため，日本の消費者に受け入れられず，食料品でもジュースや菓子などの容器や味で日本の消費者に受け入れられなかった（『日本経済新聞』朝刊 2005 年 6 月 8 日付および『日経流通新聞』2005 年 8 月 29 日付）。

　第 3 に，EDLP による需要の平準化の失敗である。2002 年にロールバックを始めると同時にチラシ特売を削減したが，それによって売上高が減少してしまい，すぐにチラシ特売を再開している（『日経流通新聞』2003 年 10 月 9 日付）。

　このことをふまえ，2005 年頃から品目数を増やし，陳列方法を変更するなどの転換を行っている。しかし，うえで述べたようにウォルマートのシステムは，品揃えを絞って単品を大量に取り扱うこと，また需要が平準化されていることが前提となっている。そのため，それらの条件が，少なくとも現在のところ日本市場においては確立することが困難であるということである。

第8章　1990年代以降の日本市場における小売国際化

4 　日本市場における外資系小売企業の影響と限界

　外資系小売企業の影響として，第1に，GAPやH&Mのようなアパレルショップや，ザ・ボディショップのようにそれまで日本にはなかったような自社製品を取り扱う小売企業が定着したということである。これらは，固有の文化と結びついて日本の消費者に受け入れられ，消費の多様性を促進した。これは，ルイ・ヴィトンやシャネルのような高級ブランドショップと同様であり，1990年代以前から共通した点である。

　第2に，日本トイザらスの事例に見られるように，それまでの建値制に基づいた定価販売の業種店という日本の流通のあり方に対して，一定のコンセプトに沿った幅広い品揃えと値引き販売を行う専門量販店の業態が増加したということである。ほかにも，AVソフトウェア（HMVなど）や，スポーツ用品（スポーツデポなど）などの分野で見られる。これによって，日本の消費者は，ワンストップショッピングの利便性を得られ，安価に商品が購入できるようになった。

　その一方で，ウォルマートの事例に顕著に見られるように，食品の取り扱いを含む総合業態の分野では，ほとんど成功と言える事例が見当たらない。これには様々な要因が考えられるが，生鮮食品の取り扱いや，取り扱い品目の幅の広さと価格の両立という課題に，欧米企業のシステムでは対応できていないということが言える*。

　　＊　1990年代以降の外資系小売企業の参入については，宮﨑崇将（2009）「外資系小売企業の日本市場への参入」仲上哲編『失われた10年と日本の流通』文理閣で詳しく論じている。

4 　日本における小売国際化の影響と限界

　本章では，1990年代以降の日本市場における流通におけるグローバル化の現象について，商品調達行動の国際化と，出店行動の国際化の2つの側面を取り上げて見てきた。

　商品調達行動の国際化は，主に野菜の開発輸入を取り上げた。その影響は，

▶▶ *Column* ◀◀

何でも返品受け付けます：ウォルマートの無条件返品制度

　流通は一般にドメスティックな性格が強い産業であり，各国の文化の影響が大きいと言われています。そのため，外資系小売企業には，日本の小売企業には見られない「サービス」が見られます。例えば，近年家電量販店などで見られる他店の商品よりも安い価格にするという「最低価格保証制度」も，もともとは外資系小売企業のサービスの1つでした。このほかにも様々な特徴的なサービスが存在しています。

　例えば，ウォルマートには「無条件返品制度」があります。一般に日本では，一度購入した商品の返品は，未開封のうえ，購入した店舗に，購入した際のレシートを持参することでようやく応じてもらえるというかなり手間のかかるもので，場合によっては商品の不良などの理由がなければ返品不可ということもあります。

　これに対して，アメリカの小売業では一般にレシートさえあれば店舗にかかわらず返品に応じてもらえます。ウォルマートではさらに無条件＝「何でも」，すなわち商品の不良かどうかにもかかわらず，購入した商品が気に入らなくなったというだけで返品に応じてくれるのです。ベントンヴィル（アーカンソー州）にあるウォルマートの本社には，「ボールが打てない」という理由で返品されたあきらかに使い古してボロボロになった「ねじ曲がったラケット」や，ウォルマートができる以前に売られていた「水筒」にもかかわらず返品された商品が展示されていると言われています。こうした無条件返品制度は，「顧客は常に正しい」というウォルマートの理念にしたがったものであり，顧客満足につながると考えられています。ちなみに，返品によって生じるコストは，メーカーの負担となります。

　このように外資系小売企業のサービスなど，日本の企業とは異なる価値観に基づいたものが存在しており，文化の違いが感じられる面白さがあります。

①野菜の価格の低下，②消費の周年化，③卸売市場取扱量の減少などがあった。出店行動の国際化は，外資系小売企業の日本市場への参入を取り上げた。その影響は，①海外製品による消費の多様化，②コンセプトに基づいた量販店の増加，などがあった。このように，小売国際化は，年中食べたいものを食べられるようになったり，ワンストップショッピングが様々な分野で可能になったりするなど，消費者の利便性や効用を高めたと言える。また，従来よりも野菜の価格自体が低価格になったり，値引き販売が一般化したりするなど価格の低下

もあった。

　価格面についてもう少し詳しく考察すると，日本市場において小売国際化が進展した 1990 年代は，戦後から 1980 年代まで続いた持続的な経済成長が，「バブル経済」とその崩壊をもって終わりを告げた時代である。その後，1990 年代後半は橋本行財政改革やその中で行われた消費税率の引き上げによる景気の後退，2000 年以降は小泉内閣による新自由主義的な構造改革を通じて「格差社会」と呼ばれるような社会構造の変化が生じるなど，可処分所得が低下する傾向にあった。当然生活必需品に対する支出を抑えるために，同程度の品質であればより安価なものを選ぶという低価格志向になっていた。価格の低下を進める小売国際化は，こうした消費の低価格志向に合致するかたちで進んでいったと言える。

　このように小売国際化による低価格に対する支持の基礎には構造的な要因があったと言える。しかし，そうした要因を持って全面的に小売国際化が進んだわけではない。生鮮野菜が安全性に対する不安から買われなくなったり，ウォルマートのような単純な価格訴求型の販売手法が受け入れられなかったりするなど，あくまで，一定の品質やサービスが担保されていなければならないということである。

　［謝辞］　元追手門学院大学非常勤職員の川口彩さんには，外資系小売企業の進出状況のデータ整理に当たり，大変お世話になった。深くお礼申し上げる。

[推薦図書]

向山雅夫（1996）『ピュア・グローバルへの着地──もの作りの深化プロセス探求』千倉書房
　　日本における小売国際化に関する最初の本格的な文献。品揃えの「標準化─適応化」問題について中心的に論じている。

川端基夫（2000）『小売業の海外進出と戦略──国際立地の理論と実態』新評論
　　「フィルター構造」概念を用いて，自国および進出先市場の特性を重層的に把握することを通じて小売企業の参入行動を考察している。

矢作敏行（2007）『小売国際化プロセス──理論とケースで考える』有斐閣
　　アジア市場への各国企業の参入に関する事例を豊富に取り上げて，進出先市場

特性と現地化プロセスとの関連を考察している。

設 問

1. 小売国際化とは何でしょうか。また，その3つの側面について述べてください。
2. 小売国際化に関する具体的な事例を1つ取り上げて，その意義と課題について論じてください。

（宮﨑崇将）

第9章

地球環境問題とマーケティング

　　地球環境問題は急速に深刻化しています。その一因として，マーケティングが大量生産，大量消費の浪費型社会を助長してきたという面があることは否定できませんが，一方で，消費者が物理的に豊かな社会を望んできたからとも言えます。しかし地球環境問題の深刻化を受け，消費者も浪費型社会の転換を求めるようになってきました。

　　これまでの利益追求という企業の論理を悪いものとして否定するのではなく，その良い面をうまく利用することによって，長期的にそして効果的に循環型社会が形成できるとも考えられるのではないでしょうか。

1　公害問題から地球環境問題へ

　1950年代に始まる高度経済成長期に，日本ではイタイイタイ病や水俣病といった，いわゆる**四大公害病**が発生し，大きな社会問題となった。しかし，この頃の公害は地域が限定されており，原因となった企業を特定することができたため，汚染者に対して汚染物質を出さないよう公害予防の費用を負担させる「汚染者支払原則」の考え方や，すでに引き起こしてしまった公害に対する修復費用や被害者救済の補償費用を汚染者に負担させる「汚染者負担原則」の考え方で対応することができ，時間はかかったものの，問題は収束に向かった。

　しかし，1970年代以降に表面化した地球温暖化やオゾン層破壊，酸性雨などといった環境問題は，それまでの公害とは規模も性質も異なるものであり，

四大公害病：1910年頃から発生し，1955年に富山県神通川流域で発生が報告されたイタイイタイ病，1956年に熊本県水俣市で発生が報告された水俣病，1965年に新潟県阿賀野川流域で発生が確認された第二水俣病，1960年代から70年代にかけて三重県四日市市で発生した四日市ぜんそくの4つを指す。

207

1つの企業や1つの国および地域で解決できるものではなかった。一企業に責任を負わせることのできない現代の地球環境問題は，需要と供給を増大させることで発展を図ってきた社会経済システム全体にその原因があったからである。

ガルブレイスは，その著書『ゆたかな社会』(1958) の中で，ゆたかな社会において消費者はすでに一定の欲望を満たされているにもかかわらず，巨大企業の広告・宣伝活動によって新たな欲求が作り出されていると指摘している（ガルブレイス／鈴木哲太郎訳〔2006〕『ゆたかな社会 決定版〔岩波現代文庫〕』岩波書店）。

また，消費者の欲求を新たに作り出す計画的陳腐化などは，環境問題の観点から強く批判される。生産者がもっと耐久性のあるものを作り，モデルチェンジによって従来品が時代遅れであるかのような演出をしなければ，消費者は買い換えをしなくてすみ，結果的に廃棄物の発生を抑えて資源の枯渇を防ぐことができるというのである。

このように，今日では社会経済システムの転換と消費者意識の改革が求められるのであるが，しかしそれは「公害問題が起こるより前の不便な生活に戻れ」というような単純なものではない。

1987年に国連総会で「**持続可能な開発**」というキーワードが示された。その意味は「将来の世代の欲求を満たしつつ，現在の世代の欲求も満足させるような開発」であり，過去への衰退ではなく，地球の自浄可能な範囲内での節度ある開発を目指そうというものである。

2 地球環境問題の深刻化に伴う社会的変化

1 環境関連の法整備

地球環境問題は，市場メカニズムを追求した結果として外部不経済が起こる

持続可能な開発：持続可能な開発（Sustainable Development）は，1980年に国際自然保護連合（IUCN），国連環境計画（UNEP）などがとりまとめた「世界保全戦略」に初出，「環境と開発に関する世界委員会」が1987年に公表した報告書「Our Common Future」の中心的な考え方として取り上げた概念である。

という，典型的な市場の失敗から生まれる。したがって，市場の失敗を是正するために，政府は時代に合わせて様々な法整備を行ってきた。

初期の法整備としては，四大公害病への対策として講じられた1967年の「公害対策基本法」が挙げられる。1971年には環境庁（現環境省）が発足し，本腰を据えて環境対策に乗り出すようになった。

1973年に制定された「公害健康被害補償法」は，経済協力開発機構（OECD）案にある企業の汚染防止費用の負担だけではなく，汚染環境の修復費用や公害被害者の補償費用についても汚染者負担を基本とする考え方が規定されており，**日本版PPP**として評価が高い。

その後，公害には公害対策基本法，自然環境問題には1972年に制定された自然環境保全法で当たってきたが，次第に広域化，複雑化する環境問題に対応できなくなり，1993年に環境基本法が制定された。環境基本法には，世代を超えて環境を守っていかなければならないこと，環境負荷の少ない持続的発展が可能な社会を作ること，国際的協調による地球環境保全の積極的な推進などが基本理念として置かれた。

1990年代に入ってからはリサイクルに関する法律が次々と制定された。1991年の「再生資源の利用の促進に関する法律（リサイクル法）」を皮切りに，1997年には「容器包装リサイクル法」，2001年に「家電リサイクル法」，同じく2001年「食品リサイクル法」，2002年「建設リサイクル法」，2005年「自動車リサイクル法」などが施行された。

2000年に公布された循環型社会形成推進基本法には，大量生産，大量消費，大量廃棄型の経済社会から脱却し，地球環境への負荷が少ない「循環型社会」を形成することで環境問題の解決を目指すことが明記されており，循環型社会の形成を推進する基本的な枠組みが示されている。

環境配慮型製品の製造を促進するだけでなく，その購入にも力を入れるために施行されたのが，2001年の「**グリーン購入法**」である。国や独立行政法人

日本版PPP：PPP（Polluter-Pays Principle）は，直訳すれば「汚染者支払原則」であるが，日本では汚染防止費用の負担だけではなく，汚染環境の修復費用や被害者の補償費用についても汚染者負担とする考え方が一般的であり，「汚染者負担原則」と訳される。

などの公共機関に，環境に配慮した製品を優先的に購入したり情報提供したりするよう求めたこの法律は，環境物品などの需要拡大と，ひいては規模の経済によるその製造費や販売促進費といったコストの削減を目的としている。

　さらに，政府は排出税や使用者税などといった，環境負荷の高い汚染物質や汚染行動に課税することで間接的に環境問題の発生を抑制したり，環境配慮型技術や製品に補助金を出して開発を援助したり普及を促したりしている。

2 企業の社会的責任

　1970年代以前の企業の社会的責任（CSR）と言えば，新しい製品を生み出し，消費者の生活を豊かにすることによって利益を上げ，株主に配当し，従業員に賃金・報酬を支払い，納税するという経済的貢献と，行政が提示した環境基準を守るという，狭い意味でのコンプライアンスであった。

　しかし，企業の過激な営利追求によって，様々な公害や食品添加物による健康障害，欠陥商品問題などといった消費者問題が発覚すると，そうした問題を起こした企業に対して社会的批判が集まるようになった。

　その結果，経済的利益を重視するあまりに社会全体の利益をないがしろにするような行動を多くの企業が控えるようになり，利益を削ることを承知で，コストのかかる社会貢献を行う企業も現れた。

　1970年代に入ると，企業の社会的責任や社会貢献に焦点を当てた社会マーケティングが提唱され，メセナやフィランソロピーといった活動が盛んに行われるようになる。

　1980年後半には，「持続可能な発展」というキーワードが広まり，資源やエネルギーの使用削減や廃棄物を減らすことも企業の社会的責任であると考えられるようになった。

グリーン購入法：グリーン購入法は正式名を「国等による環境物品等の調達の推進等に関する法律」といい，2015年度における国等の機関の特定調達物品等の調達実績は，公共工事分野の品目を除く202品目中181品目（89.6%）において判断の基準を満たす物品等が95%以上の高い割合で調達されている（「国等の機関によるグリーン購入の実績及びその環境負荷低減効果等」〔環境省〕〔http://www.env.go.jp/policy/hozen/green/g-law/jisseki/reduce-effect_h27.pdf　2017年9月24日閲覧〕）。

社会マーケティングの中でも，より環境問題に特化したマーケティングのことを環境マーケティングという。ピーティによれば，環境マーケティングとは「より少ない原材料やエネルギー，より少ない環境汚染，より少ない包装，より少ない買い換え，より少ない間接費などと，より少なくてなおかつ多くの顧客満足を，しかも一定の利益を得て創造すること」だという（ピーティ／三上富三郎監訳〔1993〕『体系グリーンマーケティング』同友館，90頁）。つまり，従来のマーケティングが志向する，消費者満足を通して消費者利益を図ることや，消費者の生活にかかわる社会的利益を図ることに加え，商品の販売だけではなく販売後も視野に入れて，エコノミーとエコロジーを両立させることが環境マーケティングの目的なのである。

このように，企業は経済活動を行うと同時に環境配慮行動をとることを，経営戦略の一環として受け止めるようになってきた。

３ 消費者の意識変化

法整備が進み，企業の意識が変化してきたのと同様に，消費者の意識も変化してきている。

カイナックは，マズローの欲求段階説に従って，消費者の欲求は生存の欲求から各欲求段階を上り，一番高い自己実現の欲求を達成すると元の生存の欲求や安全の欲求に戻るという，「消費者満足・不満足の輪」を唱えた（E. Kaynak and S. Wikstroem〔1985〕"Methodological Framework for a Cross-National Comparison of Consumerism Issues in Multiple Environments," *European Journal of Marketing*, Vol.19, No.1, pp.31-46）。消費者満足・不満足の輪が完成して戻った生存の欲求は，以前のそれとは異なり環境を考慮する生活スタイルであるという。近年，**スローフード**，**スローライフ**と言われる生活を好む消費者が増えているが，それらの消費者はゆたかな生活を十分享受したうえで，昔の不便な暮らしを愉しんでいるのである。

スローフード，スローライフ：スローフードとは，イタリア発祥のNPO運動で，ファストフードに対して，地元の食材と食文化を大事にする取り組みである。また，スローライフとは，自然と調和してゆったりした時間の流れを楽しむ生活スタイルのことである。

消費者運動もその関心となる対象を変化させてきた。戦後復興期には生命にかかわる食糧確保や物価値上げ問題に，高度経済成長期には製品の品質や安全，健康問題に，そして，ゆたかな社会に落ち着いた日本の消費者は，地球温暖化や酸性雨などの地球環境問題に関心を寄せてきた。1997 年の**京都議定書**は，日本で議決されたことや，温室効果ガスの削減に消費者個人が関与できることから，特に消費者の関心を集め，広く認知されることとなった。

　消費者の購買行動に関する変化としては，グリーン・コンシューマと呼ばれる消費者が増加してきたことが挙げられる。グリーン・コンシューマとは，環境への負荷ができるだけ小さい商品を優先して購入し，ライフスタイルを環境負荷の少ないものにすることを目指す消費者のことである。

　グリーン・コンシューマが積極的にグリーン購入をすることによって規模の経済が働き，環境配慮型商品の単価が安くなり，グリーン・コンシューマではない一般の消費者も環境配慮型商品を購入するようになることが期待される。ハイブリッド車の価格が，その普及とともにメーカーの開発競争を伴って下がってきたように，未来のエコカーである電気自動車や水素自動車も，普及していくにつれて低価格になっていくことが期待される。

　グリーン・コンシューマの活動は 1990 年頃から徐々に広まり，1997 年にはグリーン・コンシューマ全国ネットワークが結成されたが，現実にはまだ価格の高い環境配慮型商品の購入に積極的でない消費者が多い。2012 年に環境省が発表した『消費者アンケート調査結果』(https : //www.env.go.jp/policy/g-market -plus/com/rep/mat 03.pdf　2017 年 9 月 24 日閲覧）では，消費者を市場のグリーン化に対する現在の貢献度および環境意識程度で 3 つの層に分類して分析している。グリーン購入に積極的かつ環境意識が高く，知識が深い「積極層」，上下層に挟まれたボリューム層「中間層」，グリーン購入に消極的かつ環境意識が低く，知識が浅い「消極層」である。積極層は「環境配慮行動の実践状況（現在)」において「グリーン購入」を選択した層であるが，中間層，消極層で

京都議定書：京都で開かれた第 3 回気候変動枠組条約締結国会議で議決された地球温暖化防止のための国際的な枠組みで，各国の CO_2 をはじめとする温室効果ガス排出量の削減目標を示したものである。日本は 1990 年に比べて 6% の削減を義務づけられた。

第**9**章 地球環境問題とマーケティング

はグリーン購入を選択していない者が多く，環境配慮行動の未実施理由として，中間層，消極層のいずれも「費用がかかること」が４割程度で最も高く，次いで「効果があるかわからないこと」「手間がかかること」が３割程度となっている。すべての消費者が環境行動をとるようになるには，まだ時間を要すると言わざるをえない。

3　環境マーケティングの４P

地球環境問題の深刻化に伴って，行政は法制度を充実させ，企業は社会的責任を考慮し，環境行動を行う消費者は少しずつではあるが確実に増えてきた。ここで，企業が行っている環境マーケティングについて詳しく見ていこう。

従来のマーケティングは，製品を製造し，価格を設定し，流通させ，販売するところまでをその対象としたが，環境マーケティングは，販売後，消費され廃棄されるまでのすべての段階を対象とする。原材料の調達から廃棄までのすべてが環境に影響を与えるからである。

とはいえ，環境マーケティングは，従来のマーケティングとはまったく異なる新しいマーケティングというわけではない。従来のマーケティングに環境への配慮を加えたものであり，したがって，従来のマーケティングのように，マーケティングの４P（製品，価格，販売促進，流通）で考えることができる。

1　製　品

企業は，製品の製造段階，提供段階，使用段階といった，すべての段階において，環境に配慮する必要がある。

製造段階では，廃棄の際にリサイクルしやすいことを考慮して，分離，分解しやすい設計をしたり，なるべく同じ素材を利用したり，原材料を環境負荷の少ないものに変えたり，そのための技術革新を推し進めることが求められる。また，製造工場やオフィスで**環境 ISO 14001** を取得するなどといった取り組みは，従業員の環境意識を高め，組織だった環境対策をしやすくする。そうすることで，対外的には企業イメージの向上や取引先の満足と信用の増大が期待

できる。

　商品提供段階においては，包装に関する課題が挙げられる。贈答品に丁寧な包装をする日本では特に包装が過剰になりがちであるが，粗末に見えない程度の簡易包装を追求したり，空間容積を小さくしたりと，まだまだ工夫の余地はある。

　商品の使用段階の例では，製造の段階で，省エネルギーとなるような設計を行っており，なおかつ，消費者に省エネルギーとなるような使用方法の提案をすることなどが挙げられる。

　省資源，省エネや過剰包装を避けることはコスト削減につながるので，比較的スムーズに進むであろう。しかし，素材や製造方法を変えたり，そのために新技術を開発したり，長く使える商品を作ったりすることは，短期的に見ればコストが上昇するため，景気が悪いときには取り組みにくいものである。しかし，今後さらに消費者がエコロジーに関心を持つようになれば，「エコロジー」は製品差別化の有効な手段となりうるので，早めに取り組んでおく必要がある。

［2］ 価　格

　企業の環境対策で最も難しい問題が，環境コストをどうやって回収するかということである。省エネや省資源など，コスト削減に寄与するような対策であればよいが，多くの場合，環境対策に必要なコストは，それまでのコストと比べて割高になることが多い。

　その増加した分の環境コストをすべて市場価格に上乗せすると，消費者が他社の代替商品を選ぶという結果になりかねない。前出の環境省が発表した『消費者アンケート調査結果』からも分かるように，中間層，消極層においては，環境配慮商品の価格が一般の商品と比べて高ければ購入しないという消費者が

環境 ISO 14001：国際標準化機構（ISO）で作成された環境マネジメントシステム規格であり，組織の活動および提供する製品やサービスが環境に与える負荷を低減するように配慮し，継続的に改善を続けられるような仕組みを作ることを目的としている。2010 年度の「環境にやさしい企業行動調査結果」によれば，ISO 14001 の認証取得状況は，上場企業で 79.3%，非上場企業でも 53.3% である。

第9章　地球環境問題とマーケティング

多いのが現状である。したがって，消費者がどのくらいの価格上昇なら許容するのか，どのようにして消費者にアピールすれば価格上昇を許容してもらえるか，また，競合企業に対して競争力低下にならないためには，どのくらいの価格に設定するべきかなどを探りながら価格を設定していかなければならない。

　企業努力だけではどうしても吸収できないコスト増加分を国からの援助でまかなうこともある。

　2009年5月に始まった家電エコポイント制度は，地球温暖化対策の推進，経済活性化，地上デジタル放送対応テレビの普及を目的として，省エネ性能の高い地上デジタル放送対応テレビ，エアコン，冷蔵庫に対してポイントを付与し，消費者はそのポイントを指定商品に交換できるというものであった。この制度は11年3月まで続き，その間，省エネ家電製品の普及に伴う CO_2 削減効果は年間約270万tと推計されている。また，家電3品目の販売を約2.6兆円押し上げ，経済波及効果は約5兆円，年間のべ約32万人の雇用を維持・創出したという（経済産業省「家電エコポイント制度の政策効果等について」〔http://www.meti.go.jp/press/2011/06/20110614002/20110614002-2.pdf　2011年6月14日閲覧〕）。

　しかし，この補助金制度は，目的を明確にして対象とする製品を慎重に選ばなければ，単に買い換えを促進し，浪費と大量廃棄を生み出す危険もはらんでいる。また，企業によっては，エコポイントで需要が増えたのか，自社製品の需要が増えたのかが判断できず，経営計画を誤る危険もある。実際，2000人の希望退職を募ることとなったシャープは，「エコポイントなどでテレビが売れたため，市場が回復したと判断を誤った」と釈明している（『日本経済新聞』朝刊2012年12月29日付）。

３　販売促進

　メーカーが有害物質を生み出していた従来の素材に替えて，環境負荷の少ない代替素材を使用したとしても，商品を見ただけではすぐに分からないことの方が多いだろう。しかし代替素材を使ったがために価格が高くなってしまった場合は，その理由を消費者に説明し，納得して購入してもらわなければ，売り

上げが落ちてしまう。では，どのような媒体でどのように伝えればよいだろうか。

　株式会社 MM 総研と goo リサーチが行った「第 5 回環境対策に関する消費者意識調査」（https：//www.m2ri.jp/news/detail.html?id=105　2017 年 9 月 24 日閲覧）において，「環境対策に力を入れている」と感じる企業のトップであったトヨタ自動車は，他社に先駆けてハイブリッドカーを開発したことや，CO_2 削減に向けた取り組みが進んでいることを，テレビ CM や環境報告書などで常にアピールしてきたことが功を奏していると考えられる。また，第 2 位と評価されたサントリーや第 3 位のパナソニックも，環境対策に取り組むだけでなく，環境報告書や CSR 報告書などで消費者とコミュニケーションをとっているという印象が強い。

　2003 年に出された環境省の循環型社会形成推進基本計画では，2010 年までに上場企業の 50%，従業員 500 人以上の非上場企業の 30% が環境報告書，環境会計を作成することを目標に挙げていたが，2015 年度「環境にやさしい企業行動調査」によれば，「環境報告書（CSR 報告書，持続可能性報告書等の一部を含む）を作成・公表」していると回答した企業は，上場企業で 59.9%，非上場企業では 26.2% となっている。環境に関するデータ，取り組みなどの情報を開示しているかという問いには，上場企業で 68.5%，非上場企業の 35.6% が「一般に開示」していると回答している。このように，多くの企業が情報を開示しているのであるが，環境コミュニケーションは一方的ではいけない。消費者の行動が反応として現れるような，双方向のコミュニケーションが必要なのである。

　コトラーは，公衆衛生・治安・環境・公共福祉の改善を求めて，企業が消費者の行動改革キャンペーンを企画，あるいは実行することにより，消費者の行動が変化し，そのマーケティングから得られるベネフィットの多くは，ブランド・ポジショニングを確固たるものとし，ブランド選好を創造し，取引を構築し，販売量を増加させると述べている（フィリップ・コトラー／恩蔵直人監訳〔2007〕『社会的責任のマーケティング』東洋経済新報社，132-165 頁）。言い換えれば，消費者の行動が変化しなければ，マーケティングが成功したとは言えない

のである。

4 流通政策

　従来のマーケティングでは，流通とは商品を生産者から消費者に運ぶ過程の
ことを指すが，環境マーケティングにおいて流通と言う時には，消費者が消費
した後の流通も考慮しなければならない。つまり，動脈流通と静脈流通の双方
を考えなければならないのである。動脈流通とは従来の商品流通であり，製造
から卸売，小売，消費者へという流れである。これに対し，静脈流通とは，廃
棄物を回収し，再利用，再使用，再資源化することで環境への負荷を軽減する
という新しい視点に基づいた流通である。

　動脈流通の分野では，流通に関する包装資材の省資源化や，物流システムに
おける省エネなどの対策が講じられる。例えば，野菜の輸送に段ボール箱を使
用するのをやめ，プラスチック素材の箱を繰り返し使用することによりゴミの
減量を果たしたり，多頻度少量配送をやめて共同配送したりすることによって，
排気ガスの減少や交通混雑の緩和といった環境問題の解決に寄与することがで
きる。

　静脈流通においては，製品のリサイクルシステムを自社内部に取り込む形も
見られる。富士フイルムのレンズ付きフィルム「写ルンです」は，分解しやす
く廃棄物が出ないように設計されているうえに，消費者が写真を撮り終えて現
像に出した後の回収ルートが確立されているため，実に 95% の再資源化重量
率を誇っている。また，コンビニチェーンのミニストップなどでは，販売期限
切れの弁当を回収し，乾燥飼料にして豚のえさにし，その豚をまた弁当のおか
ずとするシステムが構築されている。

　このような，入口も出口も同じ企業で，その処理プロセスも当該企業できち
んとコントロールできるような，企業にとって「閉じた範囲での循環」（西尾
チズル〔1999〕『エコロジカル・マーケティングの構図　環境共生の戦略と実践』有
斐閣，226 頁）であれば，入口での供給量の確保もでき，異物混入などといっ
た危険も排除され，出口の需要も確保されることから，リサイクル・チャネル
は長期的に安定する。

しかし，現実には閉じた範囲での循環に組み込むことのできない廃棄物の方が多い。例えば，家庭から出る生ゴミなど一般廃棄物においても，環境負荷を考慮したリサイクルシステムが構築され，維持されるべきである。

4 環境ビジネスの成長とこれからのマーケティング

2000年から2014年までの日本の実質GDP成長率を見ると，**図9-1**の通り2000年以降横ばいであり，2007年のサブプライムローン問題や2008年9月のリーマンショックが引き金となった世界的経済危機の影響もあり，2008年から減少に転じたまま，いまだに2000年の水準に戻っていない。

しかし，全体的な経済成長の停滞にもかかわらず，環境産業は順調に成長している。

環境省によれば，GDP同様，環境産業の市場規模も世界的経済危機の影響を受けて2009年には落ち込んだものの，2010年には回復を見せ，その後順調に成長している。特に注目すべきは環境産業の雇用規模であり，2009年の世界的経済危機にもかかわらずほとんど減少せず，2010年以降も増加を続けている。

このように，環境産業は世界的経済危機にもあまり影響を受けることなく成長を続けており，大きなビジネスチャンスを生む可能性がある分野であると言える。

環境省が1991年度から継続して実施している「環境にやさしい企業行動調査」の，2015年度調査によると，環境への取り組みは企業の「社会的責任」であるととらえている企業が最も多く，上場企業では66.2%，非上場企業では62.6%に上る。2013年度調査では，同調査の結果は上場企業で71.8%，非上場企業で71.9%であったため，一見，社会的責任に対する認識が低くなったかのように見える。しかしこれは，環境への取り組みを「重要なビジネス戦略の1つ」と積極的にとらえる企業が，上場企業で13年度8.1%から15年度15.6%へ，非上場企業で13年度の3.7%から15年度10.6%へと上昇したためだと考えることができよう。特に上場企業の増加率の高さには目をみはるもの

第9章　地球環境問題とマーケティング

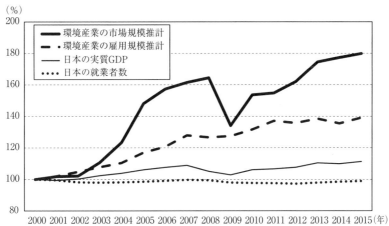

図9-1　2000年以降の全産業および環境産業の成長率

(出所)　環境省総合環境政策局環境計画課「環境産業の市場規模・雇用規模等の推計結果の概要について(2015年度版)」，内閣府「国民経済計算(GDP統計)」，総務省「労働力調査」より筆者作成。

がある。13年度調査では，環境への取り組みを義務として考えている企業が多かったが，15年度調査では，今後の事業展開の指針ととらえている企業が増えてきているということである(環境省「平成28年度環境にやさしい企業行動調査」5頁，同平成26年度，8頁)。

　そして，環境ビジネスをすでに「行っている」企業は上場企業で51.9％，非上場企業で25.4％となっており，上場企業においては半数以上の企業がすでに環境ビジネスへの取り組みを進めているのである(「平成28年度環境にやさしい企業行動調査結果」172頁)。

　コトラーは，企業の社会的課題への取り組みが，売り上げやシェアの増加，ブランド・ポジショニングの強化，企業イメージや評判の向上，従業員にとっての魅力度や労働意欲の向上と離職率の低下，コストの削減，投資家や金融アナリストに対するアピール力の強化を含め，最終利益にプラスの影響があると述べたが(コトラー，前掲書，13頁)，そのプラスの効果を狙って，環境産業に分類されていない企業も，環境分野への進出を考えたり，環境配慮行動を重視したマーケティングに転換したりしているのである。

企業が新たな分野に進出するためには大量の資金が必要であるが，政府は環境保全に必要な経費を毎年捻出している。2017 年度の環境保全経費概算要求額の総額は 2 兆 1896 億円であり，16 年度予算比 2.6％ 増（＋559 億円）となっている。（環境省報道発表資料「平成 29 年度概算要求時における環境保全経費の取りまとめについて」2016 年 10 月 7 日より）

　政府だけでなく，金融機関も環境イノベーションへの投資に積極的に取り組んでいる。

　日本銀行は，2010 年 6 月から，「成長基盤強化」支援のための「新貸付制度」を設け，政府の新成長戦略などに掲げられた研究開発や起業，事業再編といった 18 分野への取り組み方針を提出した金融機関に対し，融資実績を踏まえて総額 3 兆円を低金利で融資している。この 18 分野の中で「環境・エネルギー事業」に対する 10 年 4 月から 15 年 12 月までの合計融資額は 3 兆 5413 億円に達している。この融資額は全体の 28.5％ を占めており（日本銀行公表「成長基盤強化を支援するための資金供給の実施結果」2016 年 2 月 29 日），環境ビジネスが成長分野として期待を集めていることが分かる。

　民間融資の分野でも，企業の環境面に着目した取り組みが広がっている。2004 年に株式会社日本政策投資銀行が企業の環境格付を行い，その格付に応じた環境格付融資を導入したことを契機に，一般の金融機関も環境格付融資を開始した。また，**社会的責任投資**の 1 つであるエコファンドも注目を集めている。

　このように，環境ビジネスが今後成長を続けることはあきらかであり，その中で，環境産業はもちろんのこと，すべての企業にとって，環境に配慮したマーケティングを行うことは避けて通れない道になっている。

　また，地球環境問題が国際的な問題であることから，環境マーケティングも

社会的責任投資：社会的責任投資（SRI：Socially Responsible Investment）とは，企業の利益や収益性といった財務情報だけでなく，コンプライアンスや情報公開，従業員への配慮といった企業の社会的責任の状況を考慮して行う投資のことである。そのうち特に環境面に着目し，環境問題への対応が優れている企業や環境に関連した事業を行う企業に積極的に投資しようとする投資信託をエコファンドといい，企業の環境対応の促進材料となっている。

第**9**章　地球環境問題とマーケティング

▶▶ *Column* ◀◀

美しい空を取り戻すために

　東京都内から富士山が見える日数がそれまでの 50 年間で 5 倍に増えたという記事が 2013 年 2 月 24 日の『朝日新聞』朝刊 38 面に掲載されました。調査したのは成蹊学園所属の成蹊気象観測所で，東京都武蔵野市にある成蹊中学・高校の校舎の屋上から，1963 年 1 月 1 日以来，毎日目視で観測してきたそうです。その労力たるや，想像するだけで気が遠くなりそうです。環境政策は行政が，環境マーケティングは企業が行いますが，それを支えているのは，こうした環境意識の高い民間の方々だと心から感服します。

　富士山を目視できる日数が最も少なかったのは 1965 年の年間 22 日だそうです。公害対策基本法が施行されたのが 67 年ですから，大気汚染が最も酷かった頃でしょう。その後，71 年に環境庁（現環境省）が発足するなど，公害対策が進み，徐々に大気中の汚染物質は減少してきました。そのうえ，都内の乾燥化が進行して霧が観測されなくなったこともあり，2011 年には 131 日も富士山を観測することができたそうです。

　一方，海外では深刻な大気汚染が話題になっています。現在の北京の大気汚染の状況は，1960 年代から 70 年代に四日市ぜんそくを発生させた三重県四日市市に近いのだそうです。地理的に日本に近いので中国の大気汚染がクローズアップされていますが，ほかにも大気汚染に悩んでいる国はたくさんあります。

　汚染が深刻化している国々の共通点は，急速に経済成長を遂げている新興国だということです。まさに経済発展を目指すあまり環境対策を二の次にしてきた，かつての日本です。

　これらの国々で環境対策が本格化すれば，環境ビジネスの市場が広がります。今のところ，発展途上国では技術的，採算的に見合うビジネスモデルを構築できないことも多く，日本からの資金援助や技術提供が主ですが，いずれは日本の経験から得られた知恵と技術が環境ビジネスを成立させ，利益を上げつつ地球環境問題を解決できるようになると期待されています。

必然的に国際的な広がりを持つ。すでに地球規模で環境問題の対策を検討する機関として「国際連合環境計画（UNEP）」などが設置され，様々な国際的ルールが決められているが，先進国と発展途上国との間には深い溝があり，お互いが自国の利益を優先する発言をすることで解決が遠のく危険がある。先進国は

一方的な援助で発展途上国の自立を妨げることのないよう十分に注意し，発展途上国も先進国の負担を当然と考えることなく，互いにパートナーとなって環境問題に当たらなければならない。そのためにも，環境マーケティングのますますの発展が必要である。

[推薦図書]

西尾チズル（1999）『エコロジカル・マーケティングの構図　環境共生の戦略と実践』有斐閣
　　環境マーケティングについて体系的に，かつ論理的に検討し，理論的なフレームワークとその展開方法を提示した本。

フィリップ・コトラー／恩蔵直人監訳（2007）『社会的責任のマーケティング』東洋経済新報社
　　CSR はコストのかかる義務ではなく，今や積極的なマーケティング戦略となっていることを豊富な事例とともに解説した本。

足立辰雄・所伸之編著（2009）『サステナビリティと経営学』ミネルヴァ書房
　　具体的な事例を多く挙げ，環境問題と経済活動の因果関係を検証し，企業の環境責任を明らかにした本。

[設　問]

1．従来のマーケティングと環境マーケティングの違いはなんでしょうか。また，環境マーケティングが登場した理由を考えましょう。
2．持続可能な発展，循環型社会を維持するためには，行政，企業，消費者がそれぞれ何をすべきでしょうか。

（武市三智子）

第10章

地域をめぐる商業問題の変容と企業の社会的責任
──大型店撤退問題を中心として──

　皆さんは，どのような時にどのようなお店でどのような商品を購入しますか？　自宅近くの商店街を利用することはありますか？

　わが国では消費需要の縮小の中で小売業の再編が進んでいます。また，中心市街地の衰退が進んでいます。このような流れの中で，地域をめぐる小売業にかかわる問題も多様となってきています。

　この章では，まず現在のその商業問題の特徴を確認したうえで，その中の1つである大型店撤退問題について検討します。その後，企業の社会的な責任の視点から大型店撤退問題に対する対応について考えていきます。

1　商業問題の変容と政策の対応

1　商業問題の変容

　1980年代初頭にピークであったわが国の小売商店数は徐々に減少し，90年代に入ってさらに減少が進み，とりわけ零細な小売商店の減少が加速していった。大店法（「大規模小売店舗における小売業の事業活動の調整に関する法律」）によるそれまでの大型店*に対する出店規制が1990年代に入ると急激に緩和されたことがその直接的な意味での最大の原因であった。

　　＊　本章では，大規模な小売商店や小売店舗あるいは商業集積を「大型店」という用語で
　　　統一して表記する。また，中小小売業に対する概念として「大型店」を用いる場合には，
　　　大規模資本によるものを示す。

　その緩和の具体的流れは，1990年の通商産業省（当時）による大店法の運用適正化の通達に始まり，92年の法改正，94年の運用基準の見直し，97年の出店手続きの簡素化，その後の法の廃止である（番場博之〔2003〕『零細小売業の存立構造研究』白桃書房，113頁）。約10年間で調整政策としての大型店の出店

規制は確実に消滅の道をたどっていったのである。

　それに連動して大型店の出店が加速していった。その一方で，撤退*する大型店も増えていった。それまでの大店法による出店規制は，当該地域に一度出店できた大型店にとって競争相手の参入が制限され大型店同士の競争が抑制されるという副次的な効果を持っていた。そのことにより大型店間競争を回避できていた既存大型店が，その緩和の流れの中で直接的な大型店間競争の中に組み込まれていくようになり，淘汰され撤退する大型店も増加していったのである（番場博之〔2015〕「中心市街地内における地区間格差――新潟市の事例研究から」大野哲明・佐々木保幸・番場博之編『格差社会と現代流通』同文舘出版，140頁）。

　　＊　本章では，当該大型店が当該地域での店舗事業を中止することを「撤退」という用語で統一して表記する。

　このような状況が進行する中で，大型店はその出店先ターゲットを都市中心部から郊外，そしてさらにその外へと広げていく傾向を強めていった。とりわけ，その傾向は地方都市において顕著であった。価格競争の激化に加えて，それまで以上に人口の郊外化が進んだことやそれに歩調を合わせて進行した公共施設や企業などの郊外化によって，郊外やその周縁部は大型店出店の絶好のターゲットとなっていったのである。当初は出店先ターゲットの拡大であったが，それは徐々に都市中心部から郊外などへのターゲットの変更となっていった。

　また，郊外の道路網の整備は人々の買物行動を自家用車利用を前提のものとし，人々をさらに郊外へと向かわせた。とりわけ地方においてその傾向は強かった。それを受けて，大型駐車場が確保できる郊外とその周縁部などにさらに続々と大型店が作られていくこととなるのである*。

　　＊　人口や都市機能などの郊外化の流れについては，番場博之（2013）「地域の再生とまちづくり」佐々木保幸・番場博之編『地域の再生と流通・まちづくり』白桃書房，を参照されたい。

『商業統計表』によれば，1982年の小売業全体の商店数は約172万店であったが，94年には約150万店，2002年には約130万店，そして14年には約102万店にまで減少した。その一方で，小売業全体の売場面積は1988年の約1億

第**10**章　地域をめぐる商業問題の変容と企業の社会的責任

200万㎡から2014年には約1億3485万㎡へと増加を見せ，売場面積が3000㎡以上の商店数は2107店から5674店へと増加している。14年の売場面積3000㎡以上商店数のうちの4割以上が売場面積6000㎡以上の商店である。大型店は郊外化とともに店舗規模の大型化を進めていったのである。

　一方，1990年代も後半になると，まちの中心部いわゆる**中心市街地**では中小小売業*の多くがすでに廃業あるいは厳しい状況に追いやられ，また郊外化により人の流れが変わったことで，近隣型あるいは地域型の**商店街**を手始めに一気に各地で商店街の衰退が進み，まちの衰退が進んでいった。そして，その衰退の広がりは2000年代に入ると県庁所在地などの広域型商店街でも広範に見られるようになっていくのである。

　　*　本章では，特にその規模を明確にして説明する必要がある場合を除いて，大型店に対する概念としての大規模資本によらない地域商業としての中小零細規模の小売商店のことを「中小小売業」という用語で統一して表記する。

　人口や都市機能の郊外化の進行と大型店の出店先ターゲットの変更，都市中心部からの大型店の撤退，そして新しい小売業態の展開やそれに伴う長時間営業店の増加，**モータリゼーション**の進展による交通問題など地域をめぐる小売業にかかわる商業問題*は非常に多様なものとなった。

　　*　本章における「商業問題」は，地域をめぐる小売業に関する商業問題を意味している。

　以前の商業問題は，主として大型店の出店に伴う当該地域における大型店と

中心市街地：都市の中心となる市街地のこと。一定の小売商店が集積しており，その地域の中で，商業・サービス・交通・医療・教育・行政などの都市機能のうちの幾つかが集中している場所のことを指す。特に地方都市では都市機能が空洞化してきているため，それらが「以前は集中していた地域」とか「これから集中させたい地域」といった意味で使われることもある。各自治体が政策策定のために設定する場合には，一般的な意味よりも広い範囲で設定されることが多い。

商店街：おもに小売の商店が集まっている場所。分類する場合，『商店街実態調査報告書』（中小企業庁）での分類方法を使うことが多い。そこでは，商圏を基準に近隣型・地域型・広域型・超広域型の4つに商店街を分類している。近隣型商店街は日常性の買い物をする商店街，地域型商店街は徒歩・自転車・バスなどで来街する商店街，広域型商店街は大型店があり最寄品店より買回品店が多い商店街，超広域型商店街は遠距離からの来街者も買い物をする商店街である。一般的に商店街といった場合には，近隣型あるいは地域型のそれを指すことが多い。

モータリゼーション：自動車の大衆化のこと。日常生活において自動車への依存度が高くなっていく状態をいう。営業用ではなく自家用の自動車の普及の意味で使うことが多い。

中小小売業との経済的関係を問題とする大型店問題が中心であり，対立の構図は「大型店」対「中小小売業」といういわば単純なものであったが，1990年代以降になるとそれに「中心部」対「郊外」や「都市（地区）」対「都市（地区）」などという対立が加わり，それが主となっていったのである。

［2］ 商業問題の多様化と政策の対応

　それにかかわる対立の構図の変化などによる商業問題の多様化により，小売業にかかわる政策の議論も「まち」の中で小売業をどのように位置づけていくのかということがその中心となっていった。その流れの中で，21世紀を前にまちづくり三法の体系がつくられた。

　まちづくり三法の仕組みは，都市計画法により土地の用途を区分する中で大型店が出店できる場所なども規定し，それを前提に大店立地法（「大規模小売店舗立地法」）で大型店の周辺の生活環境を良好に維持することを目指し，中心市街地活性化法（「中心市街地における市街地の整備改善及び商業等の活性化の一体的推進に関する法律*」）によりまちのにぎわいを維持・再生することを目指すというものである（番場博之〔2016〕「流通政策の目的と小売商業政策」番場博之編『基礎から学ぶ 流通の理論と政策（新版）』八千代出版，179頁）。

　　*　中心市街地活性化法の正式名称は2006年改正の際に「中心市街地の活性化に関する
　　　法律」に変更された。

　地域をめぐる商業にかかわる政策にも「まち」を中心に据えた多角的な視点が求められるようになったため，政策の方向性がまちづくりを中心としたものに変化していったのはいわば必然であった。しかし，それを担うはずのまちづくり三法とその体系は必ずしも有効に機能するものでなかった。結果として，まちづくり三法施行以降，都市の空洞化はますます進み，郊外あるいはその周縁部に大型店がさらに多数出店することとなった。

　このような問題を受けて，そのうちの中心市街地活性化法と都市計画法は2006年に抜本改正がなされ，前後して大店立地法による「大型店を設置する者が配慮すべき事項に関する指針」の見直しがなされた*。そのため，まちづ

くり三法の体系は以前に比すれば大型店の郊外化を抑制し当初期待された機能が発揮できる政策体系になった。

* 振興—調整モデルからまちづくり政策への転換とまちづくり三法の評価についての詳細は，番場（2013）を参照されたい。

また，2014 年の中心市街地活性法の改正によりその弾力的な運用が可能となるとともに，都市再生特別措置法と地域交通活性化法（「地域公共交通の活性化及び再生に関する法律」）の改正により**コンパクトシティ化**が推進されることとなった*。

* 2014 年の中心市街地活性化法の改正ならびにその評価についてはさしあたり，荒木俊之（2016）「中心市街地活性化法とまちづくり三法」根田克彦編『まちづくりのための中心市街地活性化——イギリスと日本の実証研究』古今書院を参照されたい。

しかし 2006 年時点においても，すでに各地で中心市街地の衰退は決定的なものとなっていた。商店街は**シャッター通り**となり，昼間ですら歩く人がまばらな中心市街地が各地で見られるようになっていた。現在でも，中心市街地の衰退がさらなる衰退を招く負の循環は進んでいると言えるであろう。

近年では，人口減少や少子高齢化の進行もあり中心市街地への人口の回帰も一部で見られるが，一方では地方都市を中心にしてまだ郊外化が進んでいる地域も多い。また，オンラインショッピングや生協の個人宅配などの広がりによって地域の書店や衣料品店，そして飲食料品店などが大きな影響を受けているが，一方で近隣に小売商店とりわけ飲食料品を取り扱う商店のない地域での買物機会としてそれらは期待されてもいる。このように，商業問題がいっそうの多様化する中では，相反する違った方向性の変化が同時に進行しているので

コンパクトシティ：都市中心部を有効に活用するとともに，郊外での開発や土地利用を抑制し，各種の都市機能や人口を都市中心部に集約したまち・都市の形態あるいはそれを目指した取り組みのこと。人口減少・少子高齢化の中で，効率的な都市の活用により持続可能な社会を目指すまちづくり政策として，国レベルでの後押しもあり，各自治体が政策に積極的に取り入れてきている。

シャッター通り：商店街の衰退を表した言葉。また，商店街の中でシャッターを閉めた空店舗の割合が高い状態あるいはそのような商店街のことをいう。人通りが少なくなり，空洞化した中心市街地を示す言葉としても使われることがある。シャッター街，シャッター通り商店街ともいう。

ある（番場博之〔2016〕「地域をめぐる環境変化と商業・流通——『地域の再生』と
『まちづくり政策の方向性』の視点から」『流通』第38号，95頁）。また政策にもそ
れに応じて，短期的・長期的な政策の組み合わせや地域ごとのより細かな対応，
そして社会政策や都市政策などほかの政策との連携がより必要となってきてい
るのである。

　このような，相反する方向性の1つが，大型店（出店）問題と大型店撤退問
題である。大型店が新たに出店してくることによって地域の商業への負の影響
がある一方で，新規に大型店を誘致することでその集客効果を地域の活性化に
結びつけようという方向性もある。また，現在大型店を抱える地域では当該大
型店が撤退することで地域全体の疲弊を招くこととなる＊。大型店の新規出店
に対する政策的なアプローチに比べて，撤退に対するそれは非常に難しい。そ
こで，以下では大型店撤退を政策面から検討していくこととしよう。

　　＊　中心市街地内においてその内部の地区間の格差が各地で生じてきている。その格差を
　　　生み出している1つの要因が当該地区が大型店を維持できているかどうかにあるという
　　　ことが検証されている。番場（2015）「中心市街地内における地区間格差——新潟市の
　　　事例研究から」で事例研究がなされている。

2　小売競争構造の変化と大型店撤退問題

1 　大型店撤退問題発生の背景

　中心市街地が衰退していく一連の流れは，わが国の小売競争構造の大きな変
化および小売業界全体の再編の流れとも重なっていた。少子高齢化や人口減少
の進行による消費市場の縮小によって，また長く続く景況の低迷傾向とオーバ
ーストアという状況の中で，小売業全体が疲弊の傾向にある。そのような中で，
大規模小売業は企業間関係の見直しを含む再編を進めてきた。

　再編を後押ししたのが，1997年の独禁法（「私的独占の禁止及び公正取引の確
保に関する法律」）の改正による持株会社の解禁であった。その持株会社によっ
てより広範に強固に束ねられた企業グループが小売業界の中でも出現してくる
ようになっていった。そして，その多くは従来のグループの枠を越え，**業態**間
の垣根を越え，淘汰と再編の結果としての巨大グループとなっていった（番場

博之〔2016〕「流通・商業を取り巻く環境変化」番場博之編『基礎から学ぶ流通の理論と政策〔新版〕』八千代出版，29頁）。

そのような流れの中で，大規模小売業は不採算店などの整理統合も進めていくこととなる。その結果，多くの大型店撤退が生ずることとなったのである。以前の地域をめぐる小売業にかかわる商業問題は，既述のように大型店の出店にかかわるいわゆる大型店問題が主であったが，現在ではこの大型店の撤退問題もきわめて大きな商業問題となっている（番場〔2016〕「流通・商業を取り巻く環境変化」31頁）。

大型店撤退問題はおおよそ「大型店の撤退」と「空店舗・跡地未利用」の2つの問題からなる。前者は大型店の撤退による商業環境の変化や雇用あるいは取引企業への影響，そして買物機会などについての問題であり，後者は大型店撤退後の空店舗・跡地利用が進まないことによる地域の衰退にかかわる問題である。

一般的に，大型店の撤退によって地域としての顧客誘引力は低下することになる。また，後継利用がそれまでと異なる業態や異なる機能の施設などによるものであれば地域の商業環境は変化することになる。しかし，大型店が撤退しても新たな利用が進めば大きな問題とはならず，地域の活性化につながる場合もある。一方，空店舗や空地がそのままの状態であることは，まち自体の衰退となるため，「大型店の撤退」以上に「空店舗・跡地未利用」の問題は深刻である。

しかしながら，小売業全体が疲弊の傾向にある中で，空店舗・跡地に後継で出店してくれる店舗は早々見つからないのが現状である。そこで，各地で大型店撤退後の空店舗・跡地利用をめぐる対策が講じられてきた。

業態：事業の形態による分類方法のこと。小売業の分類の場合，その売る商品によって「肉屋」「魚屋」「薬屋」「本屋」などといった分け方をすることがあるが，その分類を業種という。それに対して，「スーパーマーケット」「コンビニエンスストア」「ドラッグストア」などといった商品の販売方法・事業や営業の形態による分類が業態である。

2 空店舗をめぐる問題

大型店撤退後の空店舗をめぐる幾つかの特徴的な事例を紹介しよう*。

  * ほかの事例はさしあたり，中条健実（2007）「駅前大型店の撤退と再生——地方都市の旧そごうの事例」新井良雄・箸本健二編『流通空間の再構築』古今書院を参照されたい。

・さくら野百貨店石巻店（宮城県石巻市）

宮城県石巻駅前のさくら野百貨店石巻店は 2008 年に撤退した。その際，建物等と 2 億円が石巻市に寄付された。後に残った空店舗には，その撤退数か月後には 1 階部分にスーパーマーケットが出店し，約 2 年後には主に 2 階から 6 階部分に石巻市役所が全面移転することで，その利用が図られた（石巻市役所の HP ［http://www.city.ishinomaki.lg.jp/ 2016 年 10 月 10 日閲覧］）。公共施設化により空店舗の有効利用が図られた特徴的な事例である。しかし，空店舗の有効利用は図られたものの，大型店の撤退以降は中心市街地の商業機能の低下が課題となっている。

・熊本岩田屋（熊本県熊本市）

熊本岩田屋は，熊本市の中心にある熊本交通センターに併設されている百貨店であったが 2003 年に撤退した。その後，事業の継続を目的に地元財界の主導で設立された運営会社である県民百貨店が空店舗での百貨店事業を継承した。当初は，阪神百貨店と各種提携をしていたため「くまもと阪神」という店名で運営されていたが，11 年より店名も「県民百貨店」に変更して運営された（県民百貨店 HP ［http://www.kenmin-dept.com/ 2014 年 4 月 10 日閲覧］）。

地元の財界と自治体などの協同的行動によって同業態の事業継続を図っていった珍しい事例である。しかしその後，都市再開発の中で 2015 年 2 月に閉店した。

・松菱（静岡県浜松市）

戦前から続く浜松市の老舗百貨店であり，浜松駅から続く通りには「松菱通

り」の名がつくほどに浜松市のみならず静岡県を代表する百貨店であったが
2001 年に倒産・撤退した。その後，空店舗となり，後継の出店が決まらず，
ほかの用途での利用もされず解体もされることなく 10 年以上にわたって放置
された。すべての解体が終了したのは 15 年末のことである。その後，跡地は
更地のままとなっており，16 年から再開発ビルの建設が始まる予定であった
が大幅に遅れている。

　1990 年代には丸井と西武百貨店も同地域から撤退しており，地方都市での
百貨店経営の難しさ，およびその撤退後の空店舗・跡地活用の厳しさを表して
いる事例でもある。

　・ダイエー長野店（長野県長野市）
　長野市の中心部に 1970 年代に開店した。ダイエーが長野市の中心部から若
干離れた場所に新たな大型店を開店したことに伴い 2000 年に撤退した。その
後，空店舗利用が進まなかったため長野市が空きビルを買い取ってまちづくり
会社がスーパーマーケットを出店するとともに，公共施設などとしても利用さ
れている（もんぜんぷら座 HP［http：//www.monzen-plaza.com/ 2016 年 11 月 1 日
閲覧]）。

　行政が積極的に介入して空店舗を活用した例である。

　都市型の全国百貨店は地方都市あるいは郊外化の中で拡大していった近郊都
市から撤退する一方で，大都市中心部への攻勢を強めていく傾向にある＊。一
方，スーパーマーケットの中でも特に GMS は，地方や近郊都市では長時間営
業のロードサイド型の大型店を展開し，また工場跡地を使っての**大型複合商業**

GMS：規模の大きな総合スーパーマーケットのこと。日本では，食料品を軸に総合的に各種の商品を
　取り扱うスーパーマーケットのうちのイトーヨーカドーやイオンなどのような特に規模が大きなも
　のを GMS（General Merchandise Store）と呼ぶ。
大型複合商業施設：ショッピングセンターなどの小売施設のほかにボウリング場・映画館などの娯楽
　施設や飲食店などが集積する大規模な建物や場所のこと。「恵比寿ガーデンプレイス」や「東京ス
　カイツリータウン」などといった都心型の施設もあるが，特に地方では自動車利用を前提とした郊
　外での立地が多い。

231

施設などを展開していくものの，旧来からの中心市街地での展開にはおおむね消極的である。大都市圏では住宅地への最寄りとなる駅前などで食品スーパーを中心に長時間営業の比較的規模の小さな大型店が展開されていることも多いし，GMS が飲食料品店の空白地域に小規模スーパーを展開してきてはいるが，地方では中心市街地の衰退により自動車がないと買い物ができず日常的な食料品が容易に手に入れられないケースも頻出している＊＊。

＊　必ずしも大都市中心部への出店が成功している例ばかりではないことには注意が必要である。

＊＊　百貨店の撤退後の空店舗問題は各地で起きている。その有効活用までに時間を要したあるいは要している例としては，諏訪市の「まるみつ百貨店」（2011 年撤退）や新潟市・長岡市・上越市での「大和」（3 店舗とも 2010 年撤退）等がある。百貨店の撤退問題は，全国百貨店と地方百貨店では事情が異なる。また，買回品を中心に取り扱うことの多い百貨店の撤退とスーパーマーケットの撤退では地域に与える影響が異なる。これらの研究は今後の課題としたい。

中心市街地の商店街などの中ですでに欠かせない存在になっていた大型店の撤退は 2000 年代に入ると急激に増えていく。そのようなケースで地域にとってより大きな問題となるのは，大型店の撤退そのものよりも大型店撤退後の後継出店がなかなか決まらないことである。そのような場合，まちづくりの観点からの公的な介入がきわめて重要となる。

3　大型店撤退問題と企業の社会的責任

１　大型店撤退問題への対応

　大店立地法では，既存の大型店の店舗面積を基準面積（**政令**で 1000 ㎡）以下とする場合には都道府県に届け出ることを定めている（第 6 条第 5 項）が，撤退そのものやその後の空店舗・跡地について条件をつけたりはしていない。大

政令：憲法および法律を実施するために内閣が制定する命令で，行政機関が制定する命令の中では最高位のものである。規定を実施するための執行命令と，法律の委任に基づく委任命令とがある。

第**10**章　地域をめぐる商業問題の変容と企業の社会的責任

型店の撤退にかかわって個別対応的にその撤退やその後の空店舗利用などについてコミットすることはできても，現行の小売業にかかわる政策としては大型店の当該地域からの撤退自体を阻止することはできないのである。

　撤退していく大型店を法的に規制することは難しい。しかし，大型店の撤退のある一定数はスクラップアンドビルドによる撤退である。であるとすれば，大型店側には撤退に当たって地域への配慮があってしかるべきであろう。また，個別対応的であっても当該地域の関係事業者や自治体などが何らかの働きかけをすることで撤退の回避あるいはそれにかかわる配慮を促すことができる可能性もありうるであろう。

　大型店撤退問題に関して，当該地域の関係事業者や自治体などによる大型店への働きかけの方法はおおよそ３つに整理できるであろう。１つ目は，「要求・運動型」の取り組みである。1980年代に盛んに行われた反大型店出店運動と手法としては基本的に同じである。大型店に直接働きかけるほか，住民や地域事業者で署名活動を行うなどによって撤退阻止の要求を行っていく方法である。しかし，撤退するものを引き留める効果は薄く，過去にも各地でなされてきたがその効果は限定的であった。

　２つ目は，「条件交渉型」の取り組みである。大型店が撤退する理由の１つに家賃負担の大きさがあるが，そのようなケースでは家賃の引き下げや契約期間の短縮などについてビル所有者・地権者などとともに検討していくという方法が考えられる。そのほか，広告活動の共同化や駐車場の共同利用などの条件をもとに大型店と交渉を進める方法である。また，撤退が避けられない場合においては，後継の店舗あるいは跡地利用などについて大型店に積極的にかかわってもらう働きかけを行っていく方法である。

　３つ目は，地域の関係事業者や市民，自治体とともに大型店にもそのまちのまちづくりの担い手として各種協議や行事などに参加してもらうとともに，実際にその中で取り組めることを互いに探っていく方法である。しかし，これは撤退を表明してからではおおよそ遅いのであって，出店当初からそのような条件を折り込みながら実際にまちづくりに参加してもらうことが重要である。

233

② 企業の社会的責任とまちづくり政策

大店立地法第4条に基づき2007年に告示された「大規模小売店舗を設置する者が配慮すべき事項に関する指針」には，「特に大型店の社会的責任の観点では，平成17年12月の産業構造審議会流通部会・中小企業政策審議会経営支援分科会商業部会合同会議の中間報告『コンパクトでにぎわいあふれるまちづくりを目指して』において，大型店の社会的責任の一環として，大型店がまちづくりに自ら積極的に対応すべきとされ，さらに事業者による中心市街地の活性化への取り組みについて，『中心市街地の活性化に関する法律（平成10年法律第92号）』第6条に責務規定が定められた。このような動きをふまえ，関係業界団体において，地域経済団体などの活動への積極的な協力，地域の防災・防犯への対応，退店時における早期の情報提供など，まちづくりへの貢献に関する自主ガイドラインの策定に取り組んできたところであるが，個々の事業者においても自主的な取組を積極的に行うことが強く期待される」（経済産業省HP［http://www.meti.go.jp/ 2016年5月閲覧]）と明記された。

中心市街地活性化法第6条には「事業者は，第三条の基本理念に配意してその事業活動を行うとともに，国又は地方公共団体が実施する中心市街地の活性化のための施策の実施に必要な協力をするよう努めなければならない」とあり，これが上記の事業者の責務（責務規定）である。

このように大型店に対して**社会的な責任**を果たすことが求められ始めたが*，さらにそれを受けて，各自治体でも大型店の社会的責任に関する指針を示すということがなされてきている（番場〔2016〕「地域をめぐる環境変化と商業・流通」100頁）。

 * 日本チェーンストア協会，日本百貨店協会，日本ショッピングセンター協会，日本フランチャイズチェーン協会といった小売業界団体では地域貢献・社会的責任にかかわる自主的なガイドラインを2000年代後半に策定している。

社会的な責任：ここでは，「企業の社会的責任（CSR：Corporate Social Responsibility）」のこと。多義的であるが，一般的には，社会的な存在としての企業の自主的な社会への貢献と責任のことである。単なる事業以外の寄付やボランティア活動などを意味するのではなく，企業の本業として取り組まれるものである。

第**10**章　地域をめぐる商業問題の変容と企業の社会的責任

図 10 - 1　大型店の社会的責任に関する取り組みの手続き例（福井県）

（出所）　福井県（2012）「大規模小売店舗の社会的責任に関する取組指針取扱要領」より筆者作成。

例えば福井県は**図 10-1** のようなかたちで，一定規模以上の大型店（設置者）に対して，「社会的責任に関する取組指針」の作成・提出を求めている（福井県〔2012〕「大規模小売店舗の社会的責任に関する取扱指針取扱要領」；福井県〔2007〕「コンパクトで個性豊かなまちづくりの推進に関する基本的な方針」）。そこには，撤退時の適切な対応についても含むことが明示され，また既存の大型店に対しても指針の作成を要求している。

　撤退時の取り組みとして想定されているのは，「立地市町への早期の情報提供」「従業員の雇用の確保」「取引先企業に対する対応」「後継店舗の確保」「施設の解体・後継店舗確保までの周辺環境への配慮」「再利用可能な施設の建築」といったことである。

　この政策の特徴は，①店舗面積 1000 ㎡以上の店舗に課されていること，②出店（あるいは増床）時における義務づけであること，③説明会の開催が必要であること（新設のみ），④初年度終了後に実施状況の報告が必要であること（1 万㎡以上の新設のみ），⑤既存店舗にも「社会的責任に関する取扱指針」の提出を求めていること（1 万㎡以上の店舗のみ）である。

　撤退時の対応のほかには，大型店には商店街組織への加入や地域経済への貢献および環境や防災・防犯への取り組みなどに地域経済・まちづくりの担い手として，出店段階からかかわらせていこうというものである。

　また，市町村レベルでもこのような流れは浸透してきている。例えば，茨城県のひたちなか市は「ひたちなか市大規模小売店舗の地域貢献活動に関するガイドライン」を策定し，大型店（設置者）に対して地域貢献活動計画書と地域貢献活動実施状況報告書の提出を義務づけている（ひたちなか市 HP〔http://www.pref.ibaraki.jp/ 2016 年 11 月閲覧〕）。

　これは，茨城県が 2010 年に「茨城県大規模小売店舗の地域貢献に関するガイドライン」（茨城県 HP〔https://www.city.hitachinaka.lg.jp/ 2016 年 11 月閲覧〕）を施行したことに伴い，2011 年から施行されたものであるが，茨城県の**ガイ**

ガイドライン：国や地方自治体などが掲げる，対象者が取り組むことが望まれる基準や方針のことで，法的な拘束力はない。

ドラインでの対象が床面積 1 万㎡以上の店舗を対象にしているのに対して，ひたちなか市のガイドラインでは店舗面積 1000 ㎡以上の店舗を対象としている点においてより現実に則した対応であると言えよう*。

　* 当初案では，対象店舗の店舗面積は 2000 ㎡以上であったが，パブリックコメントや関係諸団体などの意見を受けて，最終的には 1000 ㎡以上の店舗を対象とすることとなった（茨城県 HP）。

　多くの自治体でのこのような取り組みにおいては，新規に出店する大型店だけではなく既存店も含めて早期の情報提供，後継出店者の確保，従業者の雇用の確保などといった撤退時の対応に関して企業が社会的な責任を果たすことを求めている。

　このように，政策的にも大型店にはその撤退時における地域への配慮などまちづくりに対して企業として社会的責任を果たすことが求められてきているのである。経営状態の悪化から撤退を余儀なくされる大型店もあり，多くの場合で実際には当該大型店の撤退は回避できないかもしれないが，地域への配慮は企業の社会的な責任であって出店時にその対応が想定されるべきものであろう。現実的には，大型店の地域貢献の内容は地域の清掃活動やイベントへの協力が主となっており，また撤退時の配慮については事案発生時の対応となるため，実際の撤退問題にどの程度効果があるかは未知数ではあるが，まちづくりへの貢献や撤退時の配慮は地域に根ざす産業としての小売業にとって事業活動の一環であり，必要なコストであるという考え方が広がることは重要である。

　その意味では，既存大型店にあってもまちづくりの一翼を担い，その運営について地域と情報の共有化を図ることで社会的責任を果たしていくことが求められるのである（番場〔2016〕「地域をめぐる環境変化と商業・流通」100 頁）。このように，現在の地域をめぐる商業問題に対する政策の方向性は，対立の構図の視点からではなく「まちづくり」の視点から，ステークホルダーがまちにかかわる機会を設定しその義務と責任を明確にし，まちづくりを遂行するプロセスを規定しマネジメントしていくことにあると言えよう（番場〔2016〕「地域をめぐる環境変化と商業・流通」101 頁）。

▶▶ *Column* ◀◀

オープン懸賞

　懸賞とは景品の提供に当たって，抽選やじゃんけんなどの偶然性を利用したり，あるいはコンテストでの優劣やクイズの正誤などを利用したりすることで，その景品の価格や当選者を決めることを言います。

　テレビ番組で，一般視聴者が参加しクイズに答えて勝ち抜いた者に金品を提供するといった，いわゆるクイズ番組のような企画などは「オープン懸賞」と呼ばれます。オープン懸賞は，企画を行う企業の商品を購入したり，サービスを利用したりすることなどを条件としないで，原則誰でも応募できる企画です。例えば，テレビの旅番組の最後に，その放映内容について問題を出し，「正解者の中から抽選で1名の方にハワイ旅行をプレゼント」とし，郵便はがきやメールなどで申し込みを呼びかける企画などは典型的なオープン懸賞です。

　直接的ではないものの，オープン懸賞は消費者の射幸心（思いがけない利益を得ようと願う気持ち）をあおって経営実績に結びつけようとするプロモーションの方法です。そのため，提供される金品などが法律上の景品類に該当するかどうかとは別に，一定の規制が必要であるとされて，以前は提供できる金品などの額に上限が設定されていました。

　オープン懸賞で提供できる金品などの最高額は長く100万円でしたが，1996年に1000万円に変更されました。しかし，そのような高額の金品などを提供する企画の例がほとんど見られないなどの理由から，その上限金額の規制は2006年に撤廃されました。

　上限が撤廃されたことで，「1年間，豪華客船で，家族そろって，世界一周旅行にご招待」などといった，より豪華な金品などを提供する企画も可能となりましたが，いき過ぎた金品などの提供は企業にとって必ずしもメリットがあるとは限りませんし，自主規制を設定している業界も少なくありません。

［付記］　本研究は，平成28年度駒澤大学特別研究助成（共同研究）による研究である。

[推薦図書]

番場博之編（2016）『基礎から学ぶ　流通の理論と政策（新版）』八千代出版
　　現代の流通やマーケティングの基本的な考え方，流通・商業をめぐる環境変化と商業問題およびそれに対応する政策の体系について解説している。

第**10**章　地域をめぐる商業問題の変容と企業の社会的責任

大野哲明・佐々木保幸・番場博之編／流通経済研究会監修（2015）『格差社会と現代流通』同文舘出版

　　現代日本の流通・商業・消費にかかわる様々な問題を，格差という視点を軸に検討している。

佐々木保幸・番場博之編／日本流通学会監修（2013）『地域の再生と流通・まちづくり』白桃書房

　　単なる商店街活性化や商業によるまちづくりという切り口ではなく，地域の再生という視点から商業や流通およびまちづくりについて考察している。

[設　問]

1．自宅の近くにある商店街を見学し，商店主に商店街の歴史や現状についてヒアリングしたあと，その商店街の特徴や役割などについて話し合ってみましょう。
2．具体的に1つの自治体を取り上げて，その自治体における大型店の社会的責任にかかわるガイドラインやまちづくりの取り組みなどについて調べてみましょう。

（番場博之）

あ と が き

　長きにわたる経緯の中で本書は時代の変化に目を向けて創り上げた研究成果として日の目を見ることになった。完成した本書を振り返り，本書の特徴について，いくつかの論点を指摘しておきたい。

　第1に，本書は流通・マーケティングの現実を初学者にも分かりやすく，かつ基本的には批判的な視点から現状を分析的に研究している。しかし，だからと言って，「新自由主義」や「市場原理主義」などと呼ばれる政策によってもたらされた諸問題に対して批判するだけではなんら解決しないであろう。そしてどのような立場からの解決策の提言も現実的に有効でなければ，「市場原理主義」に賛同する立場からの流通政策であろうと，それに批判的な立場であろうと，国民の暮らしを良くすることにはつながらず，したがって観念論的な主張に留まってしまうことにならないであろうか。

　われわれの探究は，例えば「新自由主義」の批判的立場の表明にとどまらず，また画一的に特定の立場に限定することなく，なによりも生活者の視点から流通・マーケティングの現実をよりリアルにとらえることを主眼にしなければならないであろう。したがって本書では，「はしがき」にも述べたように「流通における近年の変化を精確にとらえるように努め」ることを第1の主眼としていた。各章の執筆者に特定の視点から分析することや特定の結論を前提にすることを要請してはいない。一見すると，各章間の関係がつかみづらいかもしれない。しかし，そうすることがこれからの研究を発展させ，住民の生活の向上に寄与する理論や政策提言を創り上げていくうえで，最も効果的で，効率的な方法であると編者は確信している。

　第2に，流通・マーケティングを研究する際の学際的なアプローチの重要性である。読者諸氏はすでにお気づきのことと思うが，本書は経営学的なアプローチだけでなく，商業経済論的な，あるいは広く経済学的なアプローチの研究

成果も含めている。それは，現代の流通・マーケティング現象を分析して深めるためには，特定の専門分野からのアプローチだけでなく，多面的な研究がなされてその総合化が必要と考えるからである。例えば，小売業の現状や企業のブランド戦略については複数章で分析しているが，それは多面的かつ学際的な研究を目指すこうした本書の特徴を表している。

　さらに企業の社会的責任（CSR）や環境問題にも論究している。1つの巻にこれだけ多くのテーマを入れ込んでいるため，読者の中にはマルチスクリーンを見ているような印象を持たれる場合もあるかもしれない。しかし，こうした流通・マーケティングの多面的な現状を分析することが求められているのである。

　第3に，国際的な視点からの研究の重要性である。20世紀末からの世界史的な大変動，とりわけ東西冷戦体制の崩壊によるグローバルな市場が出現したことは，巨大資本の成長をもたらし，現場の実践にも理論的な面でも流通・マーケティングに多大な影響を及ぼした。こうしたグローバルな変動が流通・マーケティングに及ぼした影響について，本書は全体の主要テーマとして取り上げることはしていないとはいえ，各章でいくつかの論点や見解を主張することをしている。われわれは，流通の国際比較や流通・マーケティングのグローバル化を抜きにして，研究することはできない時代に置かれている。したがって，市場の成熟化が進む欧米や日本と新興国とでは流通は異なる様相を呈していることを無視できないし，同時に，それにもかかわらず共通した様相が見られることも事実である。こうした諸側面の考察はますます重要になっている。本巻で明らかにしたことは多いが，本巻執筆後，編者の一人は，イギリスのエディンバラに，もう一人はドイツのベルリンに滞在して研究をしているのも，こうした国際的な視点からの研究の必要性を痛感しているからにほかならない。

　本書には，このようないくつかの特長があるとはいえ，読者が疑問に思ったり，異論を持ったりするような内容もあるかもしれない。本書は，基本的なことから論じているが，読者からするともの足りなかったり，もっと知りたいと思ったりすることもあるだろう。また本書では，十分に切り込めていない論点もあるかもしれない。こうしたことに十分に応え切れているか案ずるが，変化

の激しい時代の中にあって，われわれが研究した成果の現時点での到達点として理解して頂ければ幸いである。

　われわれは，グローバル化が一層進展する流通・マーケティング分野について，いつの日か，新しい知見，理論的考察の成果を別の機会に読者に提供できることを期待したい。これからも研鑽を積みつつ，執筆者一同は，新しい流通・マーケティングの諸現象，諸状況の変化を考察し，研究し続けることになろう。

ドイツ・ベルリンにて　　齋藤雅通
イギリス・エディンバラにて　　佐久間英俊

索　引

（＊は人名）

あ 行

＊アーカー，D.A.　*46, 48, 50, 57*
ROI　*150*
＊安土敏　*73*
アルディ化　*87*
安全買取制　*196*
ECR　*99*
EDI　*101*
EDLP　*195, 199*
イオン　*75*
＊石井淳蔵　*54, 56, 57, 59-61, 63*
伊勢丹　*77*
委託販売　*12*
伊藤忠商事　*135, 140, 145, 148, 151-153*
命がけの跳躍　*60, 61, 63, 65*
意味世界　*57-60*
意味想起機能　*44*
インターネット通販（ネット通販）　*15*
Win-Win（共存共栄）の関係　*157*
ウォルマート　*34, 67*
ウォンツ　*73*
ASN　*101*
SKU　*196*
SPA（Speciality Store Retailer of Private Label
　Apparel）　*35, 170*
延期化　*9*
大型店　*223-226, 228, 232-234, 236, 237*
大型店（出店）問題　*228*
大型店撤退問題　*228, 229, 233*
大型店問題　*226, 229*
大型複合商業施設　*231*

か 行

オープン価格　*3, 96*
＊オルダースン，W.　*71*

かテゴリー

買い替え需要　*4*
ガイドライン　*236*
開発輸入　*185*
買回品　*73*
カウフホフ　*76*
（低）価格競争　*1*
価格プレミアム効果　*43*
拡張アイデンティティ　*50*
カテゴリーキラー　*35*
＊カプフェレ，J.-N.　*57*
カルシュタット　*76*
カルフール　*36, 69, 82*
＊カレン，M.　*74*
環境 ISO 14001　*213*
企業集団　*136*
企業の社会的な責任　*237*
基礎収益　*137*
機能的便益　*50*
キャッシュアンドキャリー（C&C）　*82*
QR　*99*
業種　*70*
業態　*70, 228*
共同配送　*165*
京都議定書　*212*
偶有性（的）　*52, 53, 58, 59, 61, 62*
偶有的な結果　*59*
偶有的なブランド　*58, 61, 62*
偶有的なプロセス　*52*

偶有的ブランド論　54
グリーン購入法　209
グローバル・サプライチェーン　28
グローバル展開　17
グローバル・ブランド　27
グローバル・マーケティング　21, 22
グローバル・マネジメント　23
＊ケラー, K.L.　57
減損　143
コア・アイデンティティ　50
購買行動　73
小売技術（知識）の国際移転　180
小売国際化　179
小売フォーマット　82
考慮集合　47
国際化　5
国際マーケティング　19
コストコ　69
コモディティ・スーパーサイクル　143
コンパクトシティ化　227
コンビニエンスストア（コンビニ）　76, 170
コンフリクト　97, 121

さ 行

サービスの束　71
差異的優位性　78
ザトゥルン　81
サプライチェーン　7
CRP　101
CITIC/CPG　149
CAO　101
事業投資　138-140, 150, 153
自己表現的便益　50
持続可能な開発　208
資本間の規模格差　7
社会的責任投資　220
社会的な責任　234
シャッター通り　227

シュヴァルツ　69
出店行動の国際化　180
情緒的便益　50
商店街　225
消費者情報　13
消費者の命がけの跳躍　61
商品識別機能　44
商品調達行動の国際化　180
情報通信技術　159
情報流　14
食品ディスカウント　83
新興国　30
シンボルとしてのブランド　50
スーパーセンター　198
スーパーマーケット　75
スケールメリット（規模の経済）　6
ストアブランド（SB）　78
3 PL（サード・パーティー・ロジスティクス）
　160
スローフード, スローライフ　211
製販連携　97
製品としてのブランド　50
政令　232
絶対的な本来の価値（意味）　55-57
セリ取引　12
セルフサービス方式　89
専門品　73
総合スーパー（総合量販店）（GMS）　36, 77, 90,
　231
創造的瞬間　54, 57, 58
争点（選択ルール）選択効果　60, 63
組織としてのブランド　50

た 行

大規模小売店舗法（大店法）　12, 223, 224
大店立地法　226, 234
大丸　77
多業態化　8

建値 *1, 197*
多品種少量生産体制 *164, 165*
多頻度小口配送 *171*
チェーン化方式 *89*
知覚品質 *46, 47*
チャネル・リーダー *78*
チャネルパワー *13*
中間層 *5*
中期経営計画 *147*
中心市街地 *225, 227, 232*
中心市街地活性化法 *226, 234*
長期不況 *10*
直接投資 *5*
直接取引 *196*
定価販売 *197*
適応化 *23, 24, 182*
テスコ *69, 82*
電子商取引（Electronic Commerce） *15*
店舗類型 *70*
特約店制度 *91*
都市計画法 *226*
ドミナント戦略 *170*
ドラッグストア *80*
取引形態 *136*
取引情報 *13*

な 行

ナショナルブランド（NB） *78, 103*
ニーズ *73*
21世紀型総合商社 *137, 153, 154*
20世紀型総合商社 *136*
日本（型）の流通システム *2, 169*
日本版PPP *209*

は 行

ハード・ディスカウンター *83*
パートナーシップ *167, 175*
バイイングパワー *78, 92*

ハイパーマーケット *82*
バブル崩壊 *1*
バラエティ・シーキング *95*
阪急 *77*
阪神 *77*
販売時点情報管理（POS）システム *14, 92, 131*
ビッグデータ *14*
人としてのブランド *50*
百貨店 *76*
標準化 *23, 24, 182*
品質保証機能 *44*
VMI *201*
フォーマット（format） *77*
プッシュ要因 *192*
プライベートブランド（PB） *6, 78, 103, 200*
プラザ合意 *9*
ブラック企業 *11*
フランチャイズ契約 *76*
ブランド *6, 26*
ブランド・アイデンティティ（Brand Identity : BI） *48-52, 55, 57*
ブランド・イメージ（研究） *45, 46, 48, 49*
ブランド・エクイティ（Brand Equity : BE） *46, 48, 52*
ブランド・ロイヤルティ *45-48*
ブランド拡張 *43, 46, 47, 58*
ブランド経営者の命がけの跳躍 *59-62*
ブランド態度 *45, 48*
ブランド知識構造 *49*
ブランド秩序 *61*
ブランド認知 *46, 47*
ブランドの価値形態論 *54, 56*
ブランドの交換過程論 *58*
ブランドの資産的評価 *48*
ブランド連想 *46, 47, 49*
プル要因 *192*
便宜性 *76*
返品制 *91*

247

＊ポーター，M.E. 25
ホームセンター 80
他でもあり得る可能性 52, 58
他の所有権のあるブランド資産 46, 48
ポジショニング 19
ボランタリーチェーン 78

ま 行

マーケティング・プロセス 25
マーチャンダイジング 79
マス・マーケティング 16
まちづくり三法 12, 226
松坂屋 77
＊マルクス，K. 59
マルチナショナル・マーケティング 21
ミグロ 79
三井物産 135
三越 77
三菱商事 135, 137, 138, 140, 142, 143, 145,
147, 151, 153
メトロ 82
モータリゼーション 225
最寄品 73

や 行

優越的地位の乱用 93
輸出マーケティング 21
四大公害病 207

ら 行

ライセンス供与 43
ライフスタイル 79
ライフステージ 79
リードタイム 160
リーマンショック 135
リスク資産 141
リスク・リターン指標 141
リストラ 11
リテール・サポート 171
リテール・リンク 201
リフレクティブ・フロー 61, 62, 65
リベート（制） 91, 97, 118
リベート政策 2
流通系列化 91, 93, 159
流通時間の短縮 15
流通の多段階 2
ロイヤルティ 104
ロイヤルティ効果 43
ローコスト・オペレーション 195
6大／10大総合商社 136
ロジスティクス 28, 159, 174

わ 行

ワンストップ・ショッピング 74
ワンセット 74

執筆者紹介 (所属，執筆分担，執筆順，＊は編者)

＊佐久間英俊 (中央大学商学部教授，はしがき，序章，あとがき)

若林靖永 (京都大学経営管理大学院教授，第1章)

加賀美太記 (就実大学経営学部専任講師，第1章)

中西大輔 (岐阜経済大学経営学部准教授，第2章)

＊齋藤雅通 (立命館大学経営学部教授，はしがき，第3章，あとがき)

堂野崎衛 (拓殖大学商学部准教授，第4章)

江上哲 (日本大学経済学部教授，第5章)

田中彰 (京都大学大学院経済学研究科准教授，第6章)

金度渕 (大阪商業大学総合経営学部准教授，第7章)

宮崎崇将 (追手門学院大学経営学部専任講師，第8章)

武市三智子 (東洋大学総合情報学部准教授，第9章)

番場博之 (駒澤大学経済学部教授，第10章)

〈編著者紹介〉

齋藤雅通（さいとう・まさゆき）
　京都大学大学院経済学研究科博士課程単位取得退学
　現　在　立命館大学経営学部教授
　主　著　『製配販をめぐる対抗と協調──サプライチェーン統合の現段階』（共編著）白桃書房，2013年。
　　　　　『現代流通入門』（共編著）有斐閣，2007年。
　　　　　『流通──流通ビッグバン：「大競争時代」の流通産業』（共著）大月書店，2000年。

佐久間英俊（さくま・ひでとし）
　京都大学大学院経済学研究科博士課程単位取得退学
　現　在　中央大学商学部教授
　主　著　『流通経済の動態と理論展開』（共編著）同文舘出版，2017年。
　　　　　『流通・都市の理論と動態』（共編著）中央大学出版部，2015年。
　　　　　『商品の安全性と社会的責任』（共編著）白桃書房，2013年。

現代社会を読む経営学⑨
グローバル競争と流通・マーケティング
──流通の変容と新戦略の展開──

2018年1月20日　初版第1刷発行　　　　〈検印省略〉

定価はカバーに
表示しています

編著者	齋 藤		雅	通
	佐久間		英	俊
発行者	杉 田		啓	三
印刷者	藤 森		英	夫

発行所　株式会社　ミネルヴァ書房
607-8494　京都市山科区日ノ岡堤谷町1
電話代表　（075）581-5191
振替口座　01020-0-8076

© 齋藤・佐久間ほか，2018　　　亜細亜印刷・藤沢製本

ISBN978-4-623-08221-6

Printed in Japan

現代社会を読む経営学

全15巻

（A 5 判・上製・各巻平均250頁）

①「社会と企業」の経営学　　　　　　　　國島弘行・重本直利・山崎敏夫 編著

②グローバリゼーションと経営学　　　　赤羽新太郎・夏目啓二・日髙克平 編著

③人間らしい「働き方」・「働かせ方」　黒田兼一・守屋貴司・今村寛治 編著

④転換期の株式会社　　　　　　　　　　　　細川　孝・桜井　徹 編著

⑤コーポレート・ガバナンスと経営学　　海道ノブチカ・風間信隆 編著

⑥CSR と経営学　　　　　　　　　　　　　　小阪隆秀・百田義治 編著

⑦ワーク・ライフ・バランスと経営学　　　平澤克彦・中村艶子 編著

⑧日本のものづくりと経営学　　　　　　　鈴木良始・那須野公人 編著

⑨グローバル競争と流通・マーケティング　齋藤雅通・佐久間英俊 編著

⑩NPO と社会的企業の経営学　　　　　　馬頭忠治・藤原隆信 編著

⑪地域振興と中小企業　　　　　　　　　　　吉田敬一・井内尚樹 編著

⑫東アジアの企業経営　　　　　　　　　　中川涼司・髙久保　豊 編著

⑬アメリカの経営・日本の経営　　伊藤健市・中川誠士・堀　龍二 編著

⑭サステナビリティと経営学　　　　　　　足立辰雄・所　伸之 編著

⑮市場経済の多様化と経営学　　溝端佐登史・小西　豊・出見世信之 編著

────── ミネルヴァ書房 ──────

http://www.minervashobo.co.jp/